罗必良 博士。现为华南农业大学文科资深教授、经济管理学院学术委员会主任、教授、博士生导师。广东省"珠江学者"特聘教授、教育部"长江学者"特聘教授与讲座教授、"新世纪百千万人才工程"国家级人选、国家"万人计划"哲学社会科学领军人才、中央宣传部文化名家暨"四个一批"人才。

兼任广东省政府参事、农业农村部乡村振兴专家咨询委员会委员、国务院学位委员会农林经济管理学科评议组成员、中国农业经济学会副会长、中国农村发展学会副会长、广东经济学会会长、《南方经济》主编。先后主持各类科研课题 100 余项，出版专（合）著 50 余部，发表学术论文 400 余篇。

耿鹏鹏 博士。现为安徽农业大学高层次引进人才，经济管理学院副院长、副教授、博士生导师。入选安徽省委宣传部"江淮文化名家"青年英才、安徽省高层次人才省域拔尖人才。主要研究方向为农业经济与制度经济。

先后主持国家社会科学基金项目 2 项、教育部人文社科研究项目 1 项以及安徽省自然科学基金项目等省部级课题 3 项。在《管理世界》《经济科学》《农业经济问题》等重要学术期刊发表论文 30 余篇。出版学术专著 2 部。获教育部高校科研优秀成果奖（人文社会科学）二等奖、广东省哲学社会科学优秀成果奖一等奖。

洪炜杰 博士。现为华南农业大学经济管理学院副教授、硕士生导师。主要研究方向为农业经济与制度经济。

先后主持国家自然科学基金青年项目、广东省哲学社会科学规划项目、广州市基础与应用基础研究专题项目。在《经济评论》《中国农村观察》《南方经济》、*Land Use Policy* 等重要学术期刊发表论文 40 余篇。先后获得高等学校科学研究优秀成果奖（人文社会科学）二等奖、广东省哲学社会科学优秀成果奖一等奖、广东省科技进步奖二等奖。

丛胜美 博士。现为河南财经政法大学农业农村发展学院副院长、副教授、硕士生导师。主要研究方向为农业经济与制度经济。

先后主持和参与国家级课题、省部级课题多项，以第一作者身份在《农业经济问题》《南方经济》《中南财经政法大学学报》等重要学术期刊发表学术论文多篇，研究成果被人大复印资料全文转载。获中国三农发展前沿学术论坛优秀论文奖；出版专著《粮食主产区利益补偿机制研究——以河南为例》。

信念、制度与行为逻辑

罗必良　耿鹏鹏　洪炜杰　丛胜美　著

中国农业出版社

北　京

目　　录

第一部分　记忆与社会信念

第二部分　经历与制度效应

第三部分　文化与行为逻辑

导论　记忆、信念及其制度性含义

探寻经济增长与发展根源的研究文献浩如烟海。除了传统的资源禀赋、资本积累、知识与人力资本、技术进步等因素之外，制度的重要性越发受到人们的广泛关注。制度之所以被重视，是因为经济学家以及经济史学家发现，对于地区之间、国家之间甚至全球范围普遍存在的长期经济增长或停滞的大分流现象，制度能够为其提供强有力的解释。已经达成的基本共识是，制度对经济增长起着至关重要甚至是决定性的作用（North，Thomas，1973；Acemoglu 等，2001）。Olson（1996）强调，各国财富的巨大差异，唯一合乎逻辑的解释是由于它们之间的制度及政策质量存在显著的差异所造成的。这种差异不仅与地理资源或环境条件有关，而且与文化禀赋、社会信念以及与之关联的历史记忆息息相关。

一、制度重要吗？从三项研究说起

制度是重要的，初始选择是重要的，因而历史是重要的。由此，历史决定论与文化决定论的再次兴起，对制度重要性的主流判断提出了新的质疑。

Clark（2007）发现，作为英国的殖民地，印度的机械棉纺织业到19世纪已经几乎复制了英国所有的机械设备与管理制度，社会法律制度也几乎克隆了宗主国。但无论是技术的照搬还是制度的移植，并未带来印度的经济增长，其劳动生产率甚至还赶不上当时英国童工的生产率。Clark 据此认为，文化差异是国家穷富分野的关键。按照制度变迁理论的观点，通常认为文化是一系列初始条件和约束条件动态演化所引致的均衡，但 Clark 则强调在文化差异的背后，是一个生育文化基因的选择过程。基因不仅决定了当代人的经济成功与否，而且也决定了后代人的经济成功与否。所以，作为一个文化决定论者，Clark 宣称"制度并不重要"①。

宗教在非正式制度中处于支配地位。不同的宗教往往被视为是经济成长分野与路径依赖的重要根源。在《新教伦理与资本主义精神》一书中，韦伯认为新教徒的节俭和入世苦行促进了资本主义的发展。Becker 和 Woessmann（2009）对此命题提出了质疑，认为推动新教区经济进步的根源，是教育带来的人力资本增长。他们发现，在普鲁士 1871 年的 452 个县中，与天主教区相比，新教区拥有更高的识字率。他们使用各教区到威登堡（Wittenberg，路德宗教改革的发源地）的距离作为工具变量，证明了新教区在改善人力资本上更具优势，从而对韦伯假说进行了修正。Evans（2018）也证明，即使在社会阶层严重固化的拉美国家，由教育引发的观念变化，能够令边缘社会群体获得自尊并建立起推进社会变革的信心，由此产生的对社会不平等的挑战也会推动政府实施改善收入再分配的政策措施。

孙文凯同样对制度重要性提出了挑战。众所周知，Acemoglu 等（2001）在制度对经济发展影响的经典研究中，采用殖民地时期殖民者死亡率作为制度的工具变量，阐明了制度选择的路径依赖及其根源。其逻辑为：如果殖民者居住在殖民地死亡率高，那么他们不倾向于在殖民地长期居住并建立仿照母国的"好"的制度，而是采取掠夺性政策；反之，较低的死亡率将促使殖民者长住，并在殖民时建立起良好的相容性制度。但是，采用这种工具变量分析时如果忽视全球化的影响则可能高估制度的作用。为此，孙文凯（2018）利用 KOF 全球化指数及 WDI 数据库提供的若干宏观经济变量，同时使用死亡率和英语国家殖民年限作为制度和全球化程度的工具变量，分析结果表明，全球化是经济发展的重要解释因素，并且在控制全球化因素后制度因素不再显著。在控制自然资源、教育水平、地理位置等因素后，结论依然稳健。

尽管上述研究在一定程度上弱化了"制度重要性"的解释能力，但必须认识到，文化差异本身就是广义制度的重要组成部分，而全球化也与制

---

① 另一项值得关注的研究是，Michalopoulo 等（2014）发现，由于殖民、战争等因素，独立后的非洲经历了国界的重新划分，导致众多原本属于同一种族的地区被分属于多个不同的国家。通过对分属不同国家与制度环境的种族地区进行比较分析，结果表明，当考虑了种族固定效应以后，国家制度与地区发展之间的关系并不显著。

度架构紧密关联（王星、李放，2011）①。但由此能够得到的启示是，制度变迁及其绩效，并不仅仅由"制度论"中的产权制度、法律法规所决定，而是与文化遗产、环境条件以及社会偏好等其他因素有关，因而具有情境依赖性。已经观察到的两个重要事实是：第一，在世界范围内，不同地区其制度安排并不一致，即使是同一地区，甚至也存在多样化制度；第二，所谓的"好"制度也不是一劳永逸的，同一制度在不同的情境下具有不同的作用，并总是随着环境条件的变化而处于不断的演化之中（Campante 等，2015）。

二、制度变迁理论：存留的疑问

新制度经济学用制度及其变迁来解释经济发展。制度变迁既可理解为一套制度安排的形成过程，也可表达为一种更高效率的制度对原有低效率制度的替代过程，还可看作是交易活动中制度安排与制度环境的结构性改善过程。既然制度是变迁的，而变迁过程是降低交易成本、改善激励结构并增进社会福利的演进过程，那么为何有些族群会反过来导致长期的经济增长停滞呢？或者说人们为何选择相对无效的制度且能够长期存续？诺斯的路径依赖理论试图对此进行解释。他认为，制度变迁存在着正反馈机制，一旦它走上某条路径，其原有方向就会在后期发展中不断得到强化，从而形成制度变迁的轨迹依赖。诺斯（North，1990）强调，"路径依赖性是分析理解长期经济变迁的关键"。其中，偶然性事件以及初始选择，对后期制度安排具有决定性影响，由此形成的核心思想是：过去塑造未来。据此，"历史是重要的"（Arthur，1994；David，1985）。

制度及其变迁具有双重性。制度选择一旦走上了某条路径，它的既定方向在以后的发展中会因为主观模型、组织学习机制以及对外在机会捕获的可能性而得到自我强化。如果轨迹的强化能够识别并消除无效的选择，能够促进长期的经济增长，那么制度变迁将表现为良性路径依赖；如果初始的制度形成带来利益分化，而利益集团为了维护既得利益，那么在谈判

---

① 也正因为这样，路径依赖理论并不能有效处理"作为信念的制度"与"作为规则的制度"及其关系，从而弱化了对制度重要性分析的逻辑一致性。

力量相对均衡时将带来制度的长期锁定，或者因某类信念、或者因利益垄断而阻碍新的路径选择，经济增长将由此陷于停滞不前，制度变迁则表现为恶性路径依赖。所以，制度沿着既定的路径，存在着不同的依赖方向。由此，制度的双重性隐含着"制度悖论"：理性的人类本着利益最大化原则所选择的制度，既可能促进经济增长，也可能阻滞经济增长。

尽管学界对路径依赖理论给予了高度赞扬，但存在的疑问依然是明显的。Heikkila（2011）认为，制度的路径依赖，与历史无关，而与信息有关①。因为在一定程度上，历史已经铭刻在任何一国的现有"信息格局"当中，所以对于行动者而言，往往是将历史感知与认知经验积累融合当下情境来形塑制度安排的。因此，历史信息就成了多余，重要的是知识管理问题（Bernhard，2005）。从本质上来说，并不是制度惯性影响了制度变迁，而是取决于初始制度或制度遗产在制度变迁过程中的潜在有用性。更为重要的是，路径依赖理论的"偶然论"与"历史决定论"的宿命思想将大大损害其理论解释能力。第一，在路径依赖理论的文献中，"历史问题"和"路径依赖"是两个经常相互替代使用的术语，由于缺乏明确的定义，所以大多采用类推的方式将路径依赖与现象联系起来（David，2001）。第二，由于路径依赖仅仅是制度演化的一种现象，而用路径依赖解释制度变迁，就等于是用现象解释现象。第三，特定的历史事件或者偶然事件尽管受到格外重视，但这些事件是如何发生的，并未作为制度体系的内生根源而给予一致性解释。事实上，在制度的演化进程中，并非只有一个根本性的原因在起作用，而必须将其置于整个历史环境中进行多维度、开放的比较研究（Bavel，2015）。第四，路径依赖理论试图表明历史的作用，"人们在过去做出的选择决定了他们现在可能的选择"（North，1981）。但是，对于初始选择为什么是这样的制度而不是那样的制度，其决定机理是什么，经济史学家并未提供令人满意的答案。同样，"历史是如何起作用的"，诺斯的答案十分有限，也不成熟。他自己也不得不承认，"什么是路径依赖的潜在根源，路径依赖怎样影响人类行为？我们对此知之甚少"

---

① 应该强调的是，制度的形塑与制度安排，包含着过去经验信息，但却并非是完的。事实上，书面记载的历史与真实的历史是不一样的，而人们的记忆与经验知识，也很多是以隐性的方式代代相传的。所以，现有"信息格局"并不能替代历史。因此，认为路径依赖与历史无关，显然是存疑的。

(North，2005)。甚至有人认为，路径依赖理论无法为人们提供有用的政策建议，因为我们对于偶然的因素和不可逆的历史无能为力[①]。

事实上，无论是在路径依赖理论产生之前还是在此之后，围绕人口、生态、文化等不同维度的讨论一直延续不断。其中，关于大分流最为激烈的争论来源于"地理论"和"制度论"。然而，已有文献表明，虽然同为"制度论"的支持者，但关于制度到底是什么，却并不存在一致性认识。诺斯所讲的制度是"产权制度"，韦伯（1987）所说的制度是指"宗教信仰"，而 Kuran（2012）强调的制度则是"现代法律"。所以晚年的诺斯认为，制度变迁的路径依赖，不仅仅在于历史是重要的，而且更在于制度的选择要受到现行的制度环境、政治博弈、国家行为和文化传统的约束（刘和旺，2006）。虽然 Goldstone（2005）认为工业革命发生在英国是因为路径依赖而产生的，但他却强调"没有什么是必要的和不可避免的"，因为该结果是 18 世纪发生在英国的一系列小事件共同产生的。Mahoney 和 Schensul（2006）指出，历史情境是非常重要的。Bednar 和 Scott（2018）则认为制度变迁的驱动模式是"行为-文化-某种路径依赖"，并强调基于初始条件以及随后情境的时序分析的重要性。

三、进一步的挖掘：记忆、信念与制度选择

（一）信念塑造制度

为了实现相同的发展目标，人们可能会选择不同的制度。由此引发的问题是，目标由什么决定？这些制度差异由什么决定？

越来越多的学者将其归因于文化差异，即"信念塑造制度"（曹正汉，2005）。不同流派的思想家，从凡勃伦（1941）、韦伯（1920）到哈耶克（2000），都强调了文化因素尤其是信念对制度选择及其变迁的重要影响。North（1990）也注意到，即使两个社会建立起大致相同的初始制度、面临相同的相对价格变动及其潜在机会，但这两个社会仍然会在随后的变迁过程中，因文化传统和价值观上的差别而演化出相去甚远的制度安排，走

---

① 参见：齐默尔曼．经济学前沿问题［M］．申其辉，孙静，周晓，等，译．北京：中国发展出版社，2004.

上不同的经济发展道路。Greif（1994）深刻论证了"理性的文化信念"对一个社会的制度框架的形成与演进所产生的决定性作用。

对于每个人来说，都会或多或少有着为之奋斗的理想目标，以及与之相关联的或强或弱的价值取向与思想信念。思想信念既是一套行为目标体系，也是一套对世界的认知体系；既为个人行为提供约束，也能够为行为选择提供合理性辩护。因此，尽管人与人之间的价值观念存在差异，但在一个稳定的社会中，或者说一个社会之所以稳定，一定存在一套社会成员普遍认同的思想信念，即社会主流思想信念。主流思想信念的制度性功能就在于能够降低实现制度目标而达成一致行动的交易成本。社会成员分为两类，一是社会大众，二是社会精英。对于社会大众来说，由于身处充满不确定性的世界中，总是需要有一套思想信念用来安身立命。这套思想信念来自两个方面，一是个人的省悟与习得，二是社会精英的阐述与倡导。正因为如此，社会精英对于社会主流思想信念的形成有着重要的导向性作用。一方面，当社会处于稳定时期，主流思想信念通过精英人物的阐释而得以强化、维护和延续；另一方面，当社会进入新环境或面临新问题而需要革新思想信念时，新的精英人物就会应运而生，他们或者对文化传统进行新的解释，或者从实际经验中创造新的思想信念，或者从社会外部引入新的理论与新的思想，或者三者兼而有之。新的思想信念要么重构新的目标理想，要么诱导新的行为方式，从而决定着新的社会制度变迁。

可以认为，制度选择及其变迁有着重要的情境依赖性。事实上，近些年来行为经济学或实验经济学所取得的丰硕成果不断证明了人类社会行为选择的情境依赖性（罗俊、陈叶烽，2015）。这里的情境指的是时间（T）、场景环境（E）、事件背景（B）、社会性因素（S）（包括社会规范、社会声誉、社会身份、社会承诺等因素）等不同维度的变量所组成的集合。情境依赖性可定义为：人类的历史记忆、制度选择以及社会行为，可能会因为情境集合中任一维度变量的引入或改变而有所变化。研究表明，人们在日常生活中会根据当下的社会规范、个体的社会身份、承诺的社会责任、经受的社会压力等社会性因素来做出符合社会要求的行为决策。由此形成了不断占据主流地位的"社会信念—制度目标—制度选择"的制度变迁情境依赖的分析框架。

制度由信念决定。主流思想（文化）信念由社会精英阐述与倡导。问题是，社会精英提出的思想理念，可能多种多样甚至彼此冲突。哪一种将成为社会新的主流思想信念，则取决于几个方面的条件：第一，作为思想信念的倡导者，有能力对社会大众形成广泛的号召与引导；第二，精英人物所倡导的思想信念，能够有助于解决社会大众正面临的制度性问题；第三，这套思想信念对于社会大众来说，不仅是可以信赖的，而且能够广泛动员隐藏于大众内心的记忆、传统、道德资源以及由此形成的支持力量。其中，由社会大众的历史记忆以及由经历所积累的分散知识，就具有格外重要的意义。

（二）历史记忆的重要性：理论与证据

在人文科学领域内，"历史记忆"被视为基于个体经历共同构建的社会行为与叙事方式，并在内容上可细分为个体之间的"交流性记忆"（communicative）和群体之间的"文化性记忆"（cultural），即有相同身份认同的人群共同建构的叙事（shared reality）（尤淑君等，2024）。后者所形成的共同知识，对主流信念的形成及制度选择具有重要影响。因此，对于进一步理解路径依赖理论，深化对制度重要性的认识，特别是对于回答前述的关于重要性的存疑与路径依赖理论的分歧，由记忆形成的信念就具有重要的行为发生学与诠释学意蕴。

1. 外生冲击、历史记忆与信念形成

全球金融危机和新冠疫情是大多数人所经历过的独特事件，就像90多年前的大萧条一样。这些冲击会留下怎样的遗产？它们会对不同代际产生不同的影响吗？不用说，其直接的经济和社会创伤将是巨大且持久的，但更为重要的是，重大的外生冲击以及由此形成的历史记忆，对人们偏好和信念的影响可能更为深远。许多观察家认为，德国人对通货膨胀的传奇式厌恶是其一个多世纪前经历恶性通货膨胀所遗留下的长期印痕。

外生冲击（如自然灾害、经济危机、政治动荡或公共卫生事件等）对于形成信念方面的重要性在经济学之外也早已为人所知。文学作品中一个最著名的例子是托尔斯泰的《战争与和平》，该书描述了价值观和信念不同的几代人之间的冲突。这些价值观和信念因代际不同而有所差异，这类差异在相当程度上取决于人们所经历的冲击，尤其是战争，特别是在年轻时经历的战争。社会学家也早就认识到冲击对于形成不同代际特征性信念的重要性。历史学家和政治学家也运用社会学的代际理论来解释集体记忆的形成以及冲击带来的影响（Giuliano，Spilimbergo，2024）。

经济学特别是行为经济学的研究表明，外生冲击通过改变个体的心理锚定点、社会信息环境和资源约束，重塑偏好（如风险态度、消费模式）和信念（如对制度和未来的预期）。其影响具有非对称性、路径依赖性，并受文化、经济地位和政策干预的调节。理解这些机制对政策设计（如危机沟通、社会保障）和行为策略（如需求预测）至关重要。大量文献证明，外生冲击以及由此形成的记忆，会对人们的偏好和信念产生深远影响。例如，经历负面冲击（如金融危机、失业）后，人们可能更倾向于规避风险，减少投资或消费。2008 年金融危机诱导风险厌恶情绪蔓延，催生"千禧一代"对传统金融体系不再像他们的前辈那样具有强烈且广泛的信任（如转向加密货币）。COVID - 19 疫情正在加速数字化偏好（网购、在线教育）、远程办公等习惯的固化，动摇对全球化效率的信念，同时激发对公共卫生系统的关注。切尔诺贝利核事故从长期而言削弱了东欧公众对核能技术的信任，推动了环保主义运动。此外，冲击可能暴露不平等（如疫情中低收入者更易被感染），强化对公平的关注，或加剧阶层对立。不仅如此，若政府应对冲击不力（如灾害救援迟缓），公众对体制性装置的信任则势必存在下降的可能性（如日本福岛核泄漏后的反政府情绪）。

2. 来自微观实证的证据

中国历来都是一个农业大国，也是一个自然灾害频发的国度。自殷商至民国的 3 000 多年间，史料记载的自然灾害就达 5 200 余次，古老中国甚至一度被西方学者称之为"饥荒国度"（邓云特，2011）。正因为如此，学界对饥荒经历与饥饿记忆及其所形成的长期影响进行了广泛关注。其中，1959—1961 年三年困难时期发生的饥荒，成为新中国成立以来令世人印象最为深刻的十大事件之一（Susanne，2003）。已有研究从以下几个方面展开：

一是健康方面。由于食物的短缺，导致胎儿或者婴儿的营养供给不足，从而对后期的身体健康造成严重影响。Chen 和 Zhou（2007）利用 CHNS 数据研究表明，在其间出生的人，平均身高会比饥荒发生前以及饥荒发生后出生的人相对较矮些，并且会更早地选择退休。Shi（2011）甚至发现，饥荒经历会降低人们的预期寿命，提高死亡率。

二是信仰方面。都田秀佳和梁银鹤（2018）研究表明，经历过饥荒的人群更加倾向于选择宗教信仰。不仅如此，由饥饿记忆引发的风险厌恶，更是与社会保障机制紧密关联。1990年中国居民中无神论者所占比例是信教者所占比例的9倍，2001年这一比值下降为2倍，2005年信教者比例（21.79%）已经超过了无神论者比例（17.93%）。在有宗教信仰的中国居民中，农村居民占绝大多数。

三是行为方面。饥荒会改变人们的风险偏好，从而导致人们选择更加谨慎的行为。程令国和张晔（2011）证明，经历过饥荒的家庭，更倾向于进行储蓄，饥荒程度每增加1%，储蓄率会提高23%～26%；汪险生和郭忠兴（2018）发现，饥荒经历会降低农户租出农地的意愿，更加倾向于保有土地；Liang（2018）的研究表明，饥荒年代出生的干部（县长）更加偏向于实施支农政策，以避免饥荒的再次发生；曹树基（2005）则发现，1851—1875年由战争与干旱引发过饥荒的地区，在1959—1961年受影响程度明显更低，表明饥荒能够形成深刻的民间记忆与形成长期性影响，并依此在防范类似的冲击中做出策略性的行为响应。

3. 历史计量分析提供的证据

历史是经历的积累，是记忆的沉淀。信念及其文化沉淀，本来就是广义制度的重要组成部分。如果说正式制度是制度的"大陆"的话，那么非正式制度就是制度的"汪洋大海"。因此，讨论信念对制度及其经济绩效的影响，就不可避免存在严重的因果识别或内生性问题。所有经济学的实证计量分析总是备受因果关系问题的困扰。解决因果识别问题，往往需要立足于较长的因果逻辑链条，在因果之间建立传导机制（或路径）加以实证检验和分析。由此，历史分析就成了重要手段。正因为如此，与使用编年手法、借助简单图表进行叙事的传统经济史不同，把经济理论、统计方法、数学模型结合起来，从量化分析的角度关注外生的历史因素的长期影响，探讨历史的信念意蕴与长期意义，正是20世纪70年代以来至今仍如日中天的历史计量分析或量化史学所做的工作。事实上，历史计量学的发展，使经济史学者们在很多具体领域得出了与传统观点不一致甚至是完全相反的结论。其中，建立在长时段跨国数据基础上的分析，特别是关于农业遗产的长期性影响的研究，成了新的重要前沿。可喜的是，新的数据发掘与新的研究范式，对诺斯的路径依赖理论和Greif的信念塑造制度，提供了强有力的实证支持。

关于个人主义文化的生成根源一直众说纷纭。Ang（2019）提供了关于传统农业实践与个体或集体主义文化形成根源的证据。作者的核心思想是，如果种植的作物需要大量的人力以及合作，那么便会催生群体内的相互依赖，进而发展出集体主义；相反，如果种植的作物对人手的要求不高并且更适合于独立劳作，那么便有助于个人主义价值观的形成。为了验证这一假设，作者首先使用高分辨率数据以网格为单位构建了务农环境的劳动强度指数：在每个地理网格中，该指数是种植七种主要作物（棉花、土豆、玉米、水稻、黑麦、大麦和小麦）所需劳动时间的加权平均值，而作物的热量即为权重。作者分别使用 99 个国家的跨国数据、世界价值观调查（WVS）中 10 多万人的个体数据、114 个前工业化社会的群组数据以及欧洲社会调查（ESS）中的二代移民数据，在多个观测层面上证实了农业劳动强度指数与个人主义文化之间的显著负向关联，从而验证了文章的基本假设，即个人主义文化出现在劳动密集程度较低的作物种植社会，而集体主义文化或相互依赖则出现在劳动密集程度较高的作物种植社会。研究表明，农业遗产塑造了个体、前工业化族群以及国家之间文化特征差异的形成，从而表达了历史上农业实践的长期性影响。

时间偏好与跨期选择是经济学的长期议题。Galor 和 Özak（2016）从历史上的农业气候条件及作物产量高低的角度解释各国在时间偏好上的差异。文章的核心观点是，若一个地区的农业气候条件能培养出更高产量的作物，该地区农民就会加大农业投资；从长期投资中能够获得高回报的体验会通过适应、学习等文化途径传承下去，最终导致该地区的当代人群表现出更高程度的长期倾向。为了探索时间偏好的形成根源，作者将视野投向了 500 年前即公元 1500 年前后的地理大发现。作者将研究时段选择在公元 1500 年之前后的 100 多年，将之前仅有原住民的情形称之为旧世界（公元 1500 年之前），将地理大发现之后有大量移民与殖民者的情形称之为新世界。由此，作者通过对比分析不同国家新旧两个世界的作物产量（准自然试验），以考察作物产量差异对当代人类时间偏好的历史影响。通过对比，可以发现各个国家高产作物的来源，在发现新大陆之前的作物是"原生作物"，大航海之后是"引进作物"。回归结果证明，若某地区原来就有高产作物，该地区农民就会加大农业投资；由于从长期投资中能够获得高回报的体验，就会通过适应、学习等文化途径遗传下去，最终导致该地区的后代表现出明显的长期倾向。有高产"原生作物"的地区，人们现在依然具有长期的储蓄倾向，国家经济也具有长远性。尤其是，这些族群的后代更易于接纳科技创新的成果，也会表现出更高的储蓄率、更低的吸烟率。该文不仅从农业气候条件角度探究了时间偏好差异的起源，而且强调了农业气候条件通过文化渠道对当代人行为的长期性影响。

要特别强调的是，制度本质上是人类认知进化的外显形态，其变革速率受制于集体记忆的代谢周期，而技术革命正在加速这个代谢过程。事实上，知识的不断积累，技术的不断进步，环境条件的改变，交互关系的重构，都可能改变由记忆所构建的信念以及信念所塑造的制度。本书的部分章节对此提供了可资参考的证据（如第1章、第3章、第5章等）。

四、本书的旨趣与内容安排

在信念塑造制度、制度诱导行为的主流文献中，"社会信念—制度目标—制度选择"成为基本的逻辑分析框架。其中，制度引导行为已经得到了广泛重视，信念塑造制度也受到了一定程度的关注，但关于人们的经历尤其是历史记忆如何影响信念形成，则留下了大片空白。为此，本书的核心意图是拓展已有的框架，从而将"社会信念—制度目标—制度选择"进一步修正为"历史记忆—社会信念—制度目标—制度安排—行为选择"的具有广延性与自洽性的分析线索。

制度本质上是人类认知进化的外显形态。一方面，从符号系统的具象转化来说，制度是抽象思维符号（语言、文字、数学）的具象化载体。早期人类通过结绳记事演化出契约制度，楔形文字催生出法典体系，展现了符号系统向制度规范的转化轨迹。另一方面，从心智模式的实体重构而言，制度成为社会的行为框架。例如，人类的风险规避意识演变为保险制度，公平诉求催生司法体系，表明制度是将主观认知模型转化为客观社会架构的过程。更为普遍的是，市场制度通过价格信号整合分散知识，官僚体系通过科层结构系统化决策流程，印证了哈耶克"知识分工"理论在制度层面的实践形态。专利制度将个人智慧转化为公共知识资产，教育制度实现认知代际传递，公司制度突破自然人生命限制，数字货币超越物理空间约束，审计制度防范认知偏差，表明制度对人的认知的拓展以及对个体认知局限性的系统化修正。可以认为，这种认知外显机制具有自我强化的正反馈效应：制度既固化已有认知成果，又通过结构化约束塑造新的认知方向。正如诺斯悖论所揭示的，制度可能在认知进化中同时扮演加速器与制动器的双重角色，这种矛盾性恰恰印证其作为认知外显形态的根本属性。理解制度与认知的这种共生关系，为我们破解制度变迁规律提供了新的认知坐标系。

正因为如此，历史上的冲击、过往的经历，以及由此形成的记忆，加上长期实践形成的社会认知与文化沉淀，均成为制度形成与演化的重要因素。众所周知，从制度认知固化的角度来说，由农业革命（新石器时代革命）诱致的定居与农耕，不仅催生了土地制度，也催生了人地关系与风险偏好（规避）的社会意识，更是催生了耕作制度、交互方式与种植文化。从制度认知调整的角度来说，新的经历与知识增长，不仅有可能调整制度安排，而且有可能修正制度目标与制度信念，进而解构社会关系并重构社会秩序。

本书遵循"历史记忆—社会信念—制度目标—制度安排—行为选择"的基本线索，重点关注记忆、信念及其制度性含义。全书由三个部分共12章组成。结构安排如图0-1所示。

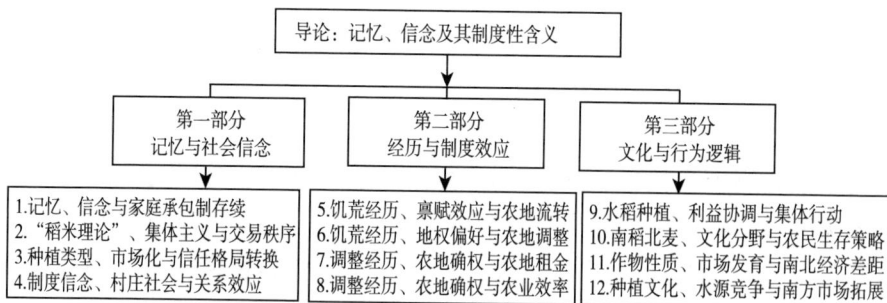

图0-1 本书的内容安排

第一部分是"记忆与社会信念"，包括第1章至第4章。

第1章"记忆、信念与家庭承包制存续"。人的行为受其过去经历及其记忆的影响，制度偏好也同样如此。本章试图为我国农村普遍采用家庭承包制的选择及其延续提供一个可能的逻辑性解释线索。核心观点是，饥荒造成的饥饿记忆是决定农民制度信念进而选择并维护家庭承包制的重要原因。利用广东和江西两省的农户样本数据，将"家庭承包制"进一步分解为"集体所有""家庭承包"及"家庭经营"三个维度进行分析，结果发现：①饥饿记忆能够影响人们的制度信念。经历过饥荒的农民对家庭承包制认可度更高；②在农业机械化程度较低的地方，饥荒经历能够显著提高农民对家庭经营的偏好程度，但在机械化程度较高的地方，饥荒经历对农民的家庭经营偏好没有显著影响。③对于具有更多非农收入来源的农户家庭，饥荒对农民制度偏好的影响变得不显著。④记忆的长期性影响与情境变化紧密关联，从而使得制度选择及其信念与环境条件及其交易技术结构密切关联。这有助于深化对制度转型机理的认识。此外，宏观层面的数据也证明经历饥荒越严重的地方越倾向于采用并坚持家庭承包制。上述结论对未来农业经营制度变革有着重要的长期性政策含义。

第 2 章"'稻米理论'、集体主义与交易秩序"。"稻米理论"基于我国"南稻北麦"的种植格局，揭示了南方集体主义文化与北方个人主义文化的差异化生成机理。按照主流经济学理论，集体主义文化往往会抑制经济发展，而个人主义文化能够有效激励市场缔约与经济增长，这显然难以解释中国南北差距不断扩大的现实经济格局。本章试图对"稻米理论"的文化含义进行进一步的阐释与拓展。核心观点是，水田稻作经营构筑了村社内部的关系交易、集体意识与一致性行动，但同时也形塑了交易信任、合作文化与契约型行为秩序的基因。基于全国 9 省农户调查数据的实证检验发现，相比于旱作区，水田稻作区农户的农地流转尽管存在交易对象熟人化、本地化的特征，但不同的是，农户更倾向于选择正式合约，契约化程度更高。前者的"关系交易"有助于降低交易成本，后者的"契约交易"则有助于扩展市场范围。进一步的证据表明，稻作文化具有外溢性，农户更热衷于创业活动，也更倾向于签订劳务合同。从而证明，水田区农民具有更为浓厚的契约化与市场化精神。作者强调，合作秩序的生成、存续与拓展，需要隐性契约和规则秩序加以匹配，南方集体主义精神是催生契约精神、诱导市场化发育的重要文化土壤。

第 3 章"种植类型、市场化与信任格局转换"。Talhelm 的"稻米理论"基于我国"南稻北麦"的种植格局，对南方集体主义文化之下的特殊信任和北方个人主义文化之下的一般信任的形成根源进行了理论阐释。但现实证据表明，中国南北村庄的信任模式正在发生重要转换，即北方的特殊信任高于南方，南方却呈现出更为明显的一般信任，从而对"稻米理论"构成冲击，即南北市场化发育程度的差异及其对传统村落原生秩序的冲击，从而弱化原有的文化特性的现实有效性。研究结果表明：①"南稻北麦"的种植传统虽然在信任机制塑造中发挥了重要影响，但市场发育程度在种植类型与信任关系转换中发挥着关键的调节作用。市场发育弱化了种植文化对信任的影响，从而导致了南北方信任格局的反差与转变。②机理分析表明，市场化一方面冲击着村社传统耕作方式所决定的互助协作关系，另一方面通过活跃并畅通农村要素市场，从而弱化了种植文化对信任的内生性影响。作者强调，由"南稻北麦"种植方式所镌刻的文化遗产及其村庄信任格局，正在发生重要的解构与转型。

第 4 章"制度信念、村庄社会与关系效应"。人多地少的基本国情使得农村土地及其权益的竞争性配置贯穿了整个中国历史。中国农村地权的模糊性和不稳定性曾一度长期存在，并成为塑造传统村社形态的重要制度诱因。本章利用中国劳动力动态调查数据（CLDS）的估计结果表明，地权稳定性相对不足的村庄，农户具有更大的村社交往半径，一方面通过筑牢亲友关系以提升地权竞争优势，另一方面通过扩大非亲友交往半径以强化地权排他能力。进一步的证据表明，人地矛盾的历史遗产能够形塑农民的交往格局和村社形态，而人地关系的变动则会动摇地权稳定性以及相关联的村社交往秩序。此外，由成年男性表达的谈判优势和由体制内工作表达的政治资源，是农户家庭地权竞争实力的重要力量，并对农民基于地权竞争而开展的村社交往具有替代效应；"乡政"对"村治"的监管以及地权法制化，则将弱化基于地权排他的关系缔结。作者强调，在中国农村社交格局及其关系型村社形态的表象背后，隐含着深刻的产权经济学逻辑。

第二部分是"经历与制度效应"，包括第 5 章至第 8 章。

第 5 章"饥荒经历、禀赋效应与农地流转"。中国农村的土地市场并非简单的要素流转市场。其中，农民对土地的禀赋效应被视为农地流转不畅及其关系型交易的根源。进一步的问题是，禀赋效应源于何处或者说是否具有情境依赖性，则是一个悬而未决的议题。本章从饥荒经历探究禀赋效应的生成机理以及影响农地流转的决定机制。结合全国 9 省的农户问卷，利用中介效应模型进行计量分析，结果表明：①饥荒经历会降低农户的农地转出合约签订意愿。②饥荒经历通过提高农民对农地的禀赋效应而作用于缔约意愿。③非农打工经历能够降低农民饥荒记忆对农地产生的禀赋效应，强化农户农地转出的缔约意愿，促进农地流转。本研究为我国农地流转不畅提供了新的解释。化解农地流转不畅的难题，不仅需要从经济手段入手进行诱导，更有必要从社会保障与公共政策援助方面做出努力。

第6章"饥荒经历、地权偏好与农地调整"。为何农地调整持续发生？被广泛接受的理论解释是公平偏好假说，但该假说成立的情境正在发生重大变化。必须进一步寻找农地调整反复发生的深层动因。本研究的核心判断是，由地权均分所表达的"生存伦理"的存续，可能源于农民曾经历的死亡威胁所留下的饥荒记忆。饥荒经历是农户偏好农地调整的重要原因，因为通过农地调整均分土地，既能够满足农民对粮食短缺的预防性动机，又能够强化农民最底线的风险规避。利用全国9省农户问卷样本、CLDS 2014和CLDS 2016的数据进行实证分析发现：①饥荒经历显著提高了农民农地调整意愿；②对于家庭有新增人口但近5年没经历农地调整的农民，饥荒对其农地调整意愿有显著正向影响；③1959—1961年三年困难时期饥荒严重的地方，后期农地调整发生率会显著提高；④随着农民非农转移和人地关系缓和，饥荒对农民农地调整意愿的影响将变得不显著。因此，农地调整具有时代性或历史阶段性。本章可能的创新在于，关注农民的自身经历并挖掘其记忆资源所形成的地权偏好，由此揭示农户风险规避与产权偏好所决定的农地调整的产权实施逻辑。

第7章"调整经历、农地确权与农地租金"。已有研究从农地产权安全感知的角度发现，农地调整经历会强化确权农户的租金要价上涨效应。不同的是，如果农户没有经历过农地调整，已有判断就难以解释其确权之后租金要价的决定机理。本章通过构建"农地确权—调整经历—租金要价"的分析框架，探讨不同类型的农地调整经历对确权农户租金要价的影响机理。使用全国9省农户样本数据的实证分析表明：农地确权与农地调整经历均会诱发农户租金要价上涨，且租金要价分别提高39.2%和16.9%；农地调整经历会影响确权后农户的农地转出要价，无农地调整经历与农地小调整经历均会诱发确权农户对土地的珍惜不足，并弱化租金上涨效应；经历过激烈地权争夺的确权农户将更加珍惜土地并显著强化其流转租金上涨意愿。农地调整经历对确权农户租金要价的影响呈现线性上升的结构性特征。作者强调，农地确权引发的租金要价决定具有情境依赖性，地权调整经历将诱导农民更加珍惜所获得的农地产权。

第8章"调整经历、农地确权与农业效率"。原有地权的安全性以及农户由此形成的"记忆"，会对农地确权的行为响应及其经济绩效产生重要影响。本章的核心观点是，未经历过农地调整的农户，其产权安全性感知并非是明确的。由此，单一地从地权安全性感知视角来讨论农地确权的经济绩效，可能导致研究结论的偏差。本章基于"农地确权—调整经历—行为响应—经济效率"的分析框架，将农地调整和农地确权分别视为自上而下的"约束机制"和"补偿机制"引入研究框架，探讨不同的农地调整经历对确权农户农业生产纯技术效率的影响。分析表明，农地调整的约束机制和农地确权的补偿机制走向平衡，将促进农业纯技术效率的改善。使用2016年中国劳动力动态调查（CLDS）数据的检验结果显示，未经历过农地调整和经历过农地大调整将显著弱化确权农户纯技术效率的实现；而经历过农地小调整的确权农户是最有效率的经营主体。农地调整经历对确权经济效率的影响呈现倒U形结构。作者强调，缺乏约束机制保障的农地确权政策有可能造成农业生产效率的损失。

第三部分是"文化与行为逻辑"，包括第9章至第12章。

第9章"水稻种植、利益协调与集体行动"。一项制度能否得以延续，取决于该制度是否具备有用性和利益协调性两个方面。水稻种植的劳动特征内生出了村庄内部集体行动的需要，从而强化了农户之间的利益相关性，使得农地调整得以持续发生，从而降低了地权的稳定性。由此可以认为，农地调整是稻作村庄具有利益相关性的集体行动选择。与强调产权明晰与稳定的主流理论不同，本章为特定情境下的地权不稳定提供了合理化解释。通过构建演化博弈模型推导农户利益相关性如何影响农地调整发生的概率，结合CLDS 2014年201个村庄样本讨论水稻种植对地权稳定性的影响，研究结果表明：①水稻种植能够显著提高村庄农地调整发生的概率。与其他村庄相比，以水稻种植为主的村庄，其农地调整发生的概率显著更高，获得农地确权证书的农户比例则显著更低，因而水稻种植村庄的地权稳定性更低。②机制检验发现，水稻种植村庄的宗族文化更加活跃。相应地，宗族文化活跃的村庄，其地权稳定性受到破坏的概率更高。③农业机械对农业劳动力的替代，弱化了集体行动的必要性，从而降低了地权不稳定的可能性。在考虑各种可能存在的内生性问题之后，主要结论依旧稳健。本研究的理论启示是，农地制度"植根"于农业生产特性及其耕作文化，因此农地调整有其存在的合理性；作为正式制度的农地产权安排不仅不是独立的，而且还必须服从于作为非正式制度的村庄社会网络。当然，随着耕作方式的改变，尤其是农业机械化对稻作劳动模式的替代，农地调整的现象将会逐渐消失，地权的稳定性将不断得到提高。

第10章"南稻北麦、文化分野与农民生存策略"。稻谷和小麦是中国最重要的粮食作物，其千百年的种植传统在村庄文化构建与社会治理中发挥着重要的制度功能。农业自然属性与稻麦生产属性的交织，既诱发了古老中国食物丰裕与饥荒的频繁交替，也形塑了稻区和麦区农民不同的生存策略。本章的核心观点是，稻麦种植所形成的集体主义文化和个人主义文化，蕴含着不同的风险规避机制，从而使农民在饥荒威胁中选择了不同的"逃避艺术"，即稻区农民相对强调"齐心互助"，麦区农民则倾向于"读书改变命运"。使用中国劳动力动态调查数据（CLDS）的研究结果表明，相比于水稻种植村庄，小麦种植村庄的农户具有更高的教育投资水平，并且更加不认同"读书无用论"。机理分析表明，麦区农户之间的邻里互助水平显著低于稻区，而较低的邻里互助水平将提高农户的教育支出水平。对于麦区农民来说，教育具有重要的体制性生存的工具性功能。因此，稻麦种植特性及其文化意蕴，决定了农民规避饥荒的不同生存策略。本研究的重要启示是，稻麦种植不仅具有丰富的政治经济学含义，而且对现实的政策选择有着深刻的机理性意义。

第11章"作物性质、市场发育与南北经济差距"。中国经济发展的区域差异及其根源，一直备受学界关注。其中，市场化发育的区域差异是解释经济发展差距的重要线索。然而，市场发育区域差异的生成根源却未能得到恰当的处理与阐释。本章试图从作物性质的政治经济学维度，构建"政府监管—作物性质—逃避策略"的分析线索，探讨区域经济发展差距背后市场发育的决定机理。其核心思想是，如果将市场化进程视为政府监管放松的过程，那么监管放松就可以区分为主动监管放松与被动监管放松。由可实施逃避策略所决定的被动监管放松及其所触发的市场化进程往往具有不可逆性。由此，监管逃避策略选择的区域差异性，将导致区域市场化发育程度的不同进而带来经济增长的差异。基于全国1997—2016年面板数据的实证分析表明：由"无政府主义作物"种植所表达的监管逃避策略，能够显著促进市场化的发育程度；作物种植差异及其所蕴含的种植文化特性，共同决定了南北市场化差异；源于2013年全面开展的农地确权，进一步强化了"南强北弱"的监管逃避，导致南北经济差异不断扩大。本研究有助于增进对农业及其作物种植的政治经济学含义的理解，并为中国区域经济增长差异提供了新的洞见，从而为缓解发展不平衡不充分问题并推进中国区域经济的协调发展提供政策依据。

第12章"种植文化、水源竞争与南方市场拓展"。全面推进乡村振兴必须深刻理解地域文化传统及其决定机理。集体主义和个人主义的文化基因分别形塑着不同的交易秩序、要素配置方式及增长实现路径。与"格雷夫假说"相对照，由"稻米理论"所揭示的中国南北文化差异及其所表现出的经济绩效，构成了理论与事实的重要反差，从而形成了"Talhelm悖论"。本章的核心思想是，中国南方的稻作种植传统隐含着双重的文化基因及交易意蕴，一方面表达为因灌溉系统修葺所形成的对内合作基因和短半径交易，另一方面表达为因灌溉水源竞争所催生的对外竞争信念与市场化交易，由此奠定的家族企业文化土壤，即南方稻作区可能存在的"对内合作、对外竞争"的双重文化特征，成为中国经济增长南北"大分异"的重要文化根源。使用中国县域面板数据的估计结果显示，水稻种植区家族企业发展更好，且稻作县域有着更好的创业氛围与市场范围。机理分析表明，灌溉水源竞争会强化稻作区的市场拓展；降水不充分、水网密度稀疏和旱灾所加剧的水源竞争，能够激发稻作区的竞争参与和市场发育。进一步证据表明，政府干预会抑制稻作文化中的创新性，但政府的有为参与和政策包容则能够激励创业活动与市场拓展。本研究为理解市场、企业与政府关系的经典话题提供了新的维度，并据此强调，全面推进乡村振兴，政府的重要责任应该是有效激活商业文化基因，保护私人产权，捍卫市场秩序，维护公平竞争，并弘扬企业家精神。

<<< ······ 第一部分

记忆与社会信念

第1章 记忆、信念与家庭承包制存续

内容提要：人的行为受其过去经历及其记忆的影响，制度偏好也同样如此。本研究试图为我国农村普遍采用家庭承包制提供一个可能的逻辑性解释线索，认为饥荒造成的饥饿记忆是决定农民制度信念进而选择并维护家庭承包制的重要原因。利用广东和江西两省 2 980 个样本农户数据，将"家庭承包制"进一步分解为"集体所有""家庭承包"及"家庭经营"三个维度进行分析，结果发现：①饥饿记忆能够影响人们的制度信念。经历过饥荒的农民对家庭承包制认可度更高；②在农业机械化程度较低的地方，饥荒经历能够显著提高农民对家庭经营的偏好程度，但在机械化程度较高的地方，饥荒经历对农民的家庭经营偏好没有显著影响。③对于具有更多非农收入来源的农户家庭，饥荒对农民制度偏好的影响变得不显著。上述结论具有稳健性。此外，宏观层面的数据也证明经历饥荒越严重的地方越倾向于采用并坚持家庭承包制。文章进一步阐明了上述结论对未来农业经营制度变革的政策含义。

一、引言

自 20 世纪 80 年代初以来，家庭联产承包责任制（后文简称"家庭承包制"）一直是我国农业的主要经营制度。家庭承包制极大地调动了农户的生产积极性，显著提高了农业生产效率，并迅速解决了全国的温饱问题（Lin，1992）。

然而，随着制度红利逐渐释放以及工业化城镇化的迅速发展，家庭承包制也面临越来越多的非议与质疑。主要包括：以土地均分所表达的家庭承包经营，不断加剧耕地的细碎化程度，导致农业规模不经济；因维护地权平等而时常发生的农地调整被认为是威胁农地产权安全的重要原因（洪

炜杰和罗必良，2018）；所有权归属于集体，农户仅拥有使用权的制度安排被视为是对农户剩余控制权的限制，并成为农地流转不畅，农地使用效率低下的重要原因。甚至有观点认为，改革开放初期农业产量增长的根本原因在于化肥的大量使用和粮食种子的改良，农业制度变革起到的作用相对有限（王剑锋和邓宏图，2014）。类似质疑甚至延伸到对中国农地所有制的争论。部分学者主张通过农村土地国有化的方式以提高政府的协调能力，从而便于统一调配土地资源使用与规模化经营，化解农地细碎化与经营效率低下的困局（叶明，2013）。另一部分学者则主张彻底实施农地私有化，认为其一方面有助于提高农地产权稳定性并诱导农业投资，另一方面能够将农地资源交由市场进行配置，以达到要素配置效率的提升（文贯中，2007）。

　　主流文献主要从产权稳定和经济效率的角度对家庭经营制度进行评价，但对于农业经营主体即农民对家庭承包制的制度信念却少有涉及。家庭承包制被认为是诱导性制度变迁的典范，参与者的意向性、感知和信念对制度变迁及制度均衡具有重要的影响（Bowles，2004）。农民对农地经营制度的行为响应，关系到国家的农业生产稳定和粮食安全，因此必须重视农民对农村土地及经营制度的评价，从而为制度选择提供微观基础。另一个重要的问题是：为什么家庭承包制在过去的 40 年中能够形成相对稳定的制度均衡？尽管诸多文献尝试从监督费用、退出权甚至气候冲击的角度进行解释（Bai and Kung，2014），但值得注意的是，这些研究实际上仅解释了农村改革初期中国农业为何放弃公社化的组织形式，但却未能解释中国的家庭承包制为何没有进一步发生根本性转变，而是长期维持土地集体所有、农户承包经营的制度安排。

　　本研究试图为此提供一个一致性的逻辑解释。人的行为受到过去经历的影响（Malmendier and Nagel，2011）。行为心理学的研究表明，基于小概率事件的记忆与信息处理，往往会使人们即使面对现实环境进行决策时仍发挥着特别重要的作用（Rakow et al.，2010）。以 North（1990）为代表的制度变迁理论强调，历史上的一些偶然性事件，对后期制度安排具有决定性影响，由此形成的核心思想是，历史是重要的，过去塑造未来（Arthur et al.，1994）。显然，饥荒作为一种特殊的外生事件，由此形成的痛苦记忆将深刻影响经历者的行为偏好及其制度选择。决策理论中的

"信念—偏好—约束"模型强调了偏好对行为选择的持久性影响,而内生偏好理论进一步认为,在一个人的生命周期中,宏观的历史冲击或自然灾害能改变一个人的内生偏好(Lee et al.,1971)。

本研究认为 1959—1961 年三年困难时期的饥荒经历以及由此而形成的饥饿记忆,会导致农民倾向于选择并坚持家庭承包制以避免饥荒的再次发生。鉴于学界很少关注农民制度信念及其选择的内在逻辑,也鲜有文献从农民经历的角度讨论中国农业经营制度变迁问题,因此本研究尝试为此提供一个实证检验的证据。

二、记忆、信念及其推论

人类历史上饥荒的发生并不罕见。比如 19 世纪的爱尔兰饥荒和 20 世纪初的乌克兰饥荒,而中国在 1959—1961 年三年困难时期同样受到饥荒的冲击。

(一)饥荒经历及其影响

三年困难时期的饥荒产生了广泛且重要的影响,成为新中国成立以来令世人印象最为深刻的十大事件之一(Weigelin-Schwiedrzik,2003)。已有研究从以下几个方面展开:①健康方面。由于粮食的短缺,导致胎儿或者婴儿的营养供给不足,从而对后期的身体健康造成严重影响。Chen 和 Zhou(2007)利用 CHNS 的数据研究表明,在其间出生的人,平均身高会比饥荒发生前以及饥荒发生后出生的人相对较矮些,并且会更早地选择退休。Shi(2011)甚至发现,饥荒经历会降低人们的预期寿命,提高死亡率。②信仰方面。都田秀佳和梁银鹤(2018)的研究表明,经历过饥荒的人群更加倾向于选择宗教信仰。③行为方面。饥荒会改变人们的风险偏好,从而导致人们采用更加谨慎的行为。程令国和张晔(2011)证明,经历过饥荒的家庭,更倾向于进行储蓄,饥荒程度每增加 1%,储蓄率会提高 23%~26%;郭忠兴和汪险生(2018)发现,饥荒经历会降低农户租出农地的意愿,更加倾向于保有土地;Guo 等(2024)的研究表明,饥荒年代出生的干部(县长)更加偏向于实施支农政策,以避免饥荒的再次发生;曹树基(2005)则发现,1851—1875 年由战争与干旱引发过饥荒的地区，在 1959—1961 年受影响程度明显更低，从而表明饥荒能够形成深刻的民间记忆并依此做出策略性的行为响应。

（二）饥饿记忆与家庭承包制信念

已有研究强调了饥荒记忆对人们的认知偏好（特别是对待风险与不确定性的厌恶）以及行为方式的影响。但由经历所形成的记忆会如何影响人们的制度信念，相关研究则明显不足。特别地，饥饿记忆会如何影响农民的制度信念，饥荒经历和后来全国范围内普遍采用并长期坚持的家庭承包制是否存在关联性，则鲜有文献涉及。

自安徽省小岗村农民 1978 年冬率先自发选择家庭承包制之后，该制度在全国范围内得到迅速的认可和效仿。资料显示，到 1984 年底，全国范围内 99％以上的生产队都实行了家庭承包制（Bai and Kung，2014）。家庭承包制的出现打破了以往土地集体所有、集体经营的模式，进而在继续坚持土地集体所有的基础上，形成了以农户为单位的家庭承包和家庭经营的农业经营制度。这套制度安排既激励了农民劳作的积极性，提高了农业的生产效率，同时也保证了每个集体成员平等获得并享有土地使用权的权利。

众多文献对中国去公社化的制度变迁的原因进行了讨论。如周其仁（1995）认为，人民公社瓦解的原因在于组织费用超过了组织收益，导致组织形式的不可持续性；林毅夫（2008）认为中国集体化运动不成功的原因在于人民公社没有退出权，这导致人民公社实际上是一次博弈，进而引发因徒困境问题；罗必良（2019）指出政治力量构成的制度环境约束与政府的强制性制度安排及其所隐含的逆向激励结构是人民公社失败最基本的根源。Bai 和 Kung（2014）发现人民公社的结束是气候冲击、公共投资和饥荒经历综合作用的结果。然而，值得注意的是，这些文献实际上仅能解释人民公社的瓦解，却不能很好地解释广大农村为何选择家庭承包制并坚持至今而不是做出进一步的制度转轨。本研究认为，广大农民由饥饿记忆所形成的工具性制度信念，既能够解释人民公社的瓦解，亦可解释家庭承包制的确立和持续。

信念可以大体定义为认为是事实或者必将成为事实的人们对事物的判断、观点或看法。在行为经济学研究中，自我信念中的过度自信（over confidence）和投射偏差（projection bias），一直是人们关注的重点。前者表明，行为个体往往会高估自己的能力而低估关于自身负面事件发生的概率（Weinstein，1980），后者发现，个体倾向于以当前情景中其具有的偏好来预测未来某个情景中他将具有的偏好。例如，如果他们现在吃不饱，他们就会预测未来某个时间也会处于饥饿水平。因此，饥饿记忆会强化其风险厌恶并诱导规避饥饿的信念偏好（张结海和张玲，2003）。正如弗洛伊德（1986）早就指出的，人类的行动依据来源于人们对过去的经验记忆及知识积累，通过条件反射和学习并形成信念，由此指导当前和未来的行动。所以，信念的形成和主体的经历密切相关（Becker，1992）。破碎世界假设理论进一步认为，创伤的经历会影响人们的核心概念系统，从而改变人们的信念，进而改变人们的选择（Janoff-Bulman，1989）。事实上，农民对"公社化"的不满在 1959—1961 年三年困难时期饥荒发生之前就已经产生。1956 年秋，高级社刚出现不久，安徽、四川、江苏、浙江、河北、广东等多地农户，都实行了以包产到户为特征的农业生产责任制（陈锡文等，2009）。1961 年的中央农村工作部的调查报告就发现，当时农业包产到户的做法已普遍存在，差不多每个省份都有发现。而危机之后则更加普遍，1961—1962 年，安徽包产到户的社队达 80%，甘肃临夏为 74%，浙江新昌和四川江北为 70%，广西胜县为 42.3%，福建连城为 42%，贵州全省为 40%，估计全国达 20%。可以认为，三年困难时期形成的饥饿记忆以及人民公社的长期低效率，决定了农民放弃公社制度并不具有偶然性。

在制度形成及变迁的宏观研究中，诺斯（2013）强调了信念对制度选择及制度变迁的影响。罗必良（2020）认为，社会信念对于制度变迁的方向具有重要的影响。托克维尔（1991）阐明了特殊的民情对美国民主制度形成的决定性作用，认为那些早期来到北美大陆的英格兰清教徒因其之前所遭受政府迫害的经历，坚定了他们对民主与共和的追求。同样，农户家庭的组织优势、"生存伦理""文化心理倾向"及其独特性，则有助于揭示制度生成的深层结构。由此，农民对家庭承包制的选择具有必然性。具体来说：

第一，人民公社时期的农地产权，除了范围极小的自留地以外，农民几乎不具有产权实施的自主选择空间。不恰当的产权界定，必然带来产权实施的低效率。从人民公社制度到家庭承包制的变革，并未变更农村土地的集体所有制，关键的差异是将农业生产单位由"队"改为农户，进行了"谁来种地"的经营主体的转换。为什么一个简单的经营主体转换能够带来完全不同的经济绩效？其核心因素与制度嵌入的环境有关。因为，在人工劳动的情景下，农业天然地隐含着高昂的劳动监督与计量成本，人民公社的统一经营与集体劳动必然带来普遍的"集体行动的困境"与机会主义行为；而家庭承包经营所内含的自然分工及其内生的灵活决策机制、行为响应的自觉性以及激励相容的自我执行机制，使其在农业生产活动中具有了天然合理性与得天独厚的组织优势。从包产到户、包地到户到包干到户，关键是赋予了农户在完成统购与集体提留任务之后的排他权与剩余索取权，由此形成了生产性努力的自我激励与自我执行。

第二，由斯科特（2001）所揭示的"生存伦理"表明，小农在制度选择上遵循"安全第一"的原则，也就是说，农民优先考虑的是使破产概率最小化，而不是预期收入最大化。基于对生存安全的需要，派生出村庄内部的生存伦理，即村庄资源应该保证所有村民都得到起码的生存条件以确保"最弱者的生存"。可见，基于土地集体所有的家庭承包制，其特有的制度安排与完全的私有制不同的地方在于：土地的所有权归集体所有，农民凭着成员权拥有土地的使用权，保持着公平的制度基因，这不仅能够保证现有成员的土地使用权与享益权，也能够保证每一个新出生成员获得土地的权利，保证每个农民能够"有饭吃"和"吃饱饭"（罗必良，2020）。

第三，本尼迪克特（1988）所阐述的"心理文化倾向"认为，一种文化是人类思想与行动的一种特定模式，它自成一格，蕴含着其他文化类型并不必然具有的、独特的动机与意图。许烺光（2002）进一步强调了中国人具有的情景中心的价值取向。因此，家庭承包制及其延续与两个方面的心理文化倾向紧密关联：一方面，人们倾向于在家庭、亲族乃至宗族范围内建立依存关系以保障安全感与生存稳定，由此，家庭成为基本的经营主体；另一方面，在人民公社体制解体后，村集体依然控制着村庄的公共资源和村庄对上级与外部的关系网络，村庄组织能够为独自参与市场博弈但力量弱小的农户提供"庇护关系"，从而为农民的产权公平与基本生存提供组织保障与稳定预期，由此，集体所有制成为基本的制度框架。

基于上述，可以提出本研究的核心假说：饥荒带来的饥饿记忆，使得农民对于家庭承包制有着更为强烈的制度信念。

（三）两个关联性推论

如前所述，人民公社的低效率在很大程度上与农业劳动的不可监督性以及团队生产缺乏可信的退出威胁机制有关。问题是，如果说 1959—1961 年三年困难时期的饥饿经历能够激励农民选择家庭承包制，那么为何在此之后公社体制依然延续到 1984 年才彻底瓦解？除了已有文献已经提及的政府强制与意识形态约束、自留地等因素外，集体农业抵抗自然灾害的能力也是导致"去公社化"快慢与否的重要原因（龚启圣，1998；罗必良，2008；罗必良，2007；Bai and Kung，2014）。同时，另外两个方面的因素也值得关注。

一是农业机械化水平。在 1959—1961 年三年困难时期之后，与公社制度相关联的约束条件发生了变化，而这些变化从不同的方面改善了人民公社的效率。在危机过后，公社制度没有被废除，但它的功能已降为管理与协调层次。从 1961 年下半年开始，生产管理权以及为收入分配而进行的考核，下放到了由 20～30 个农户组成的生产小队（即"三级核算、队为基础"），其规模与生产管理类似于初级社。显然，团队规模相对小时，社员间的相互监督与"针锋相对"的偷懒威胁才成为可能。Chinn（1979）发现了中国农业生产基层单位由大队变成小队时效率改善的情形。更重要的是，在普遍存在偷懒情形的公社劳动中，通过机械替代人工劳动，应该能够改善农业效率，进而延缓了公社体制的瓦解。因为采用机械作业能够形成生产的标准化，有效降低监督成本，而监督畜力和劳动力投入之间的组合就困难得多（Alston，1981）。可以认为，农业机械化程度相对较高的地区，一方面因家庭承包制带来的制度效率改善，并没有机械化程度较低地区那样显著，另一方面，农民感受饥荒的痛苦程度会相对较低，因而对家庭承包制的制度信念，不会像机械化程度较低地区那样强烈。由此，本研究能够得到一个推论：

推论 1：集体化时期机械化程度较高的地方，饥荒的饥饿记忆对农民家庭承包制的制度偏好的影响会相对降低。

二是农民的生存机会。研究表明，人民公社的高积累，是导致大饥荒的重要原因之一（刘愿，2010）。这意味着，如果农民能够获得公社集体尤其是农业经营以外的收入来源，其饥荒程度应该减弱。事实上，在1959年底中共决定重新开放自由市场，在一定程度上减缓了饥荒的影响（冯筱才，2015）。同时，鉴于1958年末和1959年春部分地区出现饥荒，中央于1959年夏季宣布恢复农村自留地与家庭副业（喻崇武和张磊，2015）。四川和安徽是饥荒最为严重的两个省份，但不同是，安徽饥荒结束的时间要比四川相对更早。刘愿和文贯中（2010）认为，其原因在于安徽比四川更为积极解散了公社食堂，并恢复自留地和家庭副业。由此可以认为，农民的生存机会越多，其遭受饥荒的概率应该减小。同理也可判断，农民对饥饿记忆的深刻程度，不仅与其是否遭受饥荒有关，还与其遭受饥荒时的解救机会有关。所以，对于农民来说，即使是经历过饥荒，若存在跨越"生存伦理"的其他机会，即存在能够对农地保障功能进行替代的其他生存机会，其饥饿记忆所形成的制度信念将会下降。由此，本研究的另一个推论是：

推论2：如果能够通过获取农业以外的收入以替代依附于土地保障所表达的"生存伦理"，那么，饥荒带来的饥饿记忆对农民家庭承包制制度偏好的影响会相对降低。

三、数据、变量与模型

（一）数据来源

本研究数据来源于不同的方面。其中，农民对家庭承包制的制度偏好及农户层面的数据来源于课题组2016年暑假在江西与广东两省采用分层随机抽样方法对农户进行的问卷调查。首先，按照总人口、人均地区生产总值、耕地总面积、耕地面积占辖区土地面积比例、农业人口占总人口比例和农业增加值占地区生产总值比例等6个指标对两省县域进行聚类，然后按聚类值得分（高、中、低）在广东抽取12个县、在江西抽取18个县，共计30个县；其次，在样本县中按照经济发展水平排序，随机抽取5个样本乡镇，每个乡镇随机选取1个行政村，进而随机选取2个自然村；最后，每个自然村再依农户年收入水平高低选取10户农户，共发放问卷 3 000 份，加上试调查的 100 份问卷，共获得问卷 3 100 份（涉及 26 个地级市）。剔除缺失变量的问卷，本研究使用的农户样本共 2 980 个。省级层面的饥荒数据来自范子英等（2009）所计算的死亡率；各地级市 1959—1961 年的饥荒程度，利用 2005 年全国 1‰ 人口调查数据进行测算。此外，在计量分析中，各地农业机械总动力和播种面积的数据来自 1980 年《中国分县农村经济统计概要》；各省实行家庭联产承包制的生产队数据来自 Bai 和 Kung（2014）所使用的数据；各县实行家庭承包制的时间数据来自 Almond 等（2019）所整理的县志数据。

（二）变量选择及其定义

1. 被解释变量

家庭承包制在本质上是由农村土地的所有权、承包权以及经营权三个维度所共同表达的制度安排。据此，本研究从"集体所有""家庭承包"和"家庭经营"三个维度对家庭承包制进行分析。为了刻画农民的制度信念，在农户问卷中设计的具体问项包括："您是否认为应该坚持农村土地集体所有""您是否认为应该坚持农村土地的家庭承包""您是否认为应该坚持农村土地的家庭经营"。采用五点量表进行测度，包括："非常不同意""不同意""一般""同意""非常同意"五个答案，并依次赋值为 1、2、3、4、5。

2. 解释变量

一是饥荒程度的刻画。饥荒一方面造成人口的死亡，另一方面造成出生人口的推迟，参照程令国和张晔（2011）的测算方法，本研究以地级市为单位，首先分析各地各个年份现存人口规模，进而以三年困难时期前三年（1956—1958 年）和三年困难时期后三年（1962—1964 年）的人口规模均值衡量正常年份的人口规模（标记为 P_{normal}），然后计算三年困难时期三年（1959—1961 年）的平均人口规模（标记为 P_{famine}）。利用公式（1-1）计算各个地级市的饥荒程度：

$$djh = (P_{normal} - P_{famine})/P_{normal} \qquad (1-1)$$

二是出生队列。由于本研究分析的重点是农民饥荒记忆如何影响其对家庭承包制的制度信念，所以根据被访者的年龄进行划分，将被访者划分为是否经历过饥荒（Exp）。如果被访者是出生在 1961 年及之前即视为经历过饥荒，赋值为 1（$Exp=1$）；若是 1962 年及之后出生则视为没有经历过大饥荒，赋值为 0，（$Exp=0$）。

（三）重要变量描述

1. 制度偏好情况

对 2 980 个样本农户的统计分析表明（表 1-1），在是否应该坚持集体所有方面，选择"非常不同意"的农户占比为 1.71%，选择"不同意"的占比为 11.28%，两者合并为 12.99%，而选择"同意"的占 36.81%，"非常同意"的占 21.71%，两者合并为 58.52%；在家庭承包方面，选择"非常不同意"和"不同意"的农户占 4.93%，而选择"同意"和"非常同意"的则占 71.84%；在家庭经营方面，选择"非常不同意"和"不同意"的农户占 2.82%，而选择"同意"和"非常同意"的共占 78.59%。总体而言，绝大多数农户对集体所有、家庭承包和家庭经营表示认可，持否定态度的农户占比非常低。因此，农户对家庭承包制具有普遍的制度信念。

表 1-1　样本农户的制度偏好情况统计

认可程度	集体所有		家庭承包		家庭经营	
	样本数	百分比（%）	样本数	百分比（%）	样本数	百分比（%）
非常不同意	51	1.71	18	0.6	14	0.47
不同意	336	11.28	129	4.33	70	2.35
一般	849	28.49	692	23.22	554	18.59
同意	1 097	36.81	1 361	45.67	1 489	49.97
非常同意	647	21.71	780	26.17	853	28.62

2. 饥荒程度测算

根据 2005 年全国 1% 的人口调查数据可整理出 1956—1964 年粤赣两省人口增长及其饥荒程度（表 1-2）。其中，饥荒程度按照前文公式（1-1）测算。表 1-2 说明，1959 年开始两省人口都急速下降，相对于 1958 年下降 20% 到 30% 左右。而在饥荒结束后的 1962 年，两省人口都迅速回升。其中，广东省的饥荒程度略高于江西省。

表 1-2 样本省的人口增长及其饥荒程度

年份	广东		江西		总样本	
	人口数	增长率	人口数	增长率	人口数	增长率
1956	4 522	−0.022	833	−0.039	5 355	−0.025
1957	5 187	0.147	995	0.194	6 182	0.154
1958	4 822	−0.070	965	−0.030	5 787	−0.064
1959	3 924	−0.186	690	−0.285	4 614	−0.203
1960	3 584	−0.087	830	0.203	4 414	−0.043
1961	3 634	0.014	564	−0.320	4 198	−0.049
1962	6 605	0.818	1 054	0.869	7 659	0.824
1963	7 023	0.063	1 169	0.109	8 192	0.070
1964	6 418	−0.086	980	−0.162	7 398	−0.097
饥荒程度	0.356		0.305		0.348	

（四）模型设置

对于个体而言，饥荒是外生的，可以将饥荒看成是外生冲击的自然实验。参照相关研究的做法，通过构建双重差分模型（DID）对饥荒的饥饿记忆影响效果进行估计（Chen and Zhou，2007；程令国和张晔，2011）：

$$faith_{ij}=\alpha+\beta_1 Exp_{ij}+\delta Exp_{ij}\times djh_j+\beta_2 djh_j+\theta Controls_i+\varepsilon_{ij}$$

$$(1-2)$$

式中，i 是第 i 个受访者，j 是第 j 个地级市，$faith$ 是本研究的核心被解释变量，代表农户对"应该坚持农村土地集体所有""应该坚持农村土地家庭承包"以及"坚持农村土地家庭经营"的制度偏好。Exp 是被访者是否经历过饥荒（是＝1；否＝0）；djh 代表被访者所在地级市的饥荒程度。本研究关心的系数是 δ，如果 δ 显著为正则说明经历过饥荒程度越高的人更加支持该种制度安排，从而验证前文的逻辑，否则相反。

$Controls$ 代表其他控制变量。为了避免遗漏重要变量，本研究进一步控制被访者特征（性别、民族、打工经历），被访者的家庭人口特征（70 岁以上人口数、是否大姓、人口数和劳动力人数），家庭农业特征（承包地面积、地块数以及农业收入占比），所在地方是否平原。由于农户样本来自广东和江西两省，考虑到省级之间的差异可能同时影响核心解释变量和被解释变量，故在模型中控制省份虚拟变量。由于被解释变量为排序变量，上述模型均使用有序 Probit（Ordinal-Probit）模型。各个变量的定义见表 1-3。

表 1-3 各变量的定义与赋值（N=2 980）

变量	变量定义及赋值	均值	标准差
集体所有	非常不同意=1；不同意=2；一般=3；同意=4；非常同意=5	3.655	0.994
集体承包	非常不同意=1；不同意=2；一般=3；同意=4；非常同意=5	3.925	0.846
集体经营	非常不同意=1；不同意=2；一般=3；同意=4；非常同意=5	4.039	0.779
Exp	经历过大饥荒=1；否则=0	0.431	0.495
djh	各地级市大饥荒人口缩减比	0.324	0.058
性别	男=1；女=0	0.624	0.484
民族	汉=1；否则=0	0.988	0.108
70 岁以上人口数	人	0.366	0.670
打工经历	有=1；否则=0	0.570	0.495
是否大姓	是=1；否则=0	0.663	0.473
人口数	人	5.155	2.190
劳动力	人	3.219	1.448
承包地面积	亩	5.339	17.647
地块数	块数	5.602	5.144
农业收入占比	农业收入占家庭收入百分比	26.674	34.429
是否平原	是=1；否则=0	0.253	0.435

四、实证结果及分析

（一）饥荒程度与制度选择：宏观层面的证据

为了判断饥荒事件和实行家庭承包制的实施是否存在相关性，本研究首先进行两个方面的宏观检验。一是饥荒程度与制度实施时间。图 1-1 利用全国各县实施家庭承包制的时间和饥荒程度绘制散点图和线性拟合图。结果表明，饥荒程度越高的地区，实行家庭承包制的时间越早。二是饥荒程度与制度实施范围。结合省级层面的饥荒数据，以及各省采用家庭承包制生产队的比例数据，从图 1-2 可以发现，饥荒程度越高的省份，实施家庭承包制的范围越大。

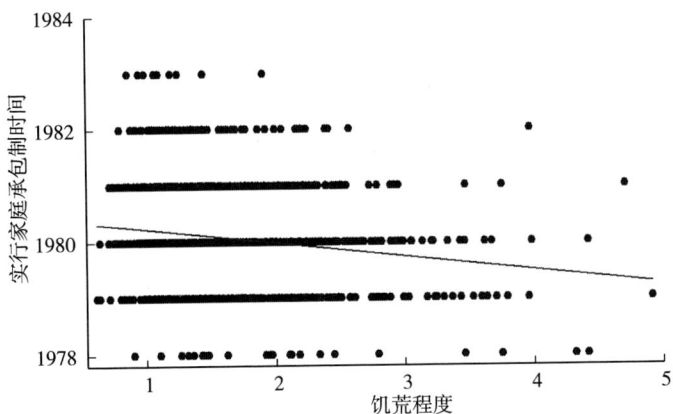

图 1-1 各县饥荒程度与家庭承包制开始时间

注：图中，饥荒程度=1982 年人口普查数据中 1953—1957 年出生的人口数/1959—1961 出生的人口数。

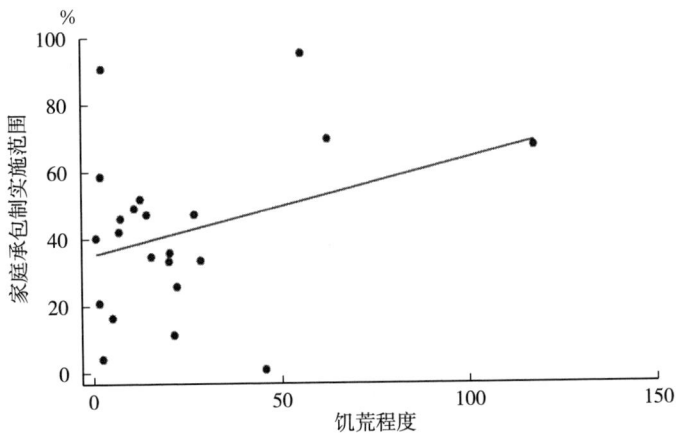

图 1-2 各省饥荒程度与家庭承包制实施范围

注：家庭承包制实施范围是指 1981 年各省实施家庭承包的生产队占比，饥荒程度用 1958—1961 年累计的非正常死亡率测度。

进一步采用县域数据进行回归分析。模型（a）表明，饥荒程度和家庭承包制开始时间显著负相关，即饥荒程度越高实行家庭承包制的时间越早；模型（b）对其他变量进行控制，包括控制劳动力密度（使用 1976 年单位土地面积 16~60 岁人数）以衡量人口压力，控制到北京和省会的距离以减少可能的政治影响。从表 1-4 可以发现，两个模型中饥荒程度的系数都显著为负，说明饥荒程度越高的县域，家庭承包制开始实行的时间越早。

表 1 - 4　饥荒程度和家庭承包制实施时间

变量	家庭承包制实施时间	
	(a)	(b)
饥荒程度 (*djh*)	−0.236 ***	−0.179 ***
	(0.054 4)	(0.057 2)
劳动力密度 (ln)		−0.138 ***
		(0.033 2)
到北京距离 (ln)		−0.027 4
		(0.044 1)
到省会距离 (ln)		−0.145 ***
		(0.045 7)
观测值	897	854
R^2	0.024	0.058

注：*** $p<0.01$，** $p<0.05$，* $p<0.1$，括号内为稳健标准误。下同。

（二）饥荒经历对农户制度信念的影响

表 1 - 5 展示了饥荒经历对家庭承包制三个维度偏好程度的影响。其中，模型 1 - 1、模型 1 - 2 和模型 1 - 3 只包含饥荒经历、饥荒程度和这两个变量的交互项。模型 2 - 1 至模型 2 - 3 则加入其他控制变量。为了估计平均的处理效应，表 1 - 5 也展示了交互项的 OLS 估计结果。

计量结果显示，模型 1 - 1、模型 1 - 2 和模型 1 - 3 交互项的系数分别是 1.187、2.675 和 1.950，且分别在 10％、1％ 和 1％ 的水平上显著，说明经历过饥荒的农户更加认可集体所有、家庭承包和家庭经营的制度安排。在加入控制变量之后，交互项的系数分别是 1.272、2.482 和 1.854，同样在 10％、1％ 和 1％ 的水平上显著，无论显著程度和系数大小都和原有模型类似，说明计量结果是稳健的。为了更加直观地观察饥荒经历对不同维度制度信念的影响程度，利用 OLS 进行估计，结果显示，饥荒程度增加 1％，被访者对集体所有、家庭承包、家庭经营的偏好程度会分别提升 1.056％～1.078％、1.900％～2.089％ 和 1.238％～1.344％。可见，经历过饥荒的农户更加偏好家庭承包制。

饥荒是在人民公社集体经营背景下发生的，其粮食短缺和死亡威胁所形成的记忆会导致农户更加偏好于能够保证粮食生产供给的农地制度。家庭承包制一方面通过家庭承包和家庭经营的有效激励，能够更好地调动生产积极性，从而避免粮食的短缺，另一方面以集体所有为保障，能够保证集体中每一个成员对土地的使用权和享益权，并保证新生人口获得土地的权利。这一结论得到 Bai 和 Kung（2014）研究的支持，他们发现，饥荒越严重的地方，在不良天气的冲击下集体生产的形式更容易瓦解，更加倾向于采用家庭承包的组织方式。

表 1-5 饥荒经历与制度信念

变量	模型 1-1 集体所有	模型 1-2 家庭承包	模型 1-3 家庭经营	模型 2-1 集体所有	模型 2-2 家庭承包	模型 2-3 家庭经营
Exp	−0.225 (0.217)	−0.865*** (0.237)	−0.564** (0.226)	−0.349 (0.220)	−0.869*** (0.236)	−0.627*** (0.230)
$Exp \times djh$	1.187* (0.659)	2.675*** (0.716)	1.950*** (0.694)	1.272* (0.667)	2.482*** (0.711)	1.854*** (0.699)
djh	−1.679*** (0.413)	−1.660*** (0.446)	−2.974*** (0.439)	−1.070** (0.427)	−1.202*** (0.452)	−2.413*** (0.449)
性别				0.019 2 (0.043 0)	0.027 5 (0.042 5)	0.013 9 (0.044 1)
民族				−0.201 (0.135)	−0.080 3 (0.165)	−0.112 (0.188)
70 岁以上人口数				−0.031 2 (0.027 5)	−0.074 9*** (0.028 8)	−0.051 7* (0.028 3)
打工经历				0.007 64 (0.045 2)	−0.066 5 (0.045 0)	−0.082 3* (0.045 9)
是否大姓				0.052 4 (0.043 3)	0.127*** (0.044 2)	0.097 2** (0.045 8)
人口数				−0.020 3 (0.013 1)	−0.014 3 (0.013 0)	−0.002 37 (0.013 4)
劳动力				0.038 7** (0.019 2)	0.052 9*** (0.019 8)	0.032 6 (0.020 4)
承包地面积				0.072 7* (0.038 3)	−0.039 0 (0.033 5)	−0.041 4 (0.035 1)
地块数				−0.012 7*** (0.004 47)	0.004 10 (0.004 24)	0.003 98 (0.004 71)
农业收入占比				0.000 386 (0.000 640)	0.001 75*** (0.000 621)	0.000 960 (0.000 633)

（续）

变量	模型 1-1	模型 1-2	模型 1-3	模型 2-1	模型 2-2	模型 2-3
	集体所有	家庭承包	家庭经营	集体所有	家庭承包	家庭经营
是否平原				0.106**	−0.085 0*	0.025 0
				(0.047 5)	(0.049 4)	(0.050 6)
江西省				0.665***	0.233***	0.400***
				(0.049 5)	(0.047 8)	(0.049 9)
OLS 估计结果	1.056*	2.089***	1.344***	1.078*	1.900***	1.238**
	(0.618)	(0.566)	(0.494)	(0.601)	(0.557)	(0.490)
观察值	2 980	2 980	2 980	2 980	2 980	2 980

（三）改革初期机械化水平的交互影响

一般来说，较高的农业机械化水平能够避免因劳动监督困难引发的低效率问题，能提高产量，从而缓解农户对饥荒发生的恐慌。在集体化时期具有更多资本积累的地方，其农业生产率会更高，从而导致家庭承包制带来的农业增产显著程度会降低。为了验证推论1，通过《中国分县农村经济统计概要》查找 1980 年各县的农业机械总动力和农作物播种总面积，进而计算亩均农业机械动力，并根据均值将样本划分为两组，回归结果如表 1-6 所示。

表 1-6　资本积累的交互效应

变量	亩均农业机械动力小于等于均值			亩均农业机械动力大于均值		
	集体所有	家庭承包	家庭经营	集体所有	家庭承包	家庭经营
Exp	−0.614**	−0.992***	−0.728**	0.075 8	0.064 9	−0.380
	(0.308)	(0.318)	(0.319)	(0.485)	(0.452)	(0.475)
$Exp \times djh$	2.180**	2.934***	2.280**	0.030 8	−0.059 4	1.066
	(0.998)	(1.012)	(1.025)	(1.287)	(1.225)	(1.269)
djh	−1.168	1.335*	−0.593	−1.984***	−2.283***	−3.192***
	(0.732)	(0.720)	(0.736)	(0.680)	(0.725)	(0.722)
其他变量	控制	控制	控制	控制	控制	控制
观测值	2 092	2 092	2 092	888	888	888

计量结果显示，对于亩均农业机械动力小于等于均值区域中的农户，交互项的系数都显著为正，但对于亩均农业机械动力大于均值区域中的农

户，交互项的系数不显著。可见，对于资本积累较少的地方，饥荒经历能够显著提高农民对家庭承包制的认可程度，反之则相反。推论 1 得到验证。

(四) 收入结构变化的交互影响

饥荒能够增加农户对家庭承包制的制度偏好，是源于饥荒能够强化农民规避饥饿的倾向，如果在饥荒过后，农户能够通过获取农业以外的收入以替代依附于土地保障所表达的"生存伦理"，那么，饥荒经历对农民家庭承包制制度偏好的影响程度会相对降低。为了验证推论 2，根据农业收入占比的均值将样本农户分为两组，计量结果见表 1-7。

表 1-7　农业收入占比的交互效应

变量	农业收入占比大于均值			农业收入占比小于均值		
	集体所有	家庭承包	家庭经营	集体所有	家庭承包	家庭经营
Exp	−0.680**	−1.076***	−1.103***	−0.120	−0.760**	−0.334
	(0.336)	(0.357)	(0.352)	(0.290)	(0.315)	(0.307)
$Exp \times djh$	2.216**	3.287***	3.255***	0.611	2.053**	0.994
	(1.036)	(1.083)	(1.092)	(0.874)	(0.941)	(0.922)
djh	−2.797***	−2.199***	−3.247***	0.079 8	−0.477	−1.926***
	(0.659)	(0.710)	(0.692)	(0.560)	(0.597)	(0.600)
其他变量	控制	控制	控制	控制	控制	控制
观测值	1 033	1 033	1 033	1 947	1 947	1 947

表 1-7 显示，对于农业收入占比大于均值的农户，三个方程的交互项的系数都显著为正，说明对于以农为生的农户而言，饥荒经历能够提高他们对制度的认可程度。而对于能够获得较多非农收入的农户来说，饥饿记忆仅会显著提高其对家庭承包的认可程度。这意味着，随着农户收入来源结构的转型，或者说在有较多其他收入能够替代农业对农户温饱保障作用的情景下，饥饿记忆对农民家庭承包制的偏好程度会降低。从而推论 2 得到验证。

值得注意的是，一旦农户超越"以农为生"，经历过饥荒且有饥荒记忆的农民，既不重视土地的所有权，也不重视土地的经营权。这意味着在"三权分置"制度框架下盘活经营权的现实政策导向是恰当的。不过，即使是那些转入非农产业的农民依然重视土地的承包权或关注于农地控制权，从而表明在农地的产权实施中，对农民的"土地承包权退出"要保持谨慎的态度。

五、稳健性检验

（一）饥荒经历对家庭承包制的总体偏好

上文从家庭联产承包制的三个不同维度分析饥荒经历对制度信念的影响，那么饥荒经历会如何影响农户对家庭承包制的综合评价呢？由于家庭承包制是所有权、承包权、经营权"三权分离"却又"三位一体"的农地制度安排，本研究进一步从两个维度对该制度进行总体刻画。一是通过将三个维度的评分进行简单的求均值，二是对三个分类维度的问项得分通过提取公因子并进行标准化，由此综合测度农民对家庭承包制的总体偏好情况。估计结果如表 1-8。结果表明，无论是对三个维度的评分进行简单加总还是进行提取公因子，交互项的系数都显著为正，饥荒程度增加 1%，对家庭承包制的偏好程度增加 1.405%～1.936%，表明经历的饥荒程度越高或者说饥饿记忆越深刻，农民越偏好家庭承包制。

表 1-8　饥荒经历和家庭承包制的制度信念

变量	家庭承包制	
	均值	提取公因子
Exp	−0.457***	−0.637***
	(0.154)	(0.207)
$Exp×djh$	1.405***	1.936***
	(0.468)	(0.629)
djh	−1.181***	−1.638***
	(0.296)	(0.398)
其他变量	控制	控制
观测值	2 980	2 980

（二）关键变量的测度问题

（1）饥荒结束年份。部分研究认为，全国性的饥荒结束于 1962 年，而不是 1961 年，因为 1962 年人均的粮食产量依旧处于很低的水平，甚至低于 1959 年（范子英等，2009）。基于此，本研究以 1962 年及之前出生的被访者认为是经历过饥荒，即 $Exp=1$，而在 1962 年之后出生的农民则赋值为 0（$Exp=0$）。计量结果见表 1-9 的模型 3-1 至模型 3-3。计量结果和前文相似，可见饥荒结束的具体时间并不影响本研究的基本结论。

（2）生育选择引起的偏差。由于生物种群的特性，在饥荒中被降低的生育率会在饥荒结束之后进行补偿，从而增加种群的适应度（Jowett，1991；李成瑞，1998）。按照这一逻辑，如果饥荒在 1961 年结束，1962 年会出现人口的补偿性增长，其人口出生率会明显高于一般年份。这意味着，利用 1956—1958 年及 1962—1964 年 6 年的年均人口规模来衡量没有发生饥荒时的人口规模，有可能会高估正常年份的人口规模进而夸大饥荒程度。为此，通过剔除 1962 年的数据，利用 1956—1958 年以及 1963—1964 年 5 年的年均人口规模作为一般年份的人口规模，重新估计饥荒的程度（$djh2$）。计量结果见表 1-9 的模型 4-1、模型 4-2 和模型 4-3。可以发现，本研究的基本结论依然稳健。

表 1-9　替换关键变量的估计结果

变量	模型 3-1	模型 3-2	模型 3-3	模型 4-1	模型 4-2	模型 4-3
	集体所有	家庭承包	家庭经营	集体所有	家庭承包	家庭经营
（　，1962]	−0.404*	−0.881***	−0.704***			
	(0.218)	(0.235)	(0.229)			
（　，1962]×djh	1.460**	2.552***	2.058***			
	(0.661)	(0.705)	(0.695)			
djh	−1.179***	−1.289***	−2.550***			
	(0.435)	(0.462)	(0.454)			
Exp				−0.354	−0.908***	−0.663***
				(0.226)	(0.238)	(0.233)
$Exp×djh2$				1.333*	2.702***	2.032***
				(0.711)	(0.743)	(0.734)
$djh2$				−1.138**	−1.087**	−2.329***
				(0.448)	(0.467)	(0.468)
其他变量	控制	控制	控制	控制	控制	控制
观测值	2 980	2 980	2 980	2 980	2 980	2 980

（3）考虑跨市婚嫁的情况。考虑到饥荒程度是以各地级市为单位进行

核算的，即每一个被调研的农民所经历的饥荒程度是以其所在市的饥荒程度进行衡量的。通常情况下，接受问卷的农民，对于男性来说一般是当地出生的，但是对于女性而言，可能存在跨市婚娶的问题。这就是说，当调研的对象是女性的时候，该调研对象可能是其他地级市嫁过来的，那么她所经历的饥荒程度和该地级市的饥荒程度可能有不同，由此会导致解释变量和被解释变量并非相互对应的关系。为此，本研究将所有女性农民样本剔除，采用男性样本进行回归（表 1－10），结果依然是稳健的。

表 1－10　考虑跨市婚娶的计量结果

变量	模型 5－1	模型 5－2	模型 5－3
	集体所有	家庭承包	家庭经营
Exp	−0.385	−0.908***	−0.682**
	(0.271)	(0.296)	(0.289)
$Exp \times djh$	1.439*	2.615***	2.151**
	(0.822)	(0.892)	(0.881)
djh	−0.802	−1.302**	−2.435***
	(0.544)	(0.586)	(0.578)
其他变量	控制	控制	控制
观测值	1 860	1 860	1 860

（4）考虑记忆形成的情形。前文假定只要经历过饥荒，农民就会有饥荒记忆。但发展心理学的研究表明，人生可以分为婴儿期（3 岁之前）、幼儿期（4～6 岁）、童年期（7～10 岁）、青少年期（11～18 岁）以及成年期（18 岁以上），其中，婴儿期被认为是没有记忆的（张向葵和刘秀丽，2002）。为此，本研究将饥荒时期仍然处于婴儿期的样本和饥荒后出生的农户合并为对照组，把饥荒时期有记忆的农民视为处理组进行回归（如果该农民在 1961 年饥荒结束时年龄在 4 岁及以上赋值为 1，小于 4 岁则赋值为 0）。表 1－11 显示，三个模型中 [4，　) $\times djh$ 的系数均为正，说明饥荒中的饥饿记忆导致农户更加偏好家庭承包制。需要说明的是，模型 6－1 中交互项的系数不具有显著性，说明农民因记忆所形成的制度信念，并不主要表达为所有权层面，而是在产权实施层面上对农地经营权尤其是身份控制权（承包权在本质上是集体成员的身份权）有着更为强烈的制度偏好。

表 1 - 11　考虑记忆形成的计量结果

变量	模型 6 - 1	模型 6 - 2	模型 6 - 3
	集体所有	家庭承包	家庭经营
$[4, \quad) \times djh$	1.134	2.403***	1.293*
	(0.698)	(0.744)	(0.727)
$[4, \quad)$	−0.330	−0.848***	−0.425*
	(0.229)	(0.246)	(0.238)
djh	−0.905**	−0.982**	−2.066***
	(0.404)	(0.423)	(0.424)
其他变量	控制	控制	控制
观测值	2 980	2 980	2 980

（三）平行趋势检验

本研究所使用的主要模型是 DID。DID 的一个重要前提假设是平行趋势假设。即如果没有饥荒的发生，那么不同地方的农民对于制度的信念是没有显著差异的。换而言之，有可能是因为模型遗漏一些区域特征变量，使得经历不同程度饥荒的农民对制度偏好会出现不同的结论。检验该问题是否存在的可能思路是：如果本研究的回归结果是遗漏重要变量所引起的，那么这些遗漏变量应该会在饥荒前后都会发挥作用。

借鉴 Chen 和 Zhou（2007）的处理方法，选取饥荒后出生的被访者构建子样本，将 1962—1966 年出生的农民年龄设置为虚拟变量，并构造和饥荒的交互项，并以 1967 年出生的农民作为对照组，结果见表 1 - 12 模型 7 - 1 至模型 7 - 3。三个模型的交互项都不显著，说明 1962—1966 年不同饥荒程度地方出生的农民，相对于 1967 年出生的农民并没有显著不同。

模型 7 - 1 至模型 7 - 3 可能存在的问题是：如果该遗漏变量的影响比较持久，则会导致其对 1962—1967 年出生的人影响没有显著区别，从而仅以 1962—1967 年出生的人作为子样本的选择是不恰当的。为此，在模型 8 - 1、模型 8 - 2 和模型 8 - 3 中，选择饥荒后出生的人构成子样本，将 1967 年及以后出生的人群设置为对照组，计量结果同样显示所有交互项都不显著。可见，平行趋势假设并没有被拒绝，表明本研究的计量结果并非因遗漏系统变量引起。

表 1 - 12　平行性检验的估计结果

变量	模型 7 - 1 集体所有	模型 7 - 2 家庭承包	模型 7 - 3 家庭经营	模型 8 - 1 集体所有	模型 8 - 2 家庭承包	模型 8 - 3 家庭经营
1962	−0.608 (0.860)	−0.366 (0.988)	−0.339 (1.047)	−0.593 (0.679)	−0.738 (0.714)	−1.082 (0.833)
1963	0.496 (0.778)	0.555 (0.936)	1.115 (0.901)	0.515 (0.574)	0.189 (0.638)	0.428 (0.614)
1964	0.003 (0.818)	0.416 (0.952)	0.483 (0.910)	0.041 (0.622)	0.048 6 (0.663)	−0.221 (0.632)
1965	−0.218 (0.790)	−0.225 (0.966)	0.995 (0.944)	−0.195 (0.589)	−0.601 (0.682)	0.301 (0.684)
1966	−0.304 (0.752)	−0.429 (0.914)	0.222 (0.882)	−0.300 (0.532)	−0.807 (0.603)	−0.514 (0.585)
1962×djh	2.210 (2.498)	1.414 (2.943)	1.196 (3.173)	2.393 (2.032)	2.733 (2.196)	3.374 (2.585)
1963×djh	−1.259 (2.274)	−1.457 (2.750)	−2.932 (2.701)	−1.098 (1.750)	−0.153 (1.927)	−0.901 (1.898)
1964×djh	−0.015 (2.372)	−0.906 (2.824)	−1.378 (2.752)	0.104 (1.869)	0.400 (2.032)	0.682 (1.990)
1965×djh	1.092 (2.274)	1.055 (2.835)	−2.493 (2.817)	1.242 (1.749)	2.388 (2.044)	−0.431 (2.084)
1966×djh	0.898 (2.158)	1.474 (2.647)	−0.053 (2.592)	1.115 (1.584)	2.810 (1.769)	2.142 (1.727)
djh	−1.602 (1.549)	−0.741 (2.051)	−0.965 (2.054)	−1.792*** (0.478)	−2.065*** (0.531)	−3.185*** (0.504)
观测值	591	591	591	1 695	1 695	1 695

六、结论与讨论

以集体所有、家庭承包和家庭经营为制度特征的家庭承包制，一方面能够调动农户的生产积极性，提高生产效率；另一方面能够保证每个集体成员公平地拥有土地使用的权利，从而成为我国改革开放以来最为基本的农地经营制度。然而，随着时间的推移，关于是否应该继续坚持家庭承包制受到了越来越多的争论。已有研究大多从产权稳定或经济效率的层面进行讨论，而较少顾及作为微观经营主体的农户的制度信念，同时对于我国广大农村为何选择和继续坚持家庭承包制也缺乏有力的解释。本研究从饥荒以及农民关于饥饿的历史记忆出发，结合广东和江西两省 2 980 个农户样本数据的分析，得到如下结论：

（1）具有饥荒经历的农民对家庭承包制具有明显的制度偏好。具体地，随着饥荒程度每增加 1%，被访样本农户对集体所有、家庭承包、家庭经营的偏好程度会分别提升 1.056%～1.078%、1.900%～2.089% 和 1.238%～1.344%；对"家庭承包制"的偏好程度则提高 1.405%～1.936%。

（2）对于农业机械化程度较低的地方，饥荒经历能够显著提高农民对家庭承包制的制度信念，而对于农业机械化程度较高的地方，饥荒经历对农民的制度偏好没有显著影响。

（3）对于能够获得较高非农收入的农户来说，饥荒记忆对其家庭承包制偏好的影响程度会相对降低。饥荒经历之所以能够提升农民对家庭承包制的认可程度，关键在于饥饿记忆能够强化其对于饥荒发生的预防心理，进而形成规避风险、保障生存的制度信念。因此，生存保障机会的扩展，能够改变对原有生存路径的依赖，由记忆形成的制度信念及影响则相对弱化。值得注意的是，即使经历饥荒的农户已经超越"以农为生"，对农地依旧具有强烈的控制权偏好。

本研究研究的理论与实践意义在于：

（1）历史事件及其记忆会影响人们的制度偏好。已有研究认为饥荒会改变人们的身体状况、消费行为和投资行为。本研究进一步发现，饥荒事件的发生同样会改变农民的制度偏好，甚至改变整个国家的宏观制度走向。分析表明，除了制度变迁理论已经强调的技术进步、相对价格变化等要素外，重大历史事件以及由此而形成的深刻记忆也会诱导制度选择。这有助于深化和拓展对制度变迁理论的理解。

（2）制度选择对交易环境具有明显的依赖性。农户对于家庭承包制的偏好来源于在饥荒时期形成的饥饿恐惧记忆，但随着农业机械化水平的提高和收入结构的变化，原有制度选择的相对重要性会弱化。本研究发现，如果在集体化时期农业机械程度较高，能够避免集体劳动的低效率，则农民的饥饿记忆对其是否偏向于采用家庭承包制没有显著的影响。如果有其他非农收入来源能够满足农户的生存保障，同样会使得饥饿记忆对于制度偏好的影响变得不重要。从而表明，制度选择及其信念，与环境条件及其交易技术结构密切关联。这有助于深化对制度转型机理的认识。

（3）农民对家庭承包制的信念偏好，因集体所有权、家庭承包权、农地经营权的不同而呈现差异化。其中，由家庭承包权所表达的产权控制是农民相对稳定且强烈的制度偏好。这意味着对农民"土地承包权退出"要保持十分谨慎的态度。当然，随着农民生存空间、就业机会与收入结构的变化，农业公共投资的改善以及社会化生产性服务市场的发育，农地所有制形式及其选择，可能并非过去人们所想象的那么重要。农业经营制度尤其是产权层面的家庭经营权，则存在进一步变革的可能性空间。考虑到现行制度安排的政策底线，当前的操作重点应该是在坚持和完善家庭承包制度的前提下，不断完善产权实施层面的农地经营，推进农地经营权的组织创新，"稳定集体所有权、维护家庭承包权、盘活农地经营权"或许是符合农民意愿的现实制度选择。

（4）制度选择及其维护与"社会认同"紧密关联。本研究为我国农村普遍采用家庭承包制提供了一个可能的逻辑性解释线索，并认为饥荒造成的饥饿记忆是决定农民制度信念进而选择并维护家庭承包制的重要原因。问题是，经历过 1959—1961 年饥荒的农民与农村基层干部，现今基本上都已经年过 60 岁，再过 15～20 年，这些饥荒记忆者大多会退出历史舞台。所以，两个方面的问题需要予以高度重视：第一，对待中国农村的家庭承包制尤其是小农户对土地的承包关系，可能需要足够的历史耐心；第二，中国农村未来的土地制度及其经营制度，将会发生怎样的调整与变革，或许需要做出具有历史责任感的远景预判。

第 2 章 "稻米理论"、集体主义与交易秩序

　　内容提要："稻米理论"基于我国"南稻北麦"的种植格局，揭示了南方集体主义文化与北方个人主义文化的生成机理。按照主流经济学理论，集体主义文化往往会抑制经济发展，而个体主义文化能够有效激励市场缔约与经济增长，这显然难以解释中国南北经济差距不断扩大的现实。通过对全国 9 省份不同种植区农地流转市场的交易特征进行考察，试图对"稻米理论"中集体主义的文化含义予以阐释和拓展。研究发现，相比于旱作区，水田稻作区农户的农地流转尽管存在交易对象熟人化、本地化的特征，但农户更倾向于选择正式合约，契约化程度更高。"关系交易"有助于降低交易成本，"契约交易"则有助于扩展市场范围。同时，稻作文化具有外溢性，农户更热衷于创业活动，也更倾向于签订劳务合同。由此证明，水田稻作经营虽然构筑了村社内部的关系交易、集体意识与一致性行动，但同时也蕴含着交易信任、合作文化与契约型行为秩序的基因。总之，合作秩序的生成、存续与拓展，需要隐性契约和规则秩序加以匹配，集体主义精神是催生契约精神、诱导市场化发育的重要文化土壤。

一、引言

　　Talhelm 等（2014）提出的"稻米理论"认为，因水稻与小麦迥异的种植方式而形成了中国南方集体主义和北方个体主义的文化分野。由于水稻种植具有天然的集体行动要求，例如，保障频繁用水的灌溉设施的建设与修葺、上下游或区域之间的水源分配与使用、不同生产环节的用工互助与劳动协助等，所以形成了稻区农户之间密切的人情往来与互助合作（冀朝鼎，2014），从而构筑了相互依存的集体主义文化。而北方小麦相对粗

放的种植方式与较为独立的家户耕作体系，则形成了不同于南方的个人主义文化。由稻麦种植（或水田农业和旱地农业）而导致南北文化差异的"新学说"，因被作为封面故事发表于著名刊物《科学》（*Science*），所以迅速引起了学界与公众的广泛关注。

经济学家已经注意到，文化在诱导市场化发育并实现区域经济增长过程中有着重要的内生性作用（Pearson and Helms，2013）。主流文献认为，集体主义文化和个人主义文化分别代表着不同的交易秩序、要素配置效率和增长实现方式。弗里德曼（1982）认为，市场经济的理想模式应该是，在这种经济中个人是作为追求其自身利益的本人而行事的。个人主义的市场经济以自由交换为优先，自由竞争为内核，以实现价值的最大化。因此，个人主义文化通常能够衍生出市场规则和契约秩序。相反，集体主义文化中的"短半径"信任不仅会排斥外来主体，禁锢资源配置空间，缩小交易活动范围，丧失市场拓展机会，而且熟人的"土围子"与"抱团"属性、唯亲交易、裙带关系可能会干预市场规则（Whyte，1996；张博和范辰辰，2021）。由于任何破坏价格信号和市场规则的做法都可能干扰要素的高效配置并降低经济发展活力，所以，集体主义文化中的人情关系往往成为经济发展和现代市场发育的重要障碍（Ritchie and Gill，2007）。个人主义之下的陌生人契约关系往往被视为理性化的产物，代表着工具性的社会秩序，可以融通各方的协作力量以保障效率并排除人情纠葛和关系垄断，从而实现社会秩序规范的合理化，并进一步简化社会管理工作以节省交易成本（陈昌文，1992）。在通行的社会认知中，集体主义文化充盈的关系交易往往意味着经济发展的低效滞后，个人主义文化形塑的契约关系与市场规则往往可以内生地激励经济增长。

但是，"稻米理论"所揭示的中国南北文化差异，显然与南北经济发展状态存在着明显的不一致。尽管历史上就存在经济发展和市场发育的南北差异（颜色和刘丛，2011），但中国改革开放以来南北经济差距却不断扩大（盛来运等，2018；邓忠奇等，2020）。结合 Talhelm 等的发现与主流经济学理论的对接来说，尤具个人主义文化基因的北方理应更适宜一般信任的市场逻辑，应该具有更为良好的经济增长绩效，但事实上却成了区域经济增长的"追赶者"。显然，文化的经济内涵与现实呈现出明显反差。

对以上反差给出逻辑一致的解释，必须回到理论构建的起点。考虑农地流转是当下中国农村重要的政策导向，土地流转和经营权交易已成为乡村政治、经济与社会活动的重要内容，因此，本研究利用全国 9 省份农户调查数据，重点对稻作区集体主义文化之下的农地流转市场的交易特征进行实证考察，识别交易对象的熟人化与契约化程度，重新审视市场化基因和集体主义文化所表达的熟人流转、关系型交易之间的对立统一性，以期对"稻米理论"所揭示的文化特征与中国南北经济差异的反差进行逻辑一致的解释。本研究的边际贡献在于：搭建"稻米理论"、主流经济理论与中国南北经济差距的逻辑解释线索。"稻米理论"之所以从提出以来就存在着巨大争议，是因为其所揭示的南北文化差异无法解释南北经济差异。为此，本研究基于对集体行动和合作行为的发生机制的考察，一方面挖掘和拓展"稻米理论"中集体主义的文化意蕴，重新阐明集体主义文化与市场化发育及契约精神的内在统一性；另一方面，补充讨论集体行动所隐含的信任与合作的文化基因，修正主流经济学关于个体主义与集体主义的"两分法"以拓展其理论内涵。

二、"稻米理论"、集体主义与市场化发育

（一）集体主义、行动困境与隐性契约

"稻米理论"认为水稻的种植和经营是需要村社成员开展集体行动，在共同协作之下才能完成，因此形成了村社内部强烈的关系纽带和集体意识，也成为中国南方集体主义文化的生成根源。集体主义文化学者通常认为，一个具有共同利益的群体，一定会为实现这个共同利益采取集体行动。但在经济学家看来，由于人的自利性，集体成员相互间的利益互动不仅难以自发地产生集体利益，而且往往导致对集体不利甚至产生极其有害的结果。这被奥尔森（1995）称之为"集体行动的困境"。亚当·斯密（2016）指出，人的行为动机的根源在于利益诱因，人都要争取尽可能多的经济获益。这也使得"看不见的手"的指引无法产生最佳的社会结果，个人理性并不能保证集体理性。奥尔森（1995）认为，集体的公共利益很难具备个人利益的兼容性，存在类似于公共物品效用的不可分割性、消费的非排他性和享益的不可阻止性，极易诱发"搭便车"的机会主义行为动机，集体行动中因个人理性与集体理性冲突，将导致"合而不作"的困

境。因此，关于交易行为的现代经济分析，主流范式遵循着新古典经济学中的理性人假设、目标最大化、契约规制的市场逻辑，并认为集体主义往往遵循以关系为本位而非契约规则的人情逻辑，排斥特定交易主体，妨碍要素自由流动，从而诱发资源配置效率下降，经济发展缺乏活力。

事实上，主流的现代经济分析范式忽视了集体主义交易环境中建立并存在的可自我实施、维护经济交易良序运转的市场秩序。一般而言，制度和规则安排往往被用于克服集体行动的公共管理危机。集体主义文化中的集体行动如果缺乏激励机制设计和行动规则约束，公共组织就会成为"大锅饭"的温床，"自利性"就会腐蚀"公共性"。因此，公共产品的供给、集体行动的维系均需要协商机制和契约机制。具有内部协调性的契约将会形成公共管理的秩序，契约和规则的形成将推动并保障合作行为和集体行动的发生、存续和拓展。奥斯特罗姆（2000）建构的公共池塘资源模型指出，集体行动的治理可以不依靠国家和市场来解决，社会中的自我组织可以实现对公共事务的有效治理。因为，集体成员之间通过达成隐性关系契约、约定俗成的"乡规民约"和协商议事规则，有助于保证集体行动顺利开展以达成行动发生的目标，规避"公地悲剧"并进一步实现集体利益。

显然，集体主义文化与契约观念、市场精神是外化与内隐的关系。集体主义文化所表达的人情关系、内圈交易，隐含着契约关系和规则意识。虽然集体主义文化可以强化集体意识，其中以血缘、地缘、亲情为核心的关系机制维护着社会的合作行为和集体行动（孙秀林，2011），但村社成员从本质上来说依然是理性的，集体行动和公共事务的顺利开展事实上依赖于集体成员之间所形成的隐性契约。因此，集体主义文化和契约精神并非矛盾而是对立统一的关系，集体主义所内含的合作文化、关系型交易和契约精神具有理论自洽性和逻辑一致性。

（二）"南稻北麦"与市场化发育的逻辑统一

集体主义文化与契约精神的并行不悖，从理论上解释了"稻米理论"中南北文化差异所导致的经济发展水平与市场化发育程度差距。第一，"南稻北麦"的种植格局形塑了村庄的基本秩序，特别是水田经营和稻米种植能够诱导社会规范、行动规则和契约精神的形成。相比于小麦，水稻的种植方式需要耗费大量的劳动力。为了保障劳动供给，水稻种植区的农民经常需要进行换工，尽管小麦种植也可能出现换工，但是水稻种植的换工更加严格和有约束力，小麦的换工则比较松懈。如果农民让别人帮工而自己不能帮助对方的话，则需要雇佣工人作为回报，但是雇佣劳动力是高成本且低效率的。由此，换工导致村庄形成了严格的互助规范以及附着于内的协商与契约。第二，水稻种植对灌溉的需求使得农民之间需要更加严格的集体行动。一方面，基于灌溉设施的公共产品特征，使得农民无论是往沟渠排水还是从沟渠取水，都会对其他农户造成影响从而具有外部性；另一方面，灌溉设施的修建与维护，均需要村庄集体成员之间的合作协调，需要对个人行为进行约束与规范以规避"搭便车"。因此，水稻种植能够演化出一套严格的村庄秩序和缔约规则。Talhelm 和 English（2020）的分析表明，稻区的人们具有更加严格的社会规范。研究在对经济发展水平、城镇化水平、其他作物种植、人口密度、群居方式、环境威胁等一系列可能的干扰因素进行控制之后，结论依然稳健。由此可以认为，南方村庄的社会规范、交易规则要比北方显得更为严格与复杂。

　　显然，稻米种植和水田经营形成的集体主义文化对于村社行动秩序和交易规则具有两面性。集体主义文化中的互助协作、差序信任使得村社成员的交易对象选择具有圈内化、熟人化和本地化的特征。但与此同时，集体主义文化隐含的严格社会规范、隐性契约关系，使得经济主体的交易形式兼具契约化和规范化特点。交易对象关系化能节省缔约事前的搜寻成本，交易形式契约化则能节省缔约事后的交易成本。"稻米理论"的文化内涵之所以存在与现实的反差，一方面在于理论上缺乏对集体主义文化内核的认识，其内隐的契约秩序并未得到解理。另一方面是现实中其仅仅观察到了集体主义所衍生出的人情关系、熟人交易和关系治理，而忽视了稻米生产特性所决定的严格的行为秩序、隐性契约关系及其契约精神。所以，"稻米理论"看到了表象上的集体主义文化，没有发现本质上的个体主义契约精神。可以认为，稻作经营构筑了村社内部的关系交易、集体意识与一致性行动，但同时也形成了较为严密的契约关系和集体行动存续的行为秩序。因此，稻作区合作文化与市场精神具有逻辑统一性，呈现出交易对象关系化与交易形式契约化的特征。这意味着，契约化、市场化与集体主义文化共存并兼容于中国南方。

三、数据、变量与模型

(一) 数据来源

本研究数据来源于华南农业大学国家农业制度与发展研究院 2015 年通过分层聚类方法进行的农户抽样问卷调查（NSAID，2015）。其抽样过程是，首先根据各省份人口、人均地区生产总值、耕地面积等 6 个指标进行聚类分析，并结合 7 个地理分区（华东、华南、华北、华中、西南、西北、东北），兼顾东、中、西部，分别抽取 9 个样本省份（包括东部的辽宁、江苏和广东，中部的山西、河南和江西，西部的宁夏、四川和贵州）；然后，依此对各省份县域进行聚类分析，分别抽取 6 个样本县（合计 54个），在每个样本县分别随机抽取 4 个乡镇（其中，广东和江西省各抽取10 个样本乡镇），每个样本乡镇随机抽取 1 个行政村，每个行政村又随机抽取 2 个自然村；最后，按照农户收入水平分组，在每个自然村随机挑选5 个样本农户。调查共发放问卷 2 880 份，回收问卷 2 838 份，其中有效问卷 2 704 份。2016 年课题组利用该问卷对江西和广东再次进行补充调查（排除前述样本县），按照前述抽样方法，在江西省再抽取 25 个县，在广东省再抽取 18 个县，分别获得有效问卷 2 469 份和 1 704 份。将上述调查样本合并后共获得 6 877 份样本。

为便于考察农地流转的市场化特征，本研究关注土地转出农户的行为响应，因此在剔除主要变量数据严重缺失样本后，使用 1 683 个农地转出户作为分析对象。在实证分析中，由于存在部分变量数据缺失，因此最终各个模型的观测样本会有所不同。

(二) 描述性证据：宏观层面与微观层面

1. 宏观证据

根据农业农村部公布的数据①，图 2-1 描述了 2009—2019 年全国稻作区和旱作区农村土地中流转给普通农户的规模。可以发现，流转对象为

---

① 资料来源：数据来自《中国农村经营管理统计年报》（2009—2019 年）。因数据缺失，故未报告 2018 年的土地流转情况。

普通农户的土地规模比重，稻作区均高于旱作区。图 2-2 描述了同期两类区域耕地流转合同的签订份数，其中，稻作区签订的合同数量均明显高于旱作区。这表明，稻作区土地流转的契约化程度更高。图 2-3 进一步的证据显示，2009—2019 年 10 年间，全国稻作区签订流转合同的农地规模均高于全国旱作区。显然，中国水田稻作区土地流转交易市场呈现出流转对象个体化、交易形式契约化的典型特征。

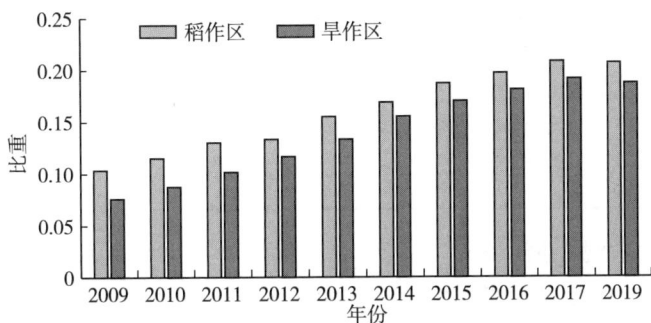

图 2-1 转入普通农户的农地规模占比

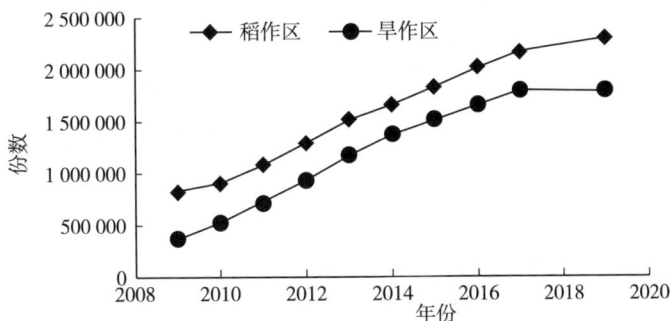

图 2-2 耕地流转合同签订份数

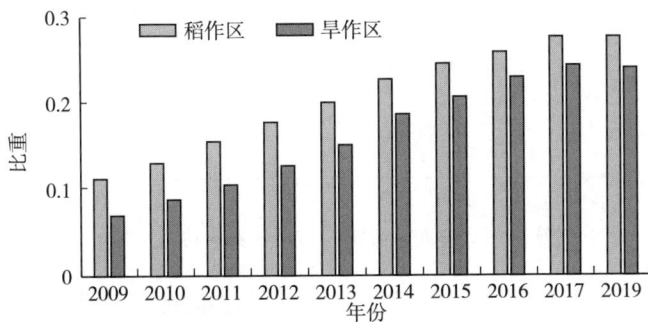

图 2-3 签订流转合同的农地规模占比

2. 样本农户证据

根据 NSAID‑2015 问卷数据，表 2‑1 统计了 1 683 个农地转出样本
农户的熟人流转、流转合约和流转期限情况。从表 2‑1 中可以发现，与
旱作区相比，稻作区土地熟人流转占比和正式合约签订水平均更高，土地
转出期限也更长。这一微观证据与上文宏观趋势相一致。

表 2‑1 水田稻作区和旱作区土地流转特征差异

种植分区	熟人流转农户占比 （％）	签订正式合同的农户占比 （％）	土地转出期限 （1～5 赋值）
稻作区	57.59	39.95	2.80
旱作区	46.99	37.79	2.76

3. 其他微观证据

（1）CLDS 数据。根据中山大学社会科学调查中心主持的中国劳动力
动态调查（CLDS）2014 年和 2016 年的数据，图 2‑4 和图 2‑5 描述了我国
水田稻作区和旱作区的村庄土地熟人流转情况。可以发现：第一，从村庄
内土地熟人流转的农户占全村农户比重来看，2014 年和 2016 年稻作区均高
于旱作区，而且随着时间趋势有差距逐步扩大的趋势；第二，从村庄的熟
人流转土地面积占比看，稻作区在两年调查期的熟人流转土地面积占比均
更大。从而说明，相比于旱作区，稻作区村庄具有更显著的熟人流转态势。

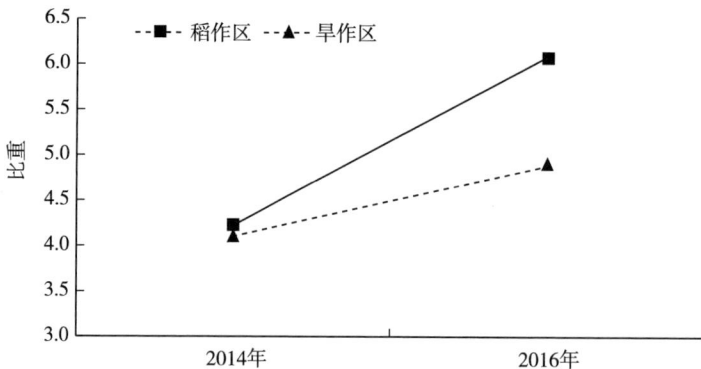

图 2‑4 熟人流转农户占全村农户比重（％）

（2）CHFS 数据。西南财经大学中国家庭金融调查研究中心主持的中
国家庭金融调查（CHFS）2015 年的微观数据显示（表 2‑2），农地转出户

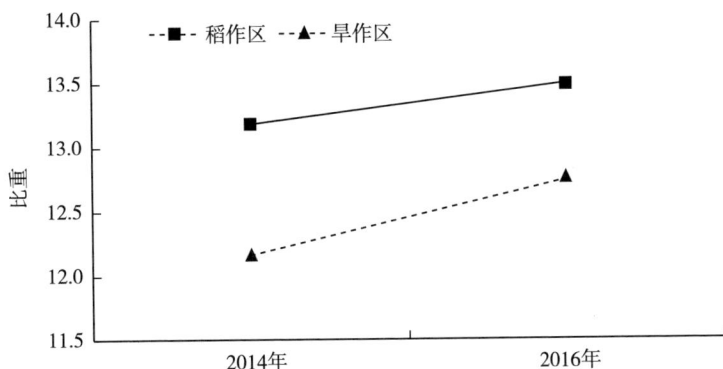

图 2-5 熟人流转土地面积占比（%）

中，进行熟人流转的农户占比在稻作区更高，而且从土地流转期限看，稻作区的土地流转期限更长。由此表明，相比于旱作区，中国水田稻作区的土地流转交易虽然具有熟人流转的交易对象选择特征，但流转交易过程中约定的转出期限更长。缔约期限越长往往意味着更为稳定、可预期的契约关系，从而说明我国水田稻作区农地流转交易存在更为显性的契约关系特征。

表 2-2 不同种植区的土地流转特征

种植分区	熟人流转农户占比（%）	土地转出期限（年）
稻作区	60.50	6.41
旱作区	58.86	6.13

（三）变量设置及说明

1. 被解释变量

本研究主要考察中国的水田稻作、旱作两类不同的种植方式对农村土地流转交易对象和交易中所选择合约形式的影响。分别使用"农地转出对象是否为熟人"[①] 和"农地流转交易是否签订书面合约"[②] 作为被解释变

①　全国 9 省份数据问卷中"农地转出对象"的问项结果包括：亲戚、邻居、本村的普通农户、本地的生产大户、外来的普通农户、外来的生产大户、龙头企业、农业合作社和村集体。本研究参照 Wang 等的分类逻辑将亲戚、邻居、本村的普通农户设置为熟人，其余主体设置为非熟人。

②　全国 9 省份数据问卷中"农地转出签订的合同形式"的问项结果包括：没签约、口头合同和书面合同。本研究将没签约和口头合同设置为非正式合约。

量，以检验中国农村土地流转中关系型交易对象和契约化交易形式的发生机理。同时，使用"本地化交易对象"、流转合约形式的有序变量和"农地转出期限"分别替换被解释变量进行稳健性检验。

2. 主要解释变量

主要的解释变量为种植方式。本研究使用两种方式刻画农户的种植方式。根据9省份农户问卷中"家庭承包地水田面积"拟合出全部为水田和全部为旱地的两类农户，并与"家庭承包地中水田占比"一同作为本研究的核心解释变量。

3. 控制变量

土地特征是衡量农业资源禀赋和流转交易价值的重要指标，因此本研究首先控制了土壤肥力、灌溉条件等土地特征。社会资本是影响农地流转对象和合约选择的可能因素。经济状况可以用来衡量社会资本（Lin，2001；Nan and Dumin，1986），本研究引入家庭存款情况和是否有商品房作为控制变量。此外，Glaeser 等（2002）指出，社会组织是表征社会资本的重要变量，为此，本研究引入了家庭成员中是否有村干部和家庭是否为村中大姓作为控制变量。农地产权安全性与稳定性也是农地流转不可忽视的重要影响因素，因此本研究控制了农地调整和土地征用情况。本研究进一步控制家庭人口特征和劳动力结构。由于农户家庭的风险偏好会影响到农户土地流转的行为选择，因此本研究进一步控制农户的风险偏好。除此之外，本研究还控制了村庄层面的特征以及镇虚拟变量。变量的定义与描述见表2-3。

表2-3　变量定义及描述性统计

变量名	定　义	均值	标准差
被解释变量			
熟人流转	流转对象是否为熟人（是＝1；否＝0）	0.572	0.495
流转合约形式	签订的农地流转合约形式（书面合约＝1；非正式合约＝0）	0.387	0.487
核心解释变量			
种植类型	家庭承包地类型（全为水田＝1；全为旱地＝0）	0.723	0.447
水田占比	家庭承包地中水田占比	0.682	0.392
控制变量			
土壤肥力	很差＝1；较差＝2；一般＝3；较好＝4；很好＝5	3.370	0.795

（续）

变量名	定　义	均值	标准差
灌溉条件	很差＝1；较差＝2；一般＝3；较好＝4；很好＝5	3.311	0.938
地块数	家庭承包地分为几块（块）	5.575	4.924
家庭抚养比	16 岁以下 70 岁以上人数/劳动力人数	0.479	0.557
劳动力受教育程度	高中及以上学历的劳动力占比	0.235	0.307
女性劳动力占比	女性劳动力人数/劳动力人数	0.442	0.195
务工劳动力占比	务工劳动力人数/劳动力人数	0.051	0.175
存款	家庭是否有存款（是＝1；否＝0）	0.779	0.415
商品房	家庭是否有商品房（是＝1；否＝0）	0.158	0.365
村干部	家庭成员是否有村干部（是＝1；否＝0）	0.127	0.333
村庄大姓	是否为村中大姓（是＝1；否＝0）	0.578	0.494
农地调整	近 5 年家庭承包地是否发生过调整（是＝1；否＝0）	0.246	0.431
土地征用	是否经历过土地征用（是＝1；否＝0）	0.249	0.432
风险偏好	家庭接受新事物态度（不太积极＝1；一般＝2；比较积极＝3）	2.209	0.803
地形	村庄所处的地形（山区＝1；丘陵＝2；平原＝3）	2.181	0.664
交通	村庄交通条件（很差＝1；较差＝2；一般＝3；较好＝4；很好＝5）	3.599	0.900
与镇距离	村庄距离镇中心的距离（公里，取对数）	1.556	0.644
经济水平	村庄经济水平（很低＝1；较低＝2；中游＝3；较高＝4；很高＝5）	3.101	0.776

(四) 模型选择

为了估计不同种植类型对农地转出户交易对象选择和合约形式选择的影响，本研究建立以下基准模型：

$$Y_i = \alpha_0 + \alpha_1 X_i + \alpha_2 D_i + \varepsilon_i \qquad (2-1)$$

式（2-1）识别了两组方程，其中 Y_i 为农地的熟人流转和流转合约形式。X_i 表示种植类型，D_i 表示由土地特征、家庭特征、村庄特征等变量组成的矩阵。α_0 为常数项，α_1 和 α_2 为待估计系数，ε_i 表示误差项，并假设满足标准正态分布。

需要指出的是，本研究中的种植类型对农户农地熟人流转和流转合约形式的无偏估计需要解决可能的内生性问题。为此，本研究通过替换被解释变量等方式进行稳健性检验。此外，本研究将气温和降水作为种植类型的工具变量，对基准模型的因果关系进行再检验，以尝试弱化并解决本研究存在的内生性问题，以进一步证明本研究基准估计结果的科学性和可信度。

四、模型结果与分析

（一）种植类型与农户农地流转及合约选择

表2-4展示了本研究的基准估计结果，分别考察了种植类型和水田占比对熟人流转和流转合约选择的影响。估计（1）的结果显示，相比于旱地，家庭承包地全为水田的农户更可能选择将承包地流转给熟人对象。估计（2）的结果进一步证明，水田占比增加也显著激励农户选择熟人流转。从而表明，水田稻作区具有更为浓厚的关系型交易对象特征。与此同时，估计（3）和估计（4）的结果表明，水田种植区的土地流转交易相较于旱作区更倾向于选择正式的书面合约形式，呈现出土地流转形式契约化的特征。

表2-4 种植类型对农地熟人流转与合约选择的影响

变量	熟人流转		流转合约形式	
	（1）	（2）	（3）	（4）
种植类型	1.352***		4.676***	
	(0.501)		(0.640)	
水田占比		0.504*		0.176***
		(0.289)		(0.044)
土壤肥力	−0.045	−0.060	0.003	0.132
	(0.123)	(0.091)	(0.137)	(0.102)
灌溉条件	−0.031	−0.156*	0.034	−0.043
	(0.112)	(0.085)	(0.122)	(0.092)
地块数	0.012	0.003	−0.018	−0.027*
	(0.021)	(0.012)	(0.020)	(0.017)
家庭抚养比	0.045	0.008	−0.265**	−0.148*
	(0.112)	(0.089)	(0.107)	(0.089)
劳动力受教育程度	0.202	0.176	0.235	−0.060
	(0.233)	(0.184)	(0.221)	(0.182)
女性劳动力占比	0.503*	0.174	0.053	−0.046
	(0.306)	(0.253)	(0.306)	(0.254)

（续）

变量	熟人流转		流转合约形式	
	（1）	（2）	（3）	（4）
务工劳动力占比	−2.468***	−0.993**	1.611***	0.867**
	(0.863)	(0.393)	(0.545)	(0.382)
存款	−0.036	0.072	0.083	0.121
	(0.155)	(0.128)	(0.166)	(0.135)
商品房	0.296	0.145	−0.265	−0.316*
	(0.246)	(0.191)	(0.255)	(0.189)
村干部	0.230	0.017	0.122	0.430**
	(0.228)	(0.172)	(0.254)	(0.185)
村庄大姓	−0.131	−0.096	−0.023	−0.098
	(0.152)	(0.120)	(0.157)	(0.122)
农地调整	−0.687***	−0.415**	0.212	−0.105
	(0.252)	(0.198)	(0.293)	(0.231)
土地征用	−0.955***	−0.674***	0.203	0.349*
	(0.208)	(0.156)	(0.222)	(0.182)
风险偏好	−0.156*	−0.104	0.017	−0.050
	(0.086)	(0.070)	(0.090)	(0.075)
地形	−1.319***	−0.463*	2.422***	0.338
	(0.487)	(0.241)	(0.588)	(0.279)
交通	0.045	0.019	−0.037	−0.099
	(0.105)	(0.082)	(0.110)	(0.086)
与镇距离	−0.591***	−0.208	0.647***	0.338**
	(0.200)	(0.154)	(0.204)	(0.148)
经济水平	−0.124	−0.029	0.285*	0.180
	(0.153)	(0.127)	(0.148)	(0.119)
镇虚拟变量	控制	控制	控制	控制
常数项	4.060**	1.706*	−8.609***	−0.766
	(1.730)	(1.044)	(1.313)	(0.956)
观测值	578	871	534	775
Pseudo R^2	0.314	0.281	0.287	0.240

注：*、**、***分别代表在 10%、5%、1%的统计水平上显著；括号内为稳健标准误。
下同。

（二）稳健性检验 1：重新刻画被解释变量

中国乡村社会的"差序格局"，内含着以关系为本位的运行逻辑且广泛存在着"人格化"特征的农地流转交易。交易对象的熟人化是"人格化"交易的典型特征，熟人网络一般指由亲缘、地缘关系所组成的社会关系体系，内含着感情依赖的信任机制和经济理性的选择逻辑（蔡键和郭欣琪，2022）。基准回归对于熟人流转的刻画侧重于亲缘关系的刻画，本节从地缘关系的视角进一步考察不同种植类型对土地熟人交易的影响。将"农地转出对象"中本村的普通农户和本地的生产大户界定为本地交易对象，将外地经营主体和其他经济组织界定为外地交易对象（变量设置：本地交易对象＝1；外地交易对象＝0）。表 2－5 中估计（1）和估计（2）的结果显示，种植类型和水田占比均显著促进农地流转交易对象的本地化，从而验证了稻作区基于地缘关系优选交易对象的市场交易特征。本研究进一步基于流转合约形式的有序变量（变量设置：没签约＝1；口头合同＝2；书面合同＝3）采用 Ordered Probit 模型进行估计，估计（3）和估计（4）的结果证明，水田种植方式会诱导土地流转交易形式的契约化，从而验证了文章结论的稳健性。

表 2－5　种植类型与交易对象本地化及合约选择

变量	交易对象本地化		流转合约形式	
	（1）	（2）	（3）	（4）
种植类型	1.017*		0.965*	
	(0.578)		(0.579)	
水田占比		0.774**		0.246***
		(0.301)		(0.066)
控制变量	控制	控制	控制	控制
镇虚拟变量	控制	控制	控制	控制
常数项	5.577***	1.759	—	—
	(1.832)	(1.226)		
观测值	373	571	908	1 358
Pseudo R^2	0.297	0.264	0.417	0.386

(三) 稳健性检验2：基于内生性问题的考察

作物的适种性通常被视为外生于种植行为的合适工具变量。水田农业的开展往往需要气温和水源条件相匹配，降水和热量的丰富度、灌溉水源的充沛度均是水田种植的基要条件（费尔南，1992）。在中国的种植分区中，气温条件较高、降水量丰沛的亚热带地区更适合开展水田经营，也是中国水稻作物的主要分布区域。本研究选择种植区的气温和降水条件作为水田经营的工具变量。表2-6使用工具变量法的估计模型中，估计（1）和估计（2）的结果显示，水田经营方式依然会强化农地交易对象的熟人化；估计（3）和估计（4）证明了水田经营方式也会诱导流转合约形式的契约化，并且弱工具变量检验和识别不足检验表明，本研究所采用的工具变量不存在弱工具变量和识别不足的问题。由此进一步验证上文估计结果稳健。

表2-6 工具变量法检验

变量	熟人流转		流转合约形式	
	(1)	(2)	(3)	(4)
种植类型	0.464*		0.608**	
	(0.245)		(0.262)	
水田占比		0.560***		0.890***
		(0.181)		(0.233)
其他变量	控制	控制	控制	控制
观测值	578	871	534	775
工具变量回归				
气温条件	0.110***	0.032**	0.027**	0.044***
	(0.012)	(0.015)	(0.011)	(0.016)
降水条件	0.002***	0.001***	0.001***	0.001***
	(0.000)	(0.000)	(0.000)	(0.000)
识别不足检验	156.801***	169.982***	156.258***	170.418***
弱工具变量检验	90.455	94.081	90.128	94.398

（四）稳健性检验 3：基于农地流转期限的讨论

合约期限的缔结及其长短能够代表不同的契约关系并影响缔约双方的行为。Williamson（1985）认为，基于特定关系所进行的专用性投资及其"锁定"效应，会导致缔约当事人形成某种事后的垄断优势，稳定且长期的合约则成为规范交易并明确利益分配的必要选择。不仅如此，已有经验证据表明（Masten and Corcker，1985；Hirschhausen and Neumann，2008），稳定合约期限可能成为缔约双方最小化交易费用的重要策略。可以认为，流转合约缔结的长期化也是交易关系契约化、正式化和市场化的重要表征。为此，本节使用"农地流转期限"替换被解释变量，并进一步将种植方式精确至水稻种植。在逐步控制其他变量后的 3 个模型估计结果均显示（表 2-7），水稻种植均显著促进了农户签订长期流转合约。这一结果进一步证明了本研究的基本结论。

表 2-7　替换被解释变量的再估计

变量	农地流转期限		
	（1）	（2）	（3）
水稻种植	0.276***	0.301***	0.230*
	(0.068)	(0.077)	(0.119)
控制变量	未控制	控制	控制
镇虚拟变量	未控制	未控制	控制
常数项	0.110***	−1.167***	−3.988***
	(0.037)	(0.288)	(1.001)
观测值	1 684	1 574	1 004
Pseudo R^2	0.007	0.072	0.209

五、进一步的分析

（一）契约精神和市场化特质的外溢性

本研究的基本逻辑是，南方水田种植的劳动"过密"与灌溉协作的生产方式，构筑了稻作区更为浓厚的集体主义文化和更为严密的社会关系网络，尽管诱发了土地流转的熟人化，但却是基于信任机制并节省产权交易成本的选择性策略。不仅如此，在关系交易表象的背后，村庄集体行动与合作行为的存续与拓展，还内含着隐性的契约和严格的声誉约束，从而使得南方稻作区能够衍生出规则意识和契约精神。这意味着，由传统农耕方式镌刻的集体主义文化事实上也是市场化、契约化社会秩序形成的内在驱动因素，由此使得千百年的水田经营和水稻种植传统形成了南方更为浓厚的现代市场精神。契约精神与创业精神被视为现代市场精神的重要内容，为此本研究做进一步的讨论，一方面证明，契约化、市场化与集体主义文化共存兼容于中国南方的文化传统；另一方面解读中国南方集体主义文化与经济发展现实的逻辑自洽性。

1. 契约精神

本研究基于问卷中"家庭成员外出务工签订劳动合同程度"①，设置变量"是否签订劳动合同"（变量设置：是＝1；否＝0）和"签订劳动合同范围"（变量设置：少部分签订＝1；大部分签订＝2；全部签订＝3）作为契约精神的代理变量，分别使用 Probit 模型和 Ordered Probit 模型进行估计。表 2-8 的结果显示，相比于旱作区，水田稻作区农户外出务工更可能签订劳动合同，且签订程度更高。

2. 创业精神

本研究基于问卷中"农户创业情况"②，设置变量"是否创业"（变量设置：是＝1；否＝0）和"创业形式"（变量设置：与别人联合创业＝1；独立创业＝0）作为创业精神与商业合作精神的代理变量纳入回归分析。表 2-8 的估计结果表明，水田种植区农户具有更为积极的创业精神。特别需要注意的是，稻作区农户更倾向于采用与别人联合的方式开展创业，这一结果进一步佐证了，水田稻作区遵循着糅合商业合作与市场精神的行为逻辑，从而有助于形成市场秩序。

---

① 全国 9 省份数据问卷中"家庭成员外出务工签订劳动力合同程度"的问项内容包括：都签订、大部分签订、少部分签订和没有签订。本研究将都签订、大部分签订、少部分签订设置为签订合同。

② 全国 9 省份数据问卷中"农户家庭创业情况"的问项内容包括：没有创业、独立创业和与别人联合创业。

表 2-8 种植方式与市场精神

变量	外出务工劳动合同		创业精神	
	是否签订劳动合同	签订劳动合同范围	是否创业	创业形式
种植分区	0.085*	0.223***	0.253***	0.446**
	(0.046)	(0.061)	(0.065)	(0.188)
控制变量	控制	控制	控制	控制
常数项	−0.031*	—	−2.459***	−1.542***
	(0.168)		(0.190)	(0.474)
观测值	5 329	3 444	6 538	847
Pseudo R^2	0.026	0.020	0.066	0.046

（二）基于 CLDS 数据的再检验

为进一步验证本研究估计结果的稳健性，本研究使用 2016 年 CLDS 数据进行再检验。根据 CLDS 村庄问卷中"村庄第一主产粮"的问项结果，将水稻主产村赋值为 1，小麦主产村赋值为 0。首先，从村庄层面验证稻作区的熟人流转。使用问卷中"转给亲属或熟人的土地面积占本村农业生产总面积比重"与"土地转给亲属或熟人的农户占全村农户的比重"作为被解释变量，以测度农村熟人流转的情况。表 2-9 的估计结果显示，相比于小麦主产村，水稻主产村农户的熟人流转面积占比高出 62.3%，熟人流转农户占比高出 59.8%。其次，使用问卷中"是否签订书面劳动力合同"和"是否创业"作为契约精神和创业精神的代理变量进行回归分析。表 2-9 的估计结果表明，相比于北方麦区，南方稻作区显著倾向于劳动缔约和创业活动，从而表明稻作区农民更具市场化的特质。

表 2-9 基于 CLDS 数据的证据

变量	熟人流转		市场精神	
	熟人流转面积占比	熟人流转农户占比	契约精神	创业精神
种植方式	0.623***	0.598***	0.370**	0.028***
	(0.011)	(0.009)	(0.184)	(0.009)
控制变量	控制	控制	控制	控制

（续）

变量	熟人流转		市场精神	
	熟人流转面积占比	熟人流转农户占比	契约精神	创业精神
职业虚拟变量	未控制	未控制	控制	未控制
省份虚拟变量	控制	控制	控制	控制
常数项	−1.364***	−0.673***	−0.416	0.082***
	(0.036)	(0.028)	(0.258)	(0.024)
观测值	127	127	322	2 270
Pseudo R^2	0.630	0.711	0.335	0.027

六、结论与讨论

中国是一个以农立国的文明古国，水田稻作区和旱作区作为最重要的粮食种植区，广泛分布于中国的南北方。"稻米理论"阐释了稻麦不同的种植特性形成了中国南方的集体主义文化与北方的个人主义文化。但其描述的南北文化特质却与中国南北经济发展水平和市场化发育程度的实际不相符合。这意味着有必要对"稻米理论"做进一步的解理和阐释。本研究认为，水田稻作经营构筑了村社内部的关系交易、集体意识与一致性行动，但同时也形塑了交易信任、合作文化与契约型行为秩序的基因。因此，南方集体主义文化与市场精神具有逻辑统一性，呈现出交易对象关系化与交易形式契约化的本质特征。从契约理论来说，前者是降低事前搜寻成本与谈判成本的重要机制，后者则是节省事后交易成本的重要机制。

（一）主要结论

本研究基于全国 9 省份农户调查数据，对水田稻作区和旱作区农地流转市场的交易特征进行实证检验。结果表明，相比于旱作区，水田稻作区的农户更加倾向于将土地流转给亲戚、邻居、本村普通农户等熟人，呈现出土地流转交易对象熟人化、本地化的特征。但同时，稻作区的土地流转交易更加倾向于选择书面合约，交易形式契约化程度更高。对流转期限的考察发现，稻作区农户的土地转出期限更长，契约关系更加稳定可预期。进一步分析表明，村社经济交易的契约化特征具有外溢性，水田稻作区农户更多开展创业活动，外出务工也更倾向于签订劳动合同。从而表明，稻作区农民具有更为浓厚的契约化与市场化精神。水田稻作区遵循着糅合商业合作与市场精神的行为逻辑，从而有助于市场秩序的形成及其扩展。本研究特别强调，合作秩序的生成、存续与拓展，需要隐性契约和规则秩序加以匹配和制约，集体主义精神是催生契约精神、诱导市场化发育的重要文化土壤。

（二）进一步的讨论

南方农村能够一方面利用熟人网络及其信任机制以节省交易成本，另一方面则通过契约化及其合作机制以扩展市场秩序，并将两者巧妙地结合起来，展现了社会理性与经济理性兼容的中国智慧。本研究的启示在于：

第一，集体主义文化隐含着隐性的契约关系和严格的社会秩序。因此，集体主义文化和契约精神具有内在的逻辑统一性。集体主义历来被视为是中华民族文化特征的典型表现，一方面，集体主义文化带来的社会互助、雪中送炭等美德编织了生存兜底机制和风险化解机制，构筑了中华民族浓厚的集体意识和坚强的生存韧性。另一方面，集体主义文化隐含的市场化精神、规则意识将驱动中国现代经济社会的快速发展。

第二，农地流转是变革我国小规模分散化农业经营格局的重要策略。通过扩大农业规模并将土地从生产效率较低的农户手中配置给经营能力更强的生产主体，对转变农业经营方式提升农业生产效率意义重大（Deininger and Jin，2009；Feng et al.，2010）。但中国农地市场中的熟人交易往往备受诟病，并引发了"小农复制"的担忧。事实上，熟人交易并非低效，与熟人交易同时存在的契约化则是市场化发育的重要动因。

第三，逻辑上而言，经济增长一般来源于现代契约关系下的市场竞争。基于理性化的个人之间所缔结的契约，可以排除人情纠葛和关系垄断以节省交易费用，并融通各方的协作力量以保障效率。市场竞争所激励的行为努力、要素配置与开放性交易，是改善经济效率的核心线索。个人主义文化是小麦种植赋予北方农民的历史遗产，旱作农业所决定的生产关系的松散性与行为选择的独立性，造就了北方农民相对独立的个人主义的文化积淀。因此，必须挖掘北方个人主义文化的精神特质，将个人主义文化所蕴含的一般信任机制、非人情关联、突破血缘地缘的交易基因，转换为市场化契约交易的扩展秩序，并进一步开放市场机会，鼓励创新创业，弘扬企业家精神，从而激发中国北方的经济活力，不断缩小南北经济发展差距。

第 3 章　种植类型、市场化与信任格局转换

内容提要："稻米理论"基于我国"南稻北麦"的种植格局，对南方集体主义文化之下的特殊信任和北方个人主义文化之下的一般信任的形成根源进行了理论阐释。但现实证据表明，中国南北村庄的信任模式正在发生重要转换，即北方的特殊信任高于南方，南方却呈现出更为明显的一般信任，从而出现了"Talhelm 悖论"。南北市场化发育程度的差异及其对传统村落原生秩序的冲击，可能是形成"Talhelm 悖论"的重要原因。研究结果表明：①"南稻北麦"的种植文化虽然在信任的塑造中发挥了重要影响，但市场化发育程度则在种植类型与信任的关系转换中发挥着关键的调节作用。市场发育弱化了种植文化对信任的影响，从而导致了南北方信任格局的反差与转变。②机理分析表明，市场化发育一方面冲击着村社传统耕作方式所决定的互助协作关系，另一方面通过活跃并畅通农村要素市场，弱化了种植文化对信任的内生性影响。本研究强调，由"南稻北麦"种植方式所镌刻的文化遗产及其村庄信任格局，正在发生重要的解构与转型。

一、引言

费孝通先生在《乡土中国》一书中提出了著名的"差序格局"概念，并用以刻画乡土中国的经济社会结构性特征。"差序格局"重点强调了"关系"，即每个人以自我为中心，按照远近亲疏关系的强弱差异形成由内及外的"波纹"，内圈首先是家庭成员，其次是亲朋好友及乡邻，外圈是交往极少、关系寡淡的陌生人。与之对应，中国社会中人与人之间的信任也建立在这种亲疏远近的关系基础上（王沛等，2020），形成"差序"的信任格局。后续研究也证明了中国社会所具有的独特的差序信任关系（胡

容和李静雅，2006），即个人对他人的信任程度依据关系的亲疏远近由强到弱依次为：家人＞熟人＞陌生人（张建新等，2000；Niu and Xin，2012）。进一步地，学界一般化地将社会信任界定为基于血缘与地缘关系的家人、亲戚、乡邻等熟人之间的特殊信任和对几乎不存在直接社会关系的陌生人之间的一般信任（Delhey et al.，2011）。

实际上，信任关系无论在不同国家，还是在同一国家的不同地区，均存在着明显的差异性（Delhey and Newton，2005；Nannestad，2008）。关于差异性的形成根源，已有文献进行了多样的解释。福山（2016）基于对不同国家文化的考察，阐明了人际信任差异的"文化决定论"。韦伯（2004）从中国儒家伦理和西方宗教信仰视角揭示了中西方人际信任的分野。雷丁（2009）进一步从儒家文化的精神内核（如家长主义、人格主义、实用主义、孝道、仁义等）分析了华人信任关系的特殊性。不仅如此，宗族文化作为中国传统乡土社会的治理根基，其在不同区域影响程度的差异造就了中国乡土信任的"差序格局"（陈斌开和陈思宇，2018）。中国历史悠久、幅员辽阔、人口广布，故乡土中国的差序信任格局也因气候、地理和历史等因素综合作用而存在着地域差异（李伟民和梁玉成，2002；刘笑霞和李明辉，2019）。葛德石早就指出，地理环境和历史背景似乎把华北和华南的乡村社区塑造成了截然不同的两个社会（Cressey，1934）。自地理学家张相文（2013）于1908年首次提出以秦岭—淮河一线作为我国南北方的自然地理分界线之后，有关南方与北方的文化差异及其信任格局就一直是广受学界重视的重要议题。其中，最具影响力且备受争议的当属"稻米理论"（孙涛，2019；Ruan et al.，2015）。

Talhelm 等（2014）提出的"稻米理论"，基于"南稻北麦"的种植格局阐释了中国南北文化差异的生成根源，曾被作为封面故事发表于著名刊物《科学》（Science），并很快引起了学界与公众的关注。该研究认为，水稻种植所需的灌溉与人工投入，使南方农民间的生产协作、生活互助相对较多，由此，稻作区往往更具集体主义文化特征，更偏向于整体性思维，且更注重自己的"圈子"；而小麦种植对于集体协助的要求较低，相对独立的家户耕作体系使北方村域呈现出相对明显的个人主义文化（Talhelm et al.，2014）。传统农耕基因所形成的文化差异，不仅造就了南北村落社会结构的不同（萧公权，2018），而且镌刻出中国南北方迥异的信任关系。即南方集体主义文化下的村庄内部具有更高的短协作半径需求，形成了更高水平的特殊信任；而北方个人主义文化下的长协作半径关系，形成了更为明显的一般信任（史建云，1998；丁从明等，2018）。

事实上，乡土中国的信任关系往往深嵌于村社经济社会的交易结构之中。长期以来，土地是农民的命根子，是农村最为重要的生产资料，农地产权交易和流转关系历来是村社经济社会交往结构与信任格局的重要"观察窗"（耿鹏鹏和罗必良，2022）。一般来说，集体主义文化及其特殊信任所内含的交易关系往往倾向于关系型交易，而个体主义文化及其一般信任所决定的交易关系则更多呈现为契约化交易。按照"稻米理论"的核心逻辑，集体主义文化浓厚的南方更应盛行基于特殊信任的关系型交易，通过声誉机制、道德约束来维系交易秩序，而富含个人主义文化的北方则更多基于一般信任的市场化交易，以借助现代契约来保障交易完成。然而，已有研究基于农户问卷的微观数据发现，南方[①]农地产权交易相比于北方往往表现出更高的市场化与契约化水平（罗必良和耿鹏鹏，2022a）。宏观数据也佐证了这一事实。农业农村部公布的数据表明，南方农村农地流转的缔约率要明显高于北方地区（图3-1[②]）。

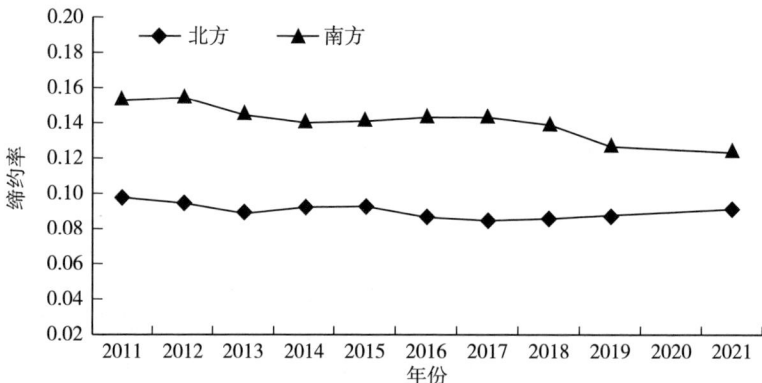

图3-1　南北方农地流转交易缔约率对比

① 参考已有文献（丛胜美等，2022；耿鹏鹏和罗必良，2022），南方地区包括江苏、浙江、上海、安徽、湖北、湖南、江西、四川、重庆、贵州、云南、广西、福建、广东、海南、西藏16省份，北方地区则包括黑龙江、吉林、辽宁、河北、北京、天津、内蒙古、新疆、甘肃、宁夏、山西、陕西、青海、山东、河南15省份。后文的区域划分均以此为据（不含港澳台）。
② 数据来源：《中国农村经营管理统计年报》（2011—2018年）、《中国农村政策与改革统计年报》（2019、2021）。缔约率为农地流转合约签订份数占农地流转总面积的比例。另外，因2020年的年报未统计农地流转合约签订情况，故图3-1未报告2020年的缔约率。

中国南北方的信任格局可能正在发生重要转型。多个代表性的大样本农户调查也证实了南北村庄信任关系的变化。基于中国劳动力动态调查（CLDS）、中国综合社会调查（CGSS）、中国家庭追踪调查（CFPS）中的农户样本的分析表明[①]，近年来，我国南北方信任格局已发生重大变化，即北方的特殊信任高于南方，南方却呈现出更为明显的一般信任（表3-1）。这一事实显然与"稻米理论"所揭示的信任关系呈现出了重要反差。本研究将其称之为"Talhelm悖论"。

表 3-1 村社信任的南北差异

数据库		CLDS	CGSS	CFPS			
年份		2016、2018两期数据	2015	2012	2014	2016	2018
特殊信任	北方	3.995	3.577	6.547	6.794	6.800	6.913
	南方	3.751	3.492	6.163	6.552	6.533	6.582
	$Diff$	0.244***	0.085***	0.384***	0.242***	0.267***	0.331***
	T值	14.693	3.887	11.077	6.797	7.548	9.312
一般信任	北方	2.593	2.650	2.017	1.778	1.860	2.042
	南方	2.671	2.776	2.340	2.129	2.005	2.193
	$Diff$	−0.078***	−0.127***	−0.324***	−0.352***	−0.145***	−0.151***
	T值	−5.702	−6.787	−9.628	−10.15	−4.265	−4.210

注：*** 代表在1%的统计水平上显著。

"Talhelm悖论"意味着"稻米理论"关于文化与信任关系的南北格局判断面临着现实挑战。需要重视的是，改革开放诱导的社会转型，使市场化逻辑对社会关系的冲击不断增强并逐步"撕裂"着封闭条件下传统村落的生产生活秩序与行动逻辑。由此，乡村社会的不确定性与复杂性也持续上升，社会信任模式也随之发生潜移默化的变化（齐亚强和张子馨，2022）。事实上，制度变迁或制度选择，并不完全由路径依赖所决定，情境依赖性不容忽视（罗必良，2020）。信任格局同样具有情境依赖性。显然，"稻米理论"依存于传统封闭的农耕格局，而由市场化发育带来的村

---

① CLDS数据为本研究的主要分析数据，特殊信任与一般信任的定义来自个体问卷中农户对不同群体的信任水平的回答，由弱到强依次为1～5的赋值。另外，CGSS数据同样是由弱到强分别赋值1～5；CFPS数据则将赋值由低到高依次为1～10。

庄开放与要素流动，将导致原有村庄秩序及其信任关系发生松动与重塑。信任本就深嵌于社会制度与社会结构之中，乡村社会信任关系及社会转型与情境变化密切关联（胡洁，2020）。由此，乡村社会由封闭到开放、由传统向现代转型的过程中，"南稻北麦"种植文化所塑造的南北方不同的人际信任关系必然在乡村社会结构的变迁中发生重要转型。其中，市场化及其经济理性无疑是诱发社会信任格局重塑的重要因素。

本研究试图构建"种植文化—市场化—村社信任转型"的分析框架，基于中国南北农村信任格局的转变，阐释转型背后的市场化根源。本研究的边际贡献在于：第一，分析"稻米理论"面临的现实挑战，从市场化角度揭示"Talhelm悖论"的发生机理；第二，尽管中国农村社会的信任关系转型已受到学界的关注，但有证据的经济学解释尚不多见，故本研究有助于丰富相关的文献。

二、"稻米理论"、信任格局及其转换

（一）"稻米理论"与南北信任格局：一般机理及其情境约束

Talhelm等（2014）提出的"稻米理论"，认为中国南北方稻麦种植方式差异形塑出了相异的文化，即南方的集体主义文化和北方的个人主义文化。尽管久经历史变迁，但千百年来形成的"南稻北麦"的种植格局及其文化特征却并未发生大的改变（韩茂莉，2012）。其中，不同的种植文化内含不同的信任关系。"稻米理论"所揭示的基本逻辑在于：稻作区集体主义文化内嵌着"集体意识"，村社农民基于血缘、亲缘和地缘关系开展生产合作、社会交往和经济交易，基于劳动协作、生产互惠、内圈交易形成的社会认同进一步强化并塑造了典型的特殊信任关系；而在注重个人主义的北方，由于人们彼此间更加独立、开放，对外关系的延展能够跨越宗族、亲缘等形成更广泛的交流，从而产生了与非熟人之间的一般信任关系。由此，南方集体主义文化及其特殊信任和北方个人主义文化及其一般信任，构建起了中国南北迥异的信任格局（史建云，1998；丁从明等，2018）。

第一，稻麦种植的灌溉用水差异隐含着不同的生产协作关系。水稻种植对用水的要求较高，"治稻者，蓄陂塘以潴之，置堤闸以止之……又有

作为畦埂。耕耙既熟，放水匀停，掷种于内，候苗生五六寸，拔而秧之，今江南皆用此法。苗高七八寸则耘之，耘毕放水熇之，欲秀复用水浸之"（冀朝鼎，2014）。水稻严格的用水要求发达的灌溉系统，而作为公共物品的灌溉系统，在修筑过程及后期维护中都需要集体成员之间的协调，进而加深了村民间的合作（费孝通，2007；黄宗智，2014）。不仅如此，灌溉用水的竞争性与拥挤性也依赖于村落俱乐部成员之间的沟通、协调与合作[①]。而小麦天然的耐旱性使其对用水并不如水稻那样苛刻，一般只需依靠天然降水并辅之以家户所有的水井灌溉即可，这使得小麦区的农户相对较为独立，村落内部的相互依存与互助协作需求远低于稻区。因此，相比于北方麦作区，南方稻作区的集体行动，有利于提高家族内部或村落家户之间互惠互助的社会交往，从而形成基于亲缘和地缘的熟人社会关系，建立起一个村庄内部成员或族人之间信任度更高的社会关系网络（丁从明等，2018）。可见，由稻麦种植决定的集体行动与合作博弈差异，构成了南北不同信任格局的内生性根源。

第二，稻麦生产过程中的劳动用工差异决定了南北农户互助合作程度的不同。在以农为生的传统乡村中，作为农民"命根子"的土地几乎承载着农民的一切，劳动力被迫局限于农耕"小圈子"，农民以土地为中心从事农业生产，并在土地上进行机会成本几乎为零的劳动投入。但水稻与小麦对劳动投入的要求并不相同，同等面积水稻种植的劳动投入约是小麦的 2 倍（Buck，1937）。农忙时节家庭自有劳动力往往不能满足时下所需，错峰种收、村内换工的形式完美解决了季节性的劳动力短缺问题（费孝通，2013），这种互助方式增加了村内农户尤其是亲友邻里之间的交互往来，从而建立起了乡村农户彼此间短半径的关系网络。北方因干旱的气候特征要求小麦的播种与收割必须在极短的时间内完成，这类种植压力导致形似水稻的换工方式不再适用，而且北方小麦自东向西而逐渐成熟的空间差异使农忙高峰期错开，并衍化出了农忙时节小农之间的异地雇佣关系（史建云，1998），从而使小农跨地域的交流与合作成为可能，由此拓展了农户更长的协作半径，增加了与非熟人间的交易与合作机会。

---

① 例如，印度尼西亚巴厘岛苏巴克（Subak）灌溉系统在 2012 年被联合国教科文组织确认为世界文化遗产。因其有效解决了稻田私人产权与灌溉集体产权的冲突，规避了"公地悲剧"而转变为"集体的盛宴"，成为村庄合作与农民集体行动的成功范例（钟文晶和罗必良，2022）。

因此，就传统村落环境下信任的形成条件而言，无论是基于用水协调、灌溉系统建造、修葺、维护所形成的合作关系，还是稻作种植为缓解用工约束所构建的互助协作秩序及其集体意识，无一不是建立在封闭乡村环境中的传统农业生产关系之上，这决定了"稻米理论"的成立具有情境依赖性①。可以认为，即使假定在气候环境、人地关系、农耕方式保持相对稳定的情形下，由"稻米理论"所表达的社会关系及信任文化能够通过经验积累与观念传递而保持长期的传承性与稳定性；但问题是，随着改革开放不断深入、市场经济迅速拓展，由传统稻麦种植关系所塑造的乡村经济社会交往秩序与人际信任关系，已不可避免地发生着深刻改变。置于市场化浪潮中，"稻米理论"所揭示的中国传统信任关系格局面临着现实情境的考验，并随着情境改变而发生重要演化。

（二）南北信任格局转换：市场化冲击的发生逻辑

无论是正式制度还是非正式制度，其变迁与选择过程不仅仅由"制度论"中的产权制度、宗教信仰、法律法规所决定，也不仅仅由历史事件或初始选择来决定，而是与制度遗产、环境条件等多种因素相关，因而具有情境依赖性。近年来的实验经济学也不断证明了人们社会行为选择的情境依赖性（罗必良，2020）。显然，"稻米理论"所揭示的传统村庄文化道统和农民经济社会行为选择的关系特征同样具有情境依赖性。这就意味着，"稻米理论"所揭示的中国南北方信任机制，可能会因为情境集合中某一维度变量的引入或改变而发生重要转换。不可忽视的是，相对封闭和静态化的村社生产生活环境和传统的种植格局是"稻米理论"成立的重要情境变量。然而，随着现代市场经济的发展，尤其是中国改革开放以来，经济理性、要素流动以及市场交易拓展不断冲击着传统的村庄秩序。市场信念传播不仅逐步撼动传统的农业经营方式，农业的现代化进程也在改变着传统的耕作方式，而且因户籍制度与择业管理松动带来的外部机会与发展空间也有效降低了农民的土地依赖性。显然，市场化发育与否成了影响"稻米理论"成立与否的重要变量。

---

① 即便如此，"稻米理论"依然面临诸多的质疑。Ruan 等（2015）认为，中国区域间心理、文化差异的形成受到诸多不同因素的长期作用与影响，将这些差异单一地归因于某种主要种植的作物很难具有足够的说服力。

始于 1978 年的中国农村改革，从本质上讲是财产关系与利益关系的大调整。从包产到户到大包干的土地制度变革与农村微观组织系统再造，确立了农户家庭经营的主导地位，实现了土地所有权、承包权与经营权的分离，并因此满足了农民土地经营的真实权利，从而使广大农民获得了人民公社时期不可想象的财产支配权与经济民主权（包括农民的职业转换与身份变迁），由此产生的激励机制推动了资源配置效率的改善，农业结构调整和非农产业发展成为可能，从而引发了农村经济流量的迅速扩张，有力地改变了国民经济的原有格局与经济流程，并推动了社会主义市场体制的确立（罗必良，2008）[①]。市场经济的体制转型，一方面促进了我国国民经济的快速增长，另一方面也带来了经济增长与市场化发育的区域失衡。研究表明，2005—2018 年中国南方和北方市场化指数的差距由 0.012 扩大到了 0.031，增幅为 158.33%（卢现祥和王素素，2021）。《中国分省份市场化指数报告（2021）》的数据表明，我国南方市场化水平明显高于北方（王小鲁等，2021），详见表 3-2。南北市场化水平差距明显扩大的态势成为我国经济发展不平衡问题中的突出现象（万海远等，2021；丛胜美等，2022）。因此，南北方市场化的典型差异可能是诱发中国南北信任格局发生逆转的重要情境，从而为解析"Talhelm 悖论"提供了现实依据。

表 3-2　2011—2019 年市场化水平的南北差异

年份	2011	2012	2013	2014	2015	2016	2017	2018	2019
南方	6.49	6.81	6.98	7.50	7.56	7.71	7.91	8.04	8.15
北方	5.26	5.70	5.90	6.16	6.31	6.44	7.00	7.04	6.61

市场化浪潮在中国的传播轨迹是从工业渗透到农业、从城市拓展到农村。已有研究表明，市场化发育可以撼动由传统农耕格局所形成的中国农村传统乡土社会结构。其中，市场化冲击在推动现代经济理念嵌入与村庄开放的同时，将诱导人情关系发生变化，乡土熟人社会形态逐步撕裂，传

[①]　进一步地，如果说"稻米理论"成立的话，那么包产到户、包干到户的突破就应该更容易发生在个人主义盛行的北方麦区。事实上，家庭联产承包责任制改革却是在南方稻区率先突破的（孙涛，2019）。

统信任关系出现转型（秦中春，2020；罗必良和耿鹏鹏，2022b）。

一方面，市场化发展往往会带来新的生产理念和先进技术要素，这意味着，现代市场要素在传统村落中的嵌入将逐步改变农村传统的农业生产经营方式。第一，开放市场条件下新的农业生产要素引入与经营方式的变革，包括机械技术、外包服务所形成的对农业劳动力替代效应，有效减轻了农事活动强度，缓解了农户家庭的用工约束。显然，稻作区由农业生产换工所构建的互助体系将不可避免地出现松动和撕裂。第二，由公共政策支持和市场化运作所建构的灌溉系统供给、维护及保障体系，深刻改变了传统灌溉设施等公共物品的提供与利用方式，从而稻作区村庄内部基于用水协调及修筑灌溉设施所形成的合作关系及其存续的基础不复存在。

另一方面，市场化发展对于农村的冲击将打破"城门"与"村门"的区隔，赋予农民更为充分的非农就业机会，并畅通要素流动，从而使农户不再完全拘泥于"一亩三分地"的小农经营和生存格局。这会带来两方面的重要影响：第一，农民在市场化环境中更充分的发展权利使其可以有效降低家庭生存风险；第二，农民逐渐从土地关系与熟人社会内圈中脱离出来。这意味着，首先，农民在市场化环境中逐步强化的生存韧性弱化了其对传统帮扶互助生存体系的依赖性；其次，由人口流动扩大的社会交往半径和生存空间，降低了农户家庭与村社内部原成员交往的强度与频率，从而弱化了固有的社会关联性与信任关系。

因此，中国南北方不同程度的市场化发育水平，将使建立在传统农耕格局和固有秩序之上的信任关系发生转换。正如巴伯尔所言，传统社会向现代社会的变迁，人际关系变化紧随其后，"身份"关系弱化而"合同"关系增强，人际信任正由依附信任逐步向角色信任过渡（Barber，1983）。市场化及其区域差异或许是"Talhelm悖论"的核心生成根源。

三、数据、变量与模型

（一）数据来源

本研究数据来源于中山大学的中国劳动力动态调查（CLDS）。该数据包括了调研样本个人及家庭的收入、教育、消费、就业、健康等方面的情况，同时详细记录了样本所在村社的政治、经济、文化等方面的特征。本研究选取 CLDS 问卷 2016 年、2018 年两期数据。结合本研究主题，在剔除数据缺失严重的样本后，最终得到 9 287 份农村个体样本信息。

另外，本研究还使用了代表区域市场化水平的市场化指数。市场化指数来源于《中国分省份市场化指数报告（2021）》（王小鲁等，2021）。该报告从政府与市场关系、非国有经济水平、产品市场发育状况、要素市场发育程度、市场中介组织发育和法治环境五个方面对市场化程度进行了测度，并合成最终的市场化指数。市场化指数在 1～10 之间，数值越高代表市场化程度越高。

（二）变量设置

1. 被解释变量

被解释变量为社会信任水平，按照信任对象的不同分为特殊信任和一般信任。特殊信任变量的衡量来源于个体问卷中样本对熟人信任程度的问项结果；一般信任变量的衡量则是样本对非熟人信任程度的问项结果。信任程度由低到高依次为 1～5。

2. 核心解释变量

核心解释变量为种植类型（是否种植水稻）。基于我国气候、降水等地理条件的划分，以长江—秦岭—淮河为界限，南为稻作区，北为麦作区。若调查对象所处地区为稻作区，赋值为 1，否则赋值为 0。同时，本研究也使用调查对象所在村庄主产粮是否为水稻作为种植类型的替换变量进行稳健性分析。此外，本研究还引入市场化指数与核心解释变量构成交互项，以考察市场化情境下稻麦文化对社会信任的影响，并进一步利用要素市场发育程度、产品市场发育程度来替换市场化总指数进行稳健性检验。

3. 控制变量

本研究对以下变量进行控制。其一，个人特征：包括样本的年龄、性别、教育、婚姻、政治身份、工作状态、经济地位、政治参与；其二，家庭特征：包括家庭收入水平、农业收入占比、家庭年龄结构、耕地总面积来反映；其三，村庄特征：包含村庄农业条件、经济条件、人口结构、关系结构、交通条件和村庄地形。各变量定义见表 3-3。

表 3-3 变量定义及描述性统计

变量	变量定义	均值	标准差
特殊信任	对熟人（邻居街坊）信任	3.996	0.542
一般信任	对非熟人（陌生人、一起做事的人、生意人）信任	2.661	0.627
种植类型	是否稻区（"是"=1；"否"=0）	0.582	0.493
年龄	实际年龄（岁）	47.940	14.490
性别	"男性"=1；"女性"=0	0.487	0.500
教育	实际受教育年限	7.335	3.900
婚姻	是否有配偶（"是"=1；"否"=0）	0.842	0.365
政治身份	是否党员（"是"=1；"否"=0）	0.041	0.198
工作状态	目前是否有工作（"是"=1；"否"=0）	0.653	0.476
经济地位	自评经济地位（由低到高赋值1~5）	4.354	1.741
政治参与	是否参与村庄选举（"是"=1；"否"=0）	0.569	0.495
家庭收入水平	家庭总收入（取对数）	9.962	2.080
农业收入占比	农业收入/家庭总收入	0.377	0.436
家庭年龄结构	70岁以上成员数量/家庭总人数	0.031	0.173
耕地总面积	实际耕种的土地面积（取对数）	1.530	0.998
村庄农业条件	村庄是否统一灌溉排水（"是"=1；"否"=0）	0.384	0.486
村庄经济条件	村庄是否有非农经济（"是"=1；"否"=0）	0.236	0.425
村庄人口条件	民族人口/村庄总人口	14.44	32.68
村庄关系结构	前三大宗族人口/村庄总人口	73.75	24.92
村庄交通条件	村庄距离县（市、区）政府的距离（公里）	25.930	28.613
村庄地形（是否丘陵）	"是"=1；"否"=0	0.245	0.430
村庄地形（是否山区）	"是"=1；"否"=0	0.244	0.429
地区	东、中、西	—	—

（三）模型选择

本研究的目的在于考察市场化背景下稻麦文化对社会信任的影响，为此设定含有交互项的方程，基本模型为：

$$Y_{it}=\alpha_0+\alpha_1 X_{it}+\alpha_2 Z_{it}+\alpha_3 X_{it}Z_{it}+\alpha_4 D_{it}+\mu_i+\lambda_t+\varepsilon_{it} \quad (3-1)$$

式中，下标 i 和 t 分别代表样本个体和年份，μ_i 是个体固定效应，λ_t 是时间固定效应。Y_{it} 表示样本的信任水平，分为特殊信任和一般信任；

X_{it} 表示种植类型，Z_{it} 代表市场化程度；D_{it} 代表由个人、家庭及村庄等控制变量组成的矩阵；α_0 为常数项，α_1、α_2、α_3 为待估参数，其中 α_1、α_3 为主要的估计参数；ε_{it} 为随机误差项，并假设其满足正态分布。

鉴于普通最小二乘法可能会由于反向因果或者遗漏变量等原因产生内生性问题，故使用工具变量法验证基准回归结果的稳健性。相对于小麦，水稻种植往往需要更适宜的温度。为此，本研究选取气温条件作为种植类型的工具变量，温度数据来源于样本所在地级市的年平均温度。工具变量的模型设定如下：

$$Y = \alpha \hat{X}_1 + \beta_1 X_2 + v_1 \tag{3-2}$$
$$\hat{X} = \delta_1 X_1 + \delta_2 X_2 + v_2 \tag{3-3}$$

式中，被解释变量 Y 代表信任水平；X_2 为控制变量；X_1 代表种植类型的工具变量；$\hat{X}_1$ 为两阶段最小二乘法第一阶段的拟合值；v_1、v_2 为随机误差项。

此外，为了检验作用机理，本研究进一步引入中介效应模型，模型设定如下：

$$M_i = \gamma_0 + \gamma_1 X_i + \gamma_2 D_i + \varepsilon_i \tag{3-4}$$
$$Y_i = \alpha_0 + \alpha_1 X_i + \alpha_2 M_i + \alpha_3 D_i + \varepsilon_i \tag{3-5}$$

式中，M_i 表示中介变量；X_i 表示种植类型；D_i 为控制变量组；γ_0、α_0 代表常数项；γ_1、γ_2、α_1、α_2、α_3 表示待估参数；ε_i 为随机误差项，假设其满足正态分布假定。

四、实证结果分析

（一）基准回归

表3-4的基准回归结果表明，水稻种植能够强化特殊信任并抑制一般信任，这与"稻米理论"及相关文献的研究结论一致，即水稻种植衍生出的集体主义文化促进了基于熟人关系的特殊信任，而种植小麦形成的个人主义文化则促进了非熟人关系拓展而形塑一般信任。但是，随着市场化程度的不断提升，稻麦种植文化及其所决定的信任关系将发生重要转变，即市场化发育不仅能够显著抑制水稻种植所决定的特殊信任，而且能够显著提升其一般信任，从而验证了我国南北信任关系已经或正在发生的理论

反差与现实转型。因此，市场化发育的区域差异对南北信任格局变化隐含着重要的发生学意义。

表 3-4　基准回归结果

变量	特殊信任		一般信任	
	(1)	(2)	(3)	(4)
种植类型	0.545***	0.465***	−0.382**	−0.516***
	(0.166)	(0.171)	(0.153)	(0.156)
种植类型×市场化程度	−0.151***	−0.141***	0.070***	0.091***
	(0.028)	(0.028)	(0.025)	(0.026)
市场化程度	0.104***	0.129***	0.000	0.006
	(0.023)	(0.027)	(0.022)	(0.025)
年龄	0.011***	0.010***	0.003**	0.002*
	(0.001)	(0.001)	(0.001)	(0.001)
性别	0.118***	0.119***	0.141***	0.140***
	(0.030)	(0.030)	(0.027)	(0.027)
教育	−0.000	−0.001	−0.002	−0.003
	(0.004)	(0.004)	(0.004)	(0.004)
婚姻	0.045	0.047	−0.098**	−0.099**
	(0.047)	(0.047)	(0.043)	(0.043)
政治身份	0.192***	0.195***	0.177***	0.185***
	(0.069)	(0.069)	(0.062)	(0.062)
工作状况	0.004	0.001	0.058**	0.060**
	(0.030)	(0.030)	(0.028)	(0.028)
经济地位	0.032***	0.031***	0.043***	0.043***
	(0.007)	(0.007)	(0.007)	(0.007)
政治参与	0.164***	0.170***	−0.026	−0.013
	(0.028)	(0.028)	(0.025)	(0.026)
家庭收入水平	0.005	0.006	−0.003	−0.001
	(0.007)	(0.007)	(0.007)	(0.007)
农业收入占比	0.062*	0.067**	−0.060**	−0.052*
	(0.033)	(0.033)	(0.030)	(0.030)
家庭年龄结构	0.066	0.057	0.049	0.053
	(0.094)	(0.094)	(0.085)	(0.085)
耕地总面积	−0.013	−0.010	0.033**	0.035**
	(0.016)	(0.017)	(0.015)	(0.015)

（续）

变量	特殊信任		一般信任	
	（1）	（2）	（3）	（4）
村庄农业条件	−0.073**	−0.081***	0.030	0.024
	(0.029)	(0.029)	(0.026)	(0.026)
村庄经济条件	−0.020	−0.012	0.096***	0.093***
	(0.033)	(0.033)	(0.030)	(0.030)
村庄人口结构	−0.025	−0.035	0.059	0.075*
	(0.045)	(0.046)	(0.042)	(0.042)
村庄人口关系结构	0.079	0.101*	0.194***	0.202***
	(0.055)	(0.055)	(0.050)	(0.050)
村庄交通条件	−0.053	−0.073**	0.098***	0.073**
	(0.033)	(0.034)	(0.030)	(0.031)
村地理条件（是否丘陵）	−0.030	−0.053	0.065*	0.038
	(0.038)	(0.039)	(0.035)	(0.036)
村地理条件（是否山区）	0.001*	0.001	−0.000	−0.001
	(0.001)	(0.001)	(0.001)	(0.001)
地区固定效应		控制		控制
时间固定效应		控制		控制
观测值	9 287	9 287	9 287	9 287

注：*、**、*** 分别代表在 10%、5%、1% 的统计水平上显著，括号中数字为稳健标准误。下同。

（二）稳健性检验1：替换核心解释变量

基准回归中对种植类型的定义是根据南北区域来划分的。显然，农户的种植类型相当程度上也是由地理条件决定的，因此，基准模型有可能表达的是由南北地理区域而不是由种植类型所决定的信任关系。为了验证估计结果的稳健性，本研究进一步使用村级层面数据来重新刻画种植类型这一核心自变量。村级层面采用对村庄主产粮食种类的问项结果来判定，即种植水稻赋值为1，否则赋值为0。表3-5的回归结果与基准回归一致，验证了本研究结果的稳健性。这表明，无论是按种植类型进行宏观层面的南北区域划分，还是按种植类型进行的村庄描述，估计结果都表达了市场化进程引发了"稻米理论"的现实反差。

表 3-5　稳健性检验 1：替换核心解释变量

变量	特殊信任	一般信任
种植类型	0.645 ***	−0.881 ***
	(0.221)	(0.205)
种植类型×市场化程度	−0.144 ***	0.147 ***
	(0.035)	(0.032)
市场化程度	0.047	−0.016
	(0.031)	(0.029)
控制变量	控制	控制
地区固定效应	控制	控制
时间固定效应	控制	控制
观测值	7 130	7 130

（三）稳健性检验 2：重新刻画市场化程度

前文对市场化发育程度的刻画来源于市场化发育程度，虽然市场化总指数包含了衡量总体市场的各个方面，但包含过多的因素也可能会产生内生性。因此，本研究进一步使用市场化指数的两个分指标——要素市场发育程度和产品市场发育程度来替换市场化总指数。表 3-6 的估计结果与基准回归结果一致。

表 3-6　稳健性检验 2：重新刻画市场化程度

变量	特殊信任	一般信任	特殊信任	一般信任
	(1)	(2)	(3)	(4)
种植类型	0.962 ***	−1.531 ***	1.142 ***	−0.464 ***
	(0.340)	(0.310)	(0.173)	(0.156)
种植类型×要素市场发育程度	−0.147 ***	0.178 ***		
	(0.038)	(0.034)		
市场分配资源程度	0.145 ***	−0.067 ***		
	(0.029)	(0.026)		
种植类型×产品市场发育程度			−0.190 ***	0.069 ***
			(0.022)	(0.020)
价格由市场决定程度			0.079 ***	−0.040 ***
			(0.015)	(0.014)

（续）

变量	特殊信任	一般信任	特殊信任	一般信任
	(1)	(2)	(3)	(4)
控制变量	控制	控制	控制	控制
地区固定效应	控制	控制	控制	控制
时间固定效应	控制	控制	控制	控制
观测值	9 287	9 287	9 287	9 287

（四）稳健性检验 3：重新刻画被解释变量

上文对信任的刻画采用了个体样本的主观信任水平，以下进一步采用家庭礼金支出占收入比重和捐赠支出占收入的比重两个代理变量进行再估计。一方面，中国传统乡村中人们之间的信任关系往往形成于彼此间频繁的往来中，社会交换理论也认为社会交换存在于相互联系紧密的群体中，并且是一种建立在相互信任基础上的自发活动。显然，乡土社会交往中存在的礼金往来在一定程度上能够代表彼此间的信任关系（布劳，1964）。本研究一方面借鉴已有文献对村落熟人间信任的刻画（章元和陆铭，2009；郭云南和姚洋，2013），使用家庭礼金支出占总支出的比重来衡量农户的特殊信任水平。另一方面，对一般信任的刻画，主流文献常采用公益性行为来衡量（如献血等），考虑到数据的可获性，本研究参考丁从明等（2018）的做法，采用家庭中捐款数额占家庭收入的比重作为一般信任的代理变量。表 3-7 的回归结果再次证明了基准模型结果的稳健性。

（五）稳健性检验 4：基于 CFPS 数据的再估计

本研究进一步使用 CFPS 数据库进行稳健性检验。该数据通过对个体、家庭、社区三个层面的追踪调查，反映了中国经济、社会、人口等方面的基本状况。鉴于数据结构特征及其可得性，本研究选取 CFPS 2016 年、2018 年两期数据对本研究估计结果进行稳健性检验。一方面，对特殊信任和一般信任的刻画来源于被调查对象对熟人与非熟人主观信任程度的回答，与 CLDS 的问项一致；另一方面，CFPS 也提供了家庭层面的礼金支出和捐赠支出，本研究依然使用二者与家庭收入的比值作为两类信任的代理变量。控制变量同样涉及个人、家庭、村庄三方面，并且引入了地区固定效应和时间固定效应。表 3-8 的回归结果同样验证了本研究基准回归结果的稳健性。

表 3-7　稳健性检验 3：重新定义被解释变量

变量	特殊信任（礼金支出）	一般信任（捐赠支出）
种植类型	0.286***	−0.010***
	(0.036)	(0.002)
种植类型×市场化程度	−0.040***	0.002***
	(0.006)	(0.000)
市场化程度	−0.008	−0.001***
	(0.006)	(0.000)
控制变量	控制	控制
地区固定效应	控制	控制
时间固定效应	控制	控制
常数项	0.727***	0.012***
	(0.048)	(0.003)
观测值	8 262	9 107
R^2	0.140	0.018

表 3-8　稳健性检验 4：基于 CFPS 数据的再估计

变量	特殊信任		一般信任	
	主观（特殊）信任	礼金支出	主观（一般）信任	捐赠支出
种植类型	0.838***	0.157***	−0.286**	−0.003**
	(0.134)	(0.015)	(0.135)	(0.001)
种植类型×市场化程度	−0.174***	−0.023***	0.046**	0.001***
	(0.023)	(0.002)	(0.023)	(0.000)
市场化程度	0.101***	0.002	0.084***	−0.000
	(0.022)	(0.002)	(0.022)	(0.000)
控制变量	控制	控制	控制	控制
地区固定效应	控制	控制	控制	控制
时间固定效应	控制	控制	控制	控制
常数项		0.727***		0.011***
		(0.018)		(0.002)
观测值	18 554	17 973	18 554	17 973
R^2	—	0.160	—	0.013

五、内生性讨论与机理分析

（一）内生性讨论

为了更加有效地解决由于内生性所产生的估计偏误，本研究采用工具变量法检验基准回归结果的稳健性。作物的适种性通常被视为外生于种植行为的合适工具变量（罗必良和耿鹏鹏，2022b），水稻的种植往往需要适宜的温度与之相匹配，我国年平均气温较高的南方为水稻种植提供了良好的气候条件。因此，本研究选取农户所在的地级市的年平均气温作为种植类型的工具变量。检验分析结果证明，本研究所用的工具变量不存在弱工具变量和识别不足的问题。表 3-9 说明，采用工具变量法的估计结果与基准回归结果具有一致性。

表 3-9 内生性讨论：工具变量法

变量	特殊信任	一般信任
种植类型（一阶段拟合值）	0.395***	−0.276**
	(0.129)	(0.109)
种植类型×市场化程度	−0.134***	0.055***
	(0.022)	(0.018)
市场化程度	0.148***	−0.010
	(0.020)	(0.016)
控制变量	控制	控制
地区固定效应	控制	控制
时间固定效应	控制	控制
常数项	2.497***	2.306***
	(0.148)	(0.119)
Centered R^2	0.053	0.026
第一阶段回归结果	0.044*** (0.003)	
R^2	0.661	
识别不足检验	2 407.714***	
弱工具变量检验	3 261.598	
观测值	9 111	

（二）机理分析

1. 对农机服务的考察

在市场发育过程中，现代农业生产要素的引入无疑会冲击村落原生秩序，进而影响村庄的信任关系。其中，机械化水平尤其是农业生产服务的引入实现了对农业劳动力的替代，从而作用于由稻麦文化所形成的信任格局。本研究通过引入农户农业生产服务使用情况验证以上逻辑。该变量来自 CLDS 问卷中"农业机械化来源"的问项结果，并根据农户采用农机服务的程度依次赋值为 0、1、2、3（传统农耕方式赋值为 0，全部自己购买农机赋值为 1，部分外包赋值为 2，全部外包赋值为 3）。表 3-10 的回归结果显示，农机服务在种植类型对特殊信任的影响中发挥了关键的调节作用，能够显著弱化种植文化对特殊信任的影响。此外，本研究通过进一步的回归分析，证实市场化水平的提升显著促进了农户农机服务的使用，肯定了市场在现代农业生产要素引入中发挥的重要作用。

表 3-10　机制检验：对农机服务的考察

变量	特殊信任	农机服务
种植类型	0.822***	
	(0.237)	
种植类型×农机服务	−0.061**	
	(0.029)	
农机服务	0.040*	
	(0.021)	
市场化程度		0.066***
		(0.024)
控制变量	控制	控制
地区固定效应	控制	控制
时间固定效应	控制	控制
观测值	5 134	5 134

2. 对邻里互助的考察

在传统农业生产方式中，由水稻种植所衍生的集体主义文化及其互助协作关系，在特殊信任的形成过程中发挥了重要传导作用。本研究使用邻里互助水平作为体现互助协作关系强弱的衡量变量。其中，邻里互助水平变量来自 CLDS 问卷中"本村邻里、街坊及其他居民间互助程度"的问项结果（由少到多依次为 1～5 赋值）。表 3－11 的估计结果显示，邻里互助在水稻文化对特殊信任的影响中存在着显著的中介效应。尽管水稻的种植有助于邻里间互助水平的加强，但随着市场化程度的加强，互助水平将显著弱化。后文表 3－13 的结果也证明，市场化发育对邻居熟悉程度和邻里互助水平均具有显著的负向影响，说明市场化对传统乡村由种植方式塑造的人际信任关系已产生重要的转型推进作用。

表 3－11　机制检验：对邻里互助的考察

变量	特殊信任	邻里互助	特殊信任
种植类型	0.329***	0.566***	0.093
	(0.106)	(0.125)	(0.092)
邻里互助			0.417***
			(0.008)
种植类型×市场化程度	−0.095***	−0.149***	−0.033***
	(0.017)	(0.021)	(0.015)
市场化程度	0.083***	0.127***	0.030**
	(0.017)	(0.019)	(0.145)
控制变量	控制	控制	控制
地区固定效应	控制	控制	控制
时间固定效应	控制	控制	控制
R^2	0.061	0.073	0.289
Sobel 检验 z 值			4.513
中介效应占比			0.717
常数项	−24.568	2.640***	2.110
	(16.976)	(0.137)	(14.777)
观测值	9 287	9 287	9 287

3. 对外出务工的考察

农民外出务工水平是反映村庄开放与社会流动性的一个重要方面。显然，流动性的增强打破了封闭的村社关系网络，势必深刻影响其内含的人际信任关系。为此，本研究使用农户家庭劳动力中外出劳动力的占比，来考察其在种植类型对信任关系的影响中可能发挥的传导作用。表 3－12 的回归结果显示，市场化水平的提升显著促进了农户非农就业水平的提高，显著提升了受到种植文化影响的一般信任程度。不仅如此，表3-13的结果进一步说明，市场化不仅降低了农户间的邻里熟悉程度与互助水平，而且显著促进了外出务工水平。这表明，市场化发育不仅深刻冲击了原有的稻麦文化，而且引发了人际关系与村社秩序的重要变化。

表3-12　机制检验：对外出务工的考察

变量	一般信任	外出务工程度	一般信任
种植类型	−0.272***	−0.421***	−0.253***
	(0.087)	(0.044)	(0.087)
外出务工程度			0.044**
			(0.021)
种植类型×市场化程度	0.048***	0.066***	0.046***
	(0.014)	(0.007)	(0.014)
市场化程度	0.004	−0.022***	−0.005
	(0.014)	(0.007)	(0.014)
控制变量	控制	控制	控制
地区固定效应	控制	控制	控制
时间固定效应	控制	控制	控制
R^2	0.026	0.226	0.027
Sobel 检验 z 值			−2.098
中介效应占比			0.069
常数项	−11.764	−15.557**	−11.073
	(13.972)	(7.069)	(13.973)
观测值	9 187	9 187	9 187

表3-13　市场化对邻里关系、农户外出务工程度的影响

变量	对邻居的熟悉程度	邻里互助程度	外出务工程度
市场化程度	−0.062***	−0.056***	0.019***
	(0.017)	(0.017)	(0.005)
控制变量	控制	控制	控制
地区固定效应	控制	控制	控制
时间固定效应	控制	控制	控制
常数项			−0.002
			(0.047)
观测值	9 287	9 287	9 188
R^2	—	—	0.298

六、结论与讨论

中国是以农立国的文明大国，幅员辽阔、人口众多，各区域之间的资源禀赋、气候特征差异巨大，特别是中国南方与北方地理气候存在着显著差异，从而诱发了南北方"因地制宜"的种植方式及其文化特征。按照"稻米理论"的解释，南方稻作区盛行的集体主义与北方麦区典型的个人主义文化形塑了不同的信任格局，即南方的特殊信任与北方的一般信任。然而，随着经济社会的发展，尤其是市场经济的不断拓展，传统的农业生产方式和农民空间生存格局发生深刻变化，由此触动了传统村庄社会中长期存续的缄默规则及其信任机制。本研究基于中国村庄信任格局出现重要转换的基本事实，阐述"稻米理论"所赖以成立的情境依赖性，揭示"Talhelm 悖论"的生成逻辑。

本研究利用 CLDS 2016 年和 2018 年两期数据，通过构建"种植文化—市场化—村社信任转型"的分析框架，揭示我国南北信任格局转型的发生机理。实证研究发现，当市场化程度很低时，稻麦文化对信任的影响与"稻米理论"具有逻辑一致性，即南方基于水稻种植衍生出的集体主义文化形成了熟人间的特殊信任关系，北方基于小麦种植发展出的个人主义文化则形成了基于人际关系扩展的非熟人间的一般信任。但值得关注的是，随着市场化的推进，由稻麦文化所塑造的社会信任关系发生了重要转变。这表明，市场化转型在稻麦文化与特殊信任和一般信任两种信任模式的关系中发挥着重要的调节作用。正是由于南北市场化发育程度的不同所产生的南北信任变迁的差异性，诱发了我国南北信任格局的"Talhelm 悖论"。

作为有着悠久农耕文明的古老国度，"日出而作，日落而息"是中国农民主要的生活状态，传统村社的社会交往秩序均蕴含着深刻的农耕基因。然而，现代市场发育的力量是巨大的，村庄开放、人口流动以及与之关联的产品与要素流动，正在颠覆着传统的农业生产方式和社会行动秩序。这意味着，市场化发展可能会撕裂由传统农耕形式所塑造的乡土中国文化底蕴。显然，市场化发育对于中国农村社会的影响是一把双刃剑：一方面释放物质社会的发展潜力，有效盘活村庄沉睡资源，将村庄社会卷入现代经济发展轨道；另一方面瓦解农村传统文化中的有益成分，引发乡村治理的新问题。已有研究指出，中国乡村的社会网络正在由"关系型"转向"契约型"，传统人情社会的情感参与正在转换为成本收益核算的选择性参与（罗必良和耿鹏鹏，2022b），村庄作为社会"稳定器"的功能将因此而不断弱化。

需要强调的是，由中国乡土社会特征所决定的人际信任，作为体现中国乡村"人情关系"的重要一面，在引导村落经济交易与农户行动秩序方面发挥了重要作用，是中国乡村治理中不可或缺的传统力量。即使到现在，在政府主导的现代乡村建设与乡村振兴中，传统人际信任关系作为维护村庄秩序与社会稳定的关键纽带，在基层组织建设、公共服务及社会风险化解等方面依然不可或缺。需要警惕的是，市场化转型以及由此带来的人情与信任关系的弱化，也可能带来乡村善治的潜在风险。一方面是因为我国宏观层面的法治建设并不完善，在乡村实行完全的法律与契约治理并不现实，可能会因此产生机会主义的败德行为与信任关系的逆向选择。另一方面，人情关系的"隐性契约"性质决定了乡村社会撕裂与转型必然隐含着高昂的交易费用与治理成本。因此，有必要对市场化转型与乡村社会秩序的关联性给予充分的关注。在市场交易机制与村落关系机制的对接中形成新的信任机制的互补与兼容，加快构建契约化的乡村善治体系，可能是未来政策调整的重点。

第4章　制度信念、村庄社会与关系效应

　　内容提要：人多地少的基本国情使得农村土地及其权益的竞争性配置贯穿了整个中国历史。中国农村地权的模糊性和不稳定性曾一度长期存在，并成为塑造传统村社形态的重要诱因。本研究利用中国劳动力动态调查（CLDS）数据，采用有序 Probit 模型，经验分析了地权稳定性对农村居民村社交往频率、人情往来密度和关系型交易的影响，研究结果表明：地权稳定性相对不足的村庄，农户具有更高的村社交往频率，一方面，通过筑牢亲友关系以提升地权竞争优势；另一方面，通过提升非亲友交往频率以强化地权排他能力。进一步的证据表明，历史遗产的人地矛盾能够形塑农民的交往格局和村社形态，而人地关系的变动则会动摇地权稳定性以及相关联的村社交往秩序。此外，由成年男性表达的谈判优势和由体制内工作表达的政治资源，是农户家庭地权竞争实力的重要力量，并对农民基于地权竞争而开展的村社交往具有替代效应；"乡政"对"村治"的监管和地权法治化，则将弱化基于地权排他的关系缔结。笔者强调，中国农村社交格局及其关系型村社形态，隐含着深刻的产权经济学逻辑。

一、引言

　　产权的重要功能在于规范社会群体之间的权利界限，形成化解人与人之间利益冲突的反应规则和经济组织的行为秩序，从而构筑具有内在协调性与自我执行性的社会交互关系（罗必良和耿鹏鹏，2022）。其中，产权的稳定状态决定了社会交互关系的基本结构和内在逻辑。稳定的产权内含资源配置的权能和利益，从而成为契约型交易和开放性市场活动的基础要件，而产权稳定性缺位附着的资源控制权不足和非正式竞争规则往往将生

成关系型交易和封闭性活动秩序。由此，产权及其稳定状态成为社会经济利益关系处置和社会活动运行的重要"观察窗"。

中国是以农耕文明著称的大国，土地禀赋及其农耕活动不仅是维系经济社会稳定、国家长治久安的重要根基，也是关乎农民生计安全、家庭幸福不可替代的核心内容。因此，稳定地权、保障农民土地财产权益成为当前农村地权制度改革的基本线索。然而，人多地少的基本国情决定了农村人地关系极为严酷，农地资源的竞争、调整、博弈和再分配在中国农村一度长期存在。可以说，地权不稳定的制度遗产和生存记忆是与中国农民血脉相连的，也深刻地影响并形塑农民的经济社会行为逻辑。

农地产权稳定性不足所关联的地权"公共领域"扩大及其租值耗散将诱发两方面的农民行为响应：第一，基于产权竞争性而言，地权不稳定将刺激村社成员对产权租值争夺的机会主义冲动，村社关系网络密度所形成的团体实力决定了家庭在利益争夺中的比较优势，家族势力和亲缘关系成为攫取地权租值的重要力量（仇童伟和罗必良，2019）。因此，通过壮大家庭原生性的竞争力量，构筑以亲友关系为基础的社会资本网络，将形成有益于农户攫利的地权竞争享益格局。第二，基于产权排他性而言，地权模糊及其关联的农民产权弱化往往意味着以家户为单位的地权分配和处置格局缺乏有效的保护而极易遭受侵犯。因此，扩大村域交往半径，获得村庄社会认同，构建非正式的人情秩序以保护地权成为农民强化产权强度、维护产权安全的理性选择（耿鹏鹏和罗必良，2021）。显然，地权的模糊性和不稳定性将使得维护地权安全、保护地权利益、强化地权竞争性和排他性成为村社农民地权博弈的核心诉求和主要内容。重要的是，这也为社会资本、家族、宗亲和"差序格局"网络关系等非正式制度及其形成的地权保护屏障和行动秩序嵌入农村社会经济交往秩序提供了必要条件。

事实上，中国农村长期被视为是以"关系"为基本特征的社会形态，基于血缘、地缘所构建的关系网络在村社经济交易、社会交往和安全防御等方面扮演着不可或缺的角色（Han and Altman，2009；张樱，2016）。在传统农村社会中，土地对于农民而言兼具生产资料和社会保障的双重功能，农民以农为生且以农为业，土地及其经营收益承载着一家全年的生计和未来的希望。这也决定了农户生存的安全性和保障性极易受到地权风险的影响，加之农村的社会保障体系和商业保险市场发展长期不充分且不完善。因此，农户往往构建社会网络关系，强化与亲戚朋友、村社邻里的人情往来，形成隐性契约关系，缔结基于化解地权风险的"隐性"承诺，形成非正式的地权保护机制和风险分担机制（易行健等，2012）。

　　由此，地权稳定性与农民社会交往关系缔结之间存在着密切的关联性。然而，被视为"熟人社会"的村庄内部依然存在"差序格局"远近亲疏的群体关系。从思想传统的角度看，中国人重视家族和宗亲，其互助与交易维持于较小范围的家族亲友之间，非同一家族的人难以达成合作（张曙光，2017）。从地权分配的角度看，农地产权的调整与配置是基于村社存量土地与集体成员数量的平均分配，面临着农地规模约束且地权边界的不清晰，村社农户之间实际上保持着地权竞争对手的关系。这意味着，村庄农户之间不仅是地权享益主体，也是地权排他对象。所不同的是，亲友是自己人，"是一个从根本上长出来的枝条，亲密的血缘关系可以限制冲突和竞争"（费孝通，2019）。而非亲友虽为村社熟人，但却是地权竞争和排他的潜在主体。不难发现，中国村庄社会内部的交往关系可能具有不同的内涵，尤其是在地权稳定性缺位引致的地权风险普遍存在的时期，村社交往可能具有对内强化竞争性、对外强调排他性的隐性契约性质。本研究试图从地权稳定性视角考察农村社会交往秩序、人情往来格局及其关联的村庄社会形态的变化，并利用中国劳动力动态调查（CLDS）数据，经验分析了地权稳定性对农村居民村社交往频率、人情往来密度和关系型交易的影响，以期揭示中国农民交往活动与人情往来关系的制度内涵与产权逻辑。

　　本研究的边际贡献在于：第一，本研究从农村地权稳定性、农民地权竞争性和农民地权排他性的视角，以农民亲友圈内交往和非亲友圈外交往的本质差异性为切入点，识别农村社会内部不同群体交往活动的运行逻辑与基本性质。第二，中国农村正经历着亘古未有的巨大变革与转型，村庄社会形态也在发生着根本性的演变，本研究基于产权经济学理论，从中国农村土地集体所有制背景下的地权制度出发，解释中国村庄形态生成、存续与演化的产权逻辑和制度根源。

二、产权机理、地权风险与农民行为响应

（一）村庄非正式秩序的产权机理：竞争性秩序与排他性秩序

村庄是农业社会主要的空间载体和活动单元，是具有亲缘、地缘和业缘等关系的农民群体聚居所形成的具有非正式秩序和行动规则的关系社会。面对共同威胁和外部侵犯，村庄整体具有帮扶互助、风险共担和利益共享的特点，但对于不可避免的内部竞争和权利分配，村社成员既要重视强化自身力量的竞争性，又要关注防范侵扰的排他性，使得村庄不同群体之间所缔结的社会网络关系内含不同的产权机理。

1. 村庄社会网络关系的二重性：简要的辨析

村庄形成之初及村社网络关系的构建与运行，最重要的考虑之一是基于安全防御和风险化解方面的需要（鲁西奇，2014）。由此，农村地域群体的形成、存续和拓展取决于村社成员之间共同的生存信念。费孝通（2019）在解读农村社会时将村庄描述为若干"家"联合起来的地域群体，并强调地域群体的形成取决于内部成员的共同利益，当遭遇自然灾害或外来侵犯威胁时（并非影响单个人而是影响居住地所有的人），他们将协同行动以保护自己。显然，整个村庄的社会关联是基于外部威胁或共同利益而展开，并未涉及村社内部利益分配和团体性威胁的社会网络关系。事实上，面对共同威胁和群体利益潜在受损时，村社形成整体"私"的群体，故有村庄范围内的整体认同和社会网络关系。但村社内部的权利分配将村庄细分为多个以"家"为形式的"私"单位，故形成了家族内部认同与家族外部的竞争（贺雪峰，2006）。基于"私"的范围界定，农村社会的人际网络关系实际上可表达为村社成员之间既相互依存、帮扶互助以维护共同利益、化解外部威胁；又相互竞争、强化排他以维护家庭利益、抵御内部侵犯。中国历来的文化传统和思想观念也呈现出各异的交往逻辑。一方面，中国传统思想中重视血缘和家族亲友关系，"人不独亲其亲，不独子其子"[①] 强调家族、宗亲之间互助互爱的社会合作理念；另一方面，中国

[①] 出自《礼记》。全句为："大道之行也，天下为公，选贤与能，讲信修睦。故人不独亲其亲，不独子其子，使老有所终，壮有所用，幼有所长，矜、寡、孤、独、废疾者皆有所养，男有分，女有归。"

小农思想根深蒂固，也难以与家族外的群体形成高度的信任与合作，"鸡犬之声相闻，民至老死，不相往来"①虽说是一种理想社会，但也反映出不同利益群体之间的关系格局（张曙光，2017）。尤其是当出现村社内部利益分配和竞争时，亲友关系和非亲友关系呈现出不同的行为逻辑。

2. 地权风险的特殊性

在人均农地极少且以小农经济为主体的乡土中国，土地产权是乡村政治、经济和文化权利的核心（罗必良，2019）。人地关系严酷的基本国情和现实农情使得土地均分往往成为小农克服生存风险、安全威胁的一种集体理性的回应（Scott，1976），因此，农地"均分"的制度基因在中国农村长期得以保留和传承，农村地权的调整与再分配普遍发生，地权不稳定且农民产权脆弱性问题长期存在。村庄内小块土地上的个体家庭经营作为整个乡村社会的经济细胞，具有屡弱性、封闭性和分散性的特征，以家庭为单位的地权分配格局意味着农户难以抵御潜在的风险，尤其是地权独立的有限性和地权边界的模糊性进一步恶化了小农的产权强度和地权排他性（罗必良和耿鹏鹏，2022）。实际上，在以非正式制度安排为资源配置方式的农村，地权的调整镶嵌在血缘、地缘关系之中，村庄内部的社会关系网络等非正式制度安排在农地分配和保护中扮演着极其重要的角色（贺雪峰和仝志辉，2002）。

地权稳定性缺位内含的地权风险与自然灾害和外来侵袭等风险具有本质的差别。村庄的土地禀赋数量和质量具有"固化"特征，地权只有存量而少有增量。村庄内部的地权调整和均分是基于村庄全部土地在集体成员间的存量分割（耿鹏鹏和罗必良，2021）。这意味着，村社成员间不仅是土地分配的权利主体，也是地权博弈的竞争主体。尤其是，地权不稳定所扩大的产权"公共领域"将加剧村社内部农户间基于攫取租值的机会主义竞争和纠纷。此时，一方面，村社农户的家族势力和亲缘团体力量对资源分配的角力过程产生影响，且与地权的界定和实施密切相关；另一方面，村落内部其他家族势力将会成为本户地权外来侵犯的潜在主体，关联自身地权的安全性和享益性。显然，地权不稳定诱发的农民地权风险实际上是存在于村社内部的利益分配，而非外部的共同风险，农民内部的社会关系

---

① 出自《老子》。全句为："邻国相望，鸡犬之声相闻，民至老死，不相往来。"

将出现分异，并进一步演化为村社家族、亲友关系与村社其他家族、非亲友关系之间的博弈、竞争与排他。而村社内部的社会关系也会呈现出内涵差别，基于强化地权竞争性的亲友关系维护和基于强化地权排他性的非亲友关系缔结。

（二）地权稳定性与农民行为响应：基于农民交往格局的分析

地权稳定性不足所形塑的村社交往秩序和基本格局既可诠释中国农民团结家族亲友力量以维系地权安全、优化权利竞争格局的生存策略，也可表达农村社会缔结保护产权的隐性契约以"化干戈为玉帛"，形成尊重产权的社会认同以维护地权排他性的农民智慧。

1. 地权不稳定、强化地权竞争性与农民亲友交往格局

地权不稳定意味着农民产权的弱化和地权风险的加剧，关联农民农事经营的信心和生活预期的稳定性。与此同时，地权不稳定性也会诱发村庄内部的地权纠纷、争夺和博弈。村社成员必须通过村庄自发的行动秩序强化家庭的生存韧性，同时提高对所获地权的有效保护，这种行动秩序更多表达为参与主体之间原生性"讨价还价"的行为能力。事实上，村庄集体土地产权重新界定与分配达成的平衡往往取决于地权竞争参与主体之间家庭力量的对比。①家族、亲友关系网络缔结的重要功能之一在于互助互惠、强化安全、共御风险。通过构筑风险共担、利益共享的生存保障机制和权利享益格局，农民家庭可以有效强化生存韧性，抵御并化解地权风险。由于血缘、亲情关系的内在维系，使得亲友之间具有团结合作、抱团取暖、共同进退的生存共识并逐渐形成共同制定并集体遵守的信任格局和交往秩序。村社亲友群体之间通过礼金互赠的形式构筑基于帮扶互助、互利共赢的"道德经济体"以降低家庭风险（Scott，1976）。基于防范地权风险的视角，亲友之间人情交往越多，交往越密切，就意味着保险系数越大，家庭的风险防范能力越强（冯必扬，2011）。就约束机制而言，亲友关系内部往往具有更多的非正式履约机制和可信承诺，群体压力将使得亲友往往要履行"扶困救弱"的道德义务。②当产权模糊或合约不完全时，行为能力较强的人获得"剩余权利"更有效率（Hart，1995）。并且，产权不稳定意味着所有权的控制权缺乏稳定性，所有者不得不为其本应得到的权利不断进行斗争和讨价还价（李稻葵，1995），最终演变为农户之间

家庭力量的角逐（Ma et al.，2013）。由村庄社会关系网络密度所表达的团体力量决定了农户在利益争夺、权利竞争中的比较优势，其中，家族势力和亲缘关系成为攫取地权租值的重要砝码，人情往来及其关系资本则是争夺地权利益的重要补充手段。显然，地权不稳定将激励农户通过构建与家族、亲友之间的密切关系网络以提升个人在地权博弈、权力竞争中的实力。

2. 地权不稳定、强化地权排他性与农民非亲友交往格局

产权"公共领域"的扩大和租值耗散将激化村社农民争夺产权租值的机会主义冲动，农民产权弱化又意味着农户的土地产权缺乏有效保护而易于遭受侵犯。实际上，村庄内亲友之间的地权侵犯少有发生。因为，亲友间的利益攻讦与侵犯会破坏家户声誉资本，挑战家庭伦理道德底线，并在通行的伦理道德中遭受惩罚，甚至失去亲友群体这一可靠的社会资本，最终演化为"失道者寡助"。因此，农民家庭的地权遭受侵犯多来源于村庄中的其他家族和非亲友群体。由于非正式的行动秩序缺乏有效且有约束力的规则进行规范和惩戒，地权排他性的对象也主要为村社非亲友群体。显然，在地权稳定性缺位时期，抵御村内其他家族和非亲友群体的地权侵犯、强化地权排他性是农民面临的重要困局。①防范"公共领域"租值耗散的集体行动将在村社中形成"差序格局"、互为进退的人情"契约"关系，也造就了宗族、乡族、村规民约等非正式制度的治理方式，通过约定俗成的基层规则来规范、约束人们的行为。由此，不仅形成了一套依靠"乡绅治乡""族长治村""家长治家"的非正式治理模式，而且"家有家法""族有族规""乡有乡约"，进而形成了一个相对封闭且高度自治的村社运行体系（罗必良和耿鹏鹏，2022）。这样的一套运行秩序是依靠村庄权威制定并对村庄整体具有较强的约束力，但真正能够发挥作用且化解内部矛盾和纠纷的核心方式在于家族之间缔结人情"契约"关系，欠了别人人情就得找机会回礼，循环往复的人情缔结形成密切的社会网络，维持着家庭之间的和谐关系（费孝通，2019）。重要的是，人情关系隐性契约的构建实际上传递着地权不被相互侵犯的可信承诺。②获得村庄社会认同是强化农民地权稳定强度的重要内容之一，构筑非正式的社会行动和村社通行的伦理与道德规范，以形成约定俗成的地权保护秩序是获得社会认同的重要方式。实际上，农民家庭与村社其他家族和非亲友之间的关系由于缺乏血缘、亲缘等媒介进行维系，因此，关系强度较为脆弱且缺乏韧性。事实上，在缺少结构性力量维系、系统性规则联结的非同一家族、非亲友关系中，人情的往来和社会的交往更倾向于作为维护社会团结、和谐、降低互相侵犯攻讦的工具性手段和妥协性方法。由此，在地权稳定性缺位的村庄环境中，通过构建、扩大和巩固与其他家族、非亲友群体之间的人情来往和交往密度，形成地权享益的"化干戈为玉帛"，可以成为减少地权侵犯，强化地权安全性、稳定性和排他性的有益选择。

三、数据、变量与模型

（一）数据来源

本研究使用的数据来源于中山大学社会科学调查中心 2018 年的中国劳动力动态调查（China Labor-Force Dynamics Survey，CLDS）。CLDS 每两年一次对中国城乡开展动态追踪调查，样本覆盖了全国 29 个省份（不包括西藏、海南和港澳台地区，下同），对村庄社区结构、家庭状况和劳动力特征进行系统监测。具有一定的权威性、代表性和稳定性。2018 年 CLDS 数据集共包括 368 份村居社区问卷，13 501 份家庭问卷，16 537 份劳动力人口个体问卷。鉴于本研究所关注的是农地产权与农村社会交往的研究主题，故截取农村样本数据。由于 2018 年数据对追踪样本仅统计了近一年发生的农地调整情况，且农地确权变量出现很大程度缺失，为获得更为详尽的地权稳定性数据，故与 2016 年数据进行匹配得到更为准确全面的农地产权数据，最终获得全国 161 个村庄 3 072 个农户 4 596 个农民样本。在经验分析中，由于存在各变量的数据缺失，因此，最终各个模型的观测样本会有所不同。

（二）变量设置及说明

1. 被解释变量

本研究的被解释变量是农民的村社交往频率，主要考察农民亲友间的圈内交往频率和非亲友间的圈外交往频率，分别使用农民在村里亲友和非亲友办喜事过程中的送礼频率进行表征。礼尚往来的人情关系是农村社会交往的典型形式（章元和陆铭，2009）。但村庄中农民的社会交往存在不同的频率和强度，反映出农户社会关系的可触及位置及其嵌入性资源的可达性（Lin，2005）。考虑到人情支出规模能在很大程度上度量社会网络关系的紧密度（赵剑治和陆铭，2010），在稳健性检验中，使用农户人情礼金支出重新刻画被解释变量。此外，本研究还从经济交易秩序的角度做进一步观察。

2. 主要解释变量

本研究解释变量为地权稳定性，用农地调整衡量。改革开放以来，农村长期存在的农地调整是地权不稳定的核心触发因素。本研究根据 CLDS 问卷中"2003 年至今，村里的土地是否调整过"的问项结果刻画地权稳定性（调整＝1；未调整＝0）。并采用 2016 年以来发生农地调整的情况表征村庄近年来的地权稳定性（调整＝1；未调整＝0）。此外，在稳健性检验中，根据土地调整的发生途径从土地调整程度层面刻画地权稳定性（具体赋值为：不调整＝1；利用机动地调整＝2；土地小调整＝3；打乱重分＝4）。

3. 控制变量

本研究控制了可能影响农户村社交往频率、人情往来的其他变量。主要包括农民个体层面、家庭层面和村庄层面的控制变量（周广肃等，2018；朱月季等，2022；李江一和秦范，2022）。其中，农民个体层面控制了性别、年龄和受教育程度等变量。家庭层面控制了家庭基本的人口统计学特征、经济状况和社会保障水平。中国家庭传统的家长制决定了户主在家庭社会交往中发挥主导作用（徐勇，2013），因此，本研究控制了户主特征。人口统计学特征还包括家庭总人数、家庭男性比和家庭抚养比；家庭经济状况特征包括家庭收入、家庭是否从事工商业经营；家庭社会保障水平包括家中参加新农合成员比重、家中参加新型农村养老保险成员比重。村庄层面控制了宗族状况、村庄总户数、村庄务农劳动力占比、村庄耕地面积、村庄非农经济、村庄距县城距离和村庄地形（以山地为参照）。除此之外，还纳入了省份虚拟变量。

由表 4-1 可知，圈内交往频率和圈外交往频率的均值分别为 3.153 和 2.362，表明亲友间人情活动频率总体处于"大部分去""全部去"之间，非亲友间人情活动频率总体处于"少部分去""大部分去"之间，这意味着村庄整体的亲友交往频率要高于非亲友之间的交往频率，呈现"差序格局"特征。从中还发现有超过 1/4 的样本所在村庄 2003 年以来发生过农地调整，少于 1/5 的样本所在村庄 2016 年以来发生过农地调整，可见土地的调整和分配在中国农村依然时有发生。

表 4-1　变量定义及描述性统计

变量	定　义	均值	标准差
圈内交往频率	村里亲友办喜事送礼频率（极少去＝1；少部分去＝2；大部分去＝3；全部去＝4）	3.153	0.865
圈外交往频率	村里非亲友办喜事送礼频率（极少去＝1；少部分去＝2；大部分去＝3；全部去＝4）	2.362	1.098
农地调整	2003 年以来村庄是否发生过农地调整（调整＝1；未调整＝0）	0.273	0.445
近年来农地调整	2016 年以来村庄是否发生过土地调整（调整＝1；未调整＝0）	0.189	0.391
性别	性别（男＝1；女＝0）	0.474	0.499
年龄	年龄（岁）	49.031	12.601
婚姻状况	婚姻状况（未婚＝1；其他＝0）	0.069	0.253
受教育程度	受教育程度（高中及以上＝1；高中以下＝0）	0.148	0.355
健康状况	健康状况（很差＝1；差＝2；一般＝3；好＝4；很好＝5）	3.471	1.023
政治面貌	政治面貌（党员＝1；其他＝0）	0.043	0.202
户主性别	家庭户主性别（男＝1；女＝0）	0.924	0.264
户主年龄	家庭户主年龄（岁）	53.649	10.295
户主婚姻状况	家庭户主婚姻状况（未婚＝1；其他＝0）	0.014	0.118
户主受教育程度	家庭户主受教育程度（高中及以上＝1；高中以下＝0）	0.131	0.337
户主健康状况	健康状况（很差＝1；差＝2；一般＝3；好＝4；很好＝5）	3.519	1.002
户主政治面貌	家庭户主政治面貌（党员＝1；其他＝0）	0.084	0.278
家庭总人数	家庭人口总数（人）	5.064	2.042
家庭男性比	家庭男性成员人数占比	0.514	0.151
家庭抚养比	家庭中 16 岁及以下和 60 岁及以上家庭成员占比	0.335	0.247
家庭收入	家庭的年收入（元，取自然对数）	9.027	2.544
家庭是否从事工商业经营	家庭是否从事工商业经营（是＝1；否＝0）	0.447	0.497
新农合成员比重	家中参加新型农村合作医疗成员比例	0.849	0.315

（续）

变量	定　义	均值	标准差
新型农村养老保险成员比重	家中参加新型农村社会养老保险成员比例	0.536	0.447
宗族状况	村庄中是否有宗祠祠堂（是＝1；否＝0）	0.695	0.460
村庄总户数	村庄中的总户数（户，取自然对数）	6.302	0.753
村庄务农劳动力占比	村庄中从事农业劳动的人数占比	0.661	0.340
村庄耕地面积	村庄中耕地总面积（亩，取自然对数）	7.315	1.672
村庄非农经济	村庄是否有非农经济（是＝1；否＝0）	0.240	0.427
村庄距县城距离	村庄距县城距离（千米，取自然对数）	2.956	0.854
平原	是否平原（是＝1；否＝0）	0.481	0.500
丘陵	是否丘陵（是＝1；否＝0）	0.255	0.436

（三）描述性证据

基于 CLDS 2018 年数据，表 4-2 描述了不同地权稳定性状况下村庄农民的社会交往频率、人情礼金支出和农地熟人交易情况的差异。由表 4-2 可知：首先，相比于未发生过农地调整的村庄，发生过农地调整的村庄农户的圈内交往频率和圈外交往频率均更高。其次，发生过农地调整的村庄农户的人情礼金支出更多，平均高出 590.808 元。最后，发生地权调整的村庄内农地熟人交易更为盛行。以上表明，地权稳定性缺位可能是强化农民社会交往频率、塑造村庄关系型社会形态和人格化交易秩序的重要诱因。

表 4-2　2003 年以来不同农地调整发生情况村庄的社会网络关系特征

变量	圈内交往频率（1～4 赋值）	圈外交往频率（1～4 赋值）	人情礼金支出（元）	农地熟人流转户数占比（%）	农地熟人流转面积占比（%）
发生农地调整	3.237	2.479	3 498.476	13.475	13.594
未发生农地调整	3.106	2.312	2 907.668	12.157	10.097

（四）模型构建与说明

本研究旨在考察农村地权稳定性对村社成员交往关系和村庄社会形态

的影响，具体研究农村地权调整发生及其程度对农民村社交往半径、人情世故礼金支出以及农地熟人流转的影响。为此，识别如下模型：

$$Y_i = \alpha_0 + \alpha_1 C_i + \sum_{j=1}^{28} \alpha_j X_{ij} + \varepsilon_i \qquad (4-1)$$

式中，Y_i 表示农民圈内交往频率和圈外交往频率。C_i 表示农地调整，使用村庄农地调整发生及其发生程度共同衡量。X_{ij} 表示所有控制变量，j 表示控制变量的个数。α_0 表示常数项。ε_i 表示随机扰动项，并假定其满足正态分布。由于被解释变量为排序变量，因此，本研究采用有序 Probit 模型进行估计。

四、结果与分析

（一）地权稳定性与农民村社交往频率

表 4-3 给出了有序 Probit 模型的回归结果，展示了村庄的农地调整发生情况对村庄内农民圈内交往频率和圈外交往频率的影响。表中展示的是估计系数，并不是边际效应，边际效应则在下文中单独计算并分析。从表 4-3 中可以发现：农地调整均在 1% 显著水平上正向影响村社农民的圈内交往频率和圈外交往频率，这表明，发生农地调整的村庄内农民不仅会提升与近亲的人情交往频率，而且会构筑与村内非亲友群体之间更为密切的人情互动关系。这也验证了，农村土地产权稳定性的长期缺位是中国乡村社会内部群体成员之间社会网络关系、人情交往格局形成的重要诱因。其他控制变量的影响，从中发现，村庄存在宗族会显著弱化村民的圈内交往频率，强化圈外交往频率。可能的原因是，血缘亲情的基础决定了宗族内部成员的权利纠纷往往可以遵循一套族规或秩序加以解决和处理，但对非亲友间的利益竞争缺乏约束力。因此宗族保护将减弱形式化的圈内交往频率，而基于权利排他以提升圈外交往频率。务农劳动力占比越高的村庄会同时提升村社成员的圈内交往频率和圈外交往频率，务农劳动力的较高比重往往意味着土地及其农事活动的重要性提升，而农民基于土地禀赋的竞争与排他关系决定了农民开展并维系村社内的社会交往活动。此外还发现，村庄距县城距离越远，农民的圈内交往频率和圈外交往频率越高，其原因在于，在偏远村落中非正式制度和可自我实施的村庄私序起着举足轻

重的作用，农民的社会交往活动发挥着保护权利、抵御侵犯，强化生活稳
定性的重要功能。

表 4 - 3　农地调整对农民村社交往频率的影响

变量	圈内交往频率	圈外交往频率
农地调整	0.175*** (0.060)	0.284*** (0.055)
性别	−0.049 (0.046)	−0.140*** (0.044)
年龄	0.004 (0.003)	0.005* (0.003)
婚姻状况	−0.452*** (0.153)	−0.235 (0.154)
受教育程度	−0.093 (0.080)	−0.089 (0.078)
健康状况	0.023 (0.027)	0.054** (0.027)
政治面貌	0.156 (0.119)	−0.028 (0.123)
户主性别	0.171* (0.092)	0.004 (0.085)
户主年龄	−0.003 (0.003)	−0.001 (0.003)
户主婚姻状况	0.048 (0.196)	0.030 (0.242)
户主受教育程度	0.149** (0.075)	0.106 (0.076)
户主健康状况	0.008 (0.028)	0.024 (0.027)
户主政治面貌	−0.110 (0.085)	−0.037 (0.088)
家庭成员数	0.010 (0.012)	0.010 (0.012)
家庭男性比	0.328** (0.156)	−0.032 (0.150)

（续）

变量	圈内交往频率	圈外交往频率
家庭抚养比	−0.341***	−0.068
	(0.096)	(0.089)
家庭收入	0.009	0.013
	(0.009)	(0.009)
家庭是否从事工商业经营	0.004	0.028
	(0.046)	(0.044)
新型农村合作医疗比重	0.232***	0.112
	(0.078)	(0.076)
新型农村社会养老保险比重	0.119**	0.047
	(0.054)	(0.051)
宗族状况	−0.147**	0.126*
	(0.072)	(0.068)
村庄总户数	0.086**	−0.012
	(0.040)	(0.039)
村庄务农劳动力占比	0.163*	0.313***
	(0.095)	(0.088)
村庄耕地面积	−0.033*	−0.003
	(0.020)	(0.018)
村庄非农经济	0.166**	0.063
	(0.072)	(0.066)
村庄距县城距离	0.060*	0.151***
	(0.032)	(0.031)
平原	−0.101	−0.001
	(0.068)	(0.067)
丘陵	0.009	0.186***
	(0.068)	(0.069)
区域虚拟变量	控制	控制
观测值	2 845	2 845
Pseudo R^2	0.060	0.066

注：*、** 和 *** 分别代表在 10%、5%、1% 的统计水平上显著；括号内为稳健标准误，下同。

考虑到有序 Probit 模型的参数只能从显著性程度和影响方向上给出有限信息，因此，本研究计算出农地调整对农户交往频率取值概率的边际效应，如表4-4所示。由表4-4可知，首先，发生农地调整的概率增加1单位，村庄亲友办喜事极少去、少部分去、大部分去送礼的概率分别平均减少1.2%、2.1%和3.6%，全部去送礼的概率平均增加6.9%。其次，发生农地调整的概率增加1单位，村庄非亲友办喜事极少去和少部分去送礼的概率分别平均减少8.7%和2.6%，大部分去和全部去送礼的概率平均增加3.8%和7.5%。可见，边际效应的分析也验证了上文分析的结论，虽然在两类群体中地权稳定性的影响方向一致，但地权稳定性对强化圈内交往频率的影响程度更大。

表4-4 农地调整对圈内与圈外交往频率的边际效应

圈内交往频率	极少去	少部分去	大部分去	全部去
农地调整 dy/dx	−0.012*** (0.004)	−0.021*** (0.007)	−0.036*** (0.012)	0.069*** (0.024)
圈外交往频率	极少去	少部分去	大部分去	全部去
农地调整 dy/dx	−0.087*** (0.017)	−0.026*** (0.005)	0.038*** (0.008)	0.075*** (0.015)

（二）稳健性检验

1. 替换核心解释变量

本部分从近一年来的地权调整情况刻画地权稳定性，使用农地调整程度并加入全部控制变量重新刻画被解释变量。估计结果显示[①]，无论是农民的圈内交往频率还是圈外交往频率，农地调整发生及调整幅度越大的村庄，农民社会交往频率越高，从而表明本研究基准估计结果稳健。

2. 使用人情礼金支出重新刻画被解释变量

中国农村社会历来被视为是关系型社会，也普遍称之为熟人社会、人情社会。村社成员缔结彼此熟识的关系网络，共享村社生活的基本秩序、常识和彼此建构生存的运行系统，由此生成并存续人情关系的土壤（宋丽娜，2012）。中国传统社会中维系感情、搭建人情关联的重要媒介是节日或者婚丧嫁娶时互赠的礼品或金钱（马光荣和杨恩艳，2011）。因此，村

---

① 稳健性检验结果未在正文中列示，留存备索，下同。

社网络关系密度往往可以使用人情随礼的金额进行表征（何军等，2005；杨汝岱等，2011）。本部分使用 CLDS 问卷中"礼品和礼金支出总额"作为农民社会网络关系密度的代理变量并加入家庭特征和村庄特征控制变量重新刻画被解释变量。估计结果显示，农地调整均在 5% 的水平上显著正向影响农户人情礼金支出。这一估计结果进一步支持了本研究的基本逻辑。

3. 基于村社经济交易行为的考察

村社中的经济交易活动是中国农民生活的重要内容，其中，土地经营权的交易最具代表性。土地是农村最为重要的生产资料，是农民的命根子，地权交易的首要准则是要保障地权的安全性和收回的便宜性。由此，以人情关系和声誉机制维系的熟人交易成为农民化解地权风险的优选形式，人情规则成为农户间经济活动的重要规则，且血缘、地缘和亲情关系越紧密的主体往往成为交易缔约的首选对象（罗必良和刘茜，2013）。本部分使用农地熟人流转并加入村庄特殊控制变量进一步考察地权稳定性的行为响应。估计结果显示，农地调整发生会显著增加村内熟人流转主体数量和土地规模。从而表明地权稳定性不足是村庄社会熟人交易形态存续的重要诱因。

五、内生性问题与进一步讨论

（一）内生性问题的分析

1. 基于工具变量法的检验

本研究引入农地调整变量可能产生内生性问题。为有效解决内生性问题，本研究采用县内其他村庄的农地调整率作为工具变量。理论上说，集聚层数据作为工具变量是合适的工具变量，同县其他村农地调整的示范作用会影响到本村农地调整，但是，村庄是中国农民社会生活的基本组织单位，村庄组织文化在村社成员的行为决策中发挥了不可忽视的作用，长期聚居生活形成了村庄的基本秩序。实际上，本村以外的村庄对于农民而言是不同的生活单位，并具有明显的行为差异与生活界限。这意味着，本村农户的行为观念并不会直接受到其他村庄的影响，本村外其他村庄发生农地调整也并不会直接影响到本村农户的行为预期。因此，满足工具变量选择标准。由表 4-5 可知，弱工具变量检验和识别不足检验表明，本研究所采用的工具变量不存在弱工具变量和识别不足问题。工具变量法的估计结果表明，相比于地权较为稳定的村庄，地权稳定性不足的村庄内农民具有更高程度的圈内交往频率和圈外交往频率。这一结果也与基准回归的结果相一致。

表 4-5　基于工具变量法的再检验

变量	圈内交往频率	圈外交往频率	变量	圈内交往频率	圈外交往频率
农地调整	0.283*** (0.053)	0.223*** (0.050)	弱工具变量检验	1.7e+04	
控制变量	控制	控制	工具变量	5.828*** (0.309)	
区域虚拟变量	控制	控制	观测值	2 845	2 845
识别不足检验	2 445.084***		Wald chi²	174.59***	160.18***

2. 基于 PSM 方法的再估计

为了克服可能存在的自选择问题，本研究使用倾向得分匹配法（PSM）重新估计农地调整对农民交往频率的影响。①将发生过农地调整的村庄界定为实验组，将未发生农地调整的村庄界定为控制组。②基于表 4-1 中控制变量将农民的个体特征、家庭特征和村庄特征等因素纳入模型，以保证可忽略性假设得到满足，并使用 Logit 模型估计倾向得分值。③由于不同匹配方法无优劣之分且均会存在一定测算误差，若使用多种匹配方式后获得的结果具有一致性，则意味着匹配结果稳健，样本有效性良好（陈强，2014）。因此，为增强研究结论的可靠性，本研究分别进行最近邻匹配、半径匹配和核匹配三种匹配策略，估计农地调整的平均处理效应（ATT）如表 4-6 所示。由表 4-6 可知，农地调整会显著提升圈内交往频率和圈外交往频率。由此进一步验证上文估计结果稳健。

表 4-6　基于倾向得分匹配法的再估计

变量	匹配方式	ATT	变量	匹配方式	ATT
圈内交往频率	最近邻匹配	0.149*** (0.040)	圈外交往频率	最近邻匹配	0.307*** (0.056)
	半径匹配	0.172*** (0.035)		半径匹配	0.391*** (0.076)
	核匹配	0.167*** (0.034)		核匹配	0.386*** (0.083)

（二）进一步的讨论

1. 基于农地调整发生机制的讨论

在中国农村土地集体所有的制度框架内，农民成员权的天赋性和公平性决定了赋权均分的必然性，农地调整曾一度成为农村地区的普遍现象（李尚蒲和罗必良，2015）。地权调整绝大多数是在人地关系发生变化后对要素分配不平等的响应。这意味着，随着村庄新生人口和死亡人口的增加，农地调整的需求更为强烈，由此导致地权不稳定的潜在隐患。本部分仍沿用前文的估计模型，基于村庄人地关系变动，从地权调整发生机制的角度进一步识别地权稳定性对农民社会交往关系的影响。表4-7中村庄新生和死亡人口的估计系数均显著为正，可见村社人口变动确实提高了农民村社交往紧密度，并且在控制村庄新生与死亡人口变量之后，解释变量依然具有正向显著性且估计系数变大。可能的解释是，农地调整是一种地权"均分"机制，村庄人口变动诱发的人地关系改变将提升农地调整发生的可能性，从而动摇村庄地权稳定性状态，自然强化地权调整对农民村社交往频率的正向影响。

表4-7　基于村庄新生与死亡人口变动的讨论

变量	圈内交往频率		圈外交往频率	
农地调整	0.175***	0.182***	0.284***	0.290***
	(0.060)	(0.062)	(0.055)	(0.058)
村庄新生与死亡人口		0.002**		0.002**
		(0.001)		(0.001)
控制变量	控制	控制	控制	控制
区域虚拟变量	控制	控制	控制	控制
观测值	2 845	2 768	2 845	2 768
Pseudo R^2	0.060	0.062	0.066	0.064

2. 基于人地矛盾历史遗产的社会效应考察

从中国长期的历史进程来看，中国农村地权不稳定的问题一直存在。千百年来农村地权不稳定的历史沉淀和制度遗产也必然成为形塑农民经济社会交往秩序的核心因素。本研究从经济史学的角度，以中国历史土地集中度刻画人地矛盾以表征地区的地权稳定性情况。表4-8的估计结果显示，无论是按照100亩农户占比衡量土地集中度（集中度1）还是按照50亩占比衡量土地集中度（集中度2），地权稳定性不足均会显著提升村社交往频率。

表4-8 历史土地集中度对农民村社交往频率的影响

变量	圈内交往频率		圈外交往频率	
集中度1（100亩）	0.367***		0.514***	
	(0.063)		(0.062)	
集中度2（50亩）		0.220***		0.309***
		(0.038)		(0.037)
控制变量	控制	控制	控制	控制
区域虚拟变量	控制	控制	控制	控制
观测值	2 201	2 201	2 201	2 201
Pseudo R^2	0.057	0.057	0.084	0.084

3. 强化地权竞争性：知识资本和性别差异的力量

（1）知识资本在地权竞争中的力量强化功能。在中国传统社会，通过教育进入体制内工作历来被视为是主要的社会价值和乡村追求的理想（Kulp，1925；萧公权，2014），具有体制内就业成员的农户在农村社会中往往具有较高声望、地位和权利，这不仅是一件荣耀的事，而且这种"炫耀性"的信号显示能够强化利益博弈中的谈判优势。本研究基于"受访者从事职业的类型"[①] 的问项结果拟合出家庭成员中是否有在体制内单位工作的成员，分别对两类主体进行估计。表4-9的估计结果显示，在无体制内就业成员的农户中，地权稳定性对农民村社交往半径的影响与基准回归一致，但是，在有体制内就业成员的农户中，地权稳定性不足并未表现出提升圈内交往频率的明确影响。可能的解释是，体制内就业所强化的地权竞争力量形成了对于村社交往以

---

① "受访者从事职业的类型"的问项包括：①党政机关、人民团体、军队；②国有/集体事业单位、国有企业；④集体企业、村居委会等组织；⑤民营、私营企业；⑥外资、合资企业；⑦民办非企业、社团等社会组织；⑧个体工商户；无单位的类型包括⑨务农；⑩自由工作者。本研究将①～④界定为体制内工作，其他界定为非体制内工作。

竞争地权的功能性替代。

表4-9 基于体制就业信号显示的功能性讨论

变量	有体制内成员		无体制内成员	
	圈内交往频率	圈外交往频率	圈内交往频率	圈外交往频率
农地调整	0.183	0.481*	0.167***	0.241***
	(0.249)	(0.251)	(0.065)	(0.059)
控制变量	控制	控制	控制	控制
区域虚拟变量	控制	控制	控制	控制
观测值	229	229	2 616	2 616
Pseudo R^2	0.191	0.148	0.065	0.068

（2）男性是传统社会中力量和权利的象征。男性有着与生俱来的斗争优势，而且在传统文化中，父系社会性质决定了男性在社会上具有较高地位、力量和权利，农户家庭在村落经济活动中的竞争能力也主要由男性表达（朱文珏和罗必良，2020）。因此，拥有更多男性的农户家庭往往具有更强的地权竞争力量。本研究按照村庄家中成年男性的平均数将农户家庭分为高成年男性组和低成年男性组两级进行回归，回归结果如表4-10所示。由表4-10可知，在高成年男性组中，农地调整并未表现出对圈内交往频率的显著强化作用，但依然会强化圈外交往频率，从而刻画出农村男性在地权竞争中的重要作用。

表4-10 基于男性力量在地权博弈中功能的讨论

变量	高成年男性组		低成年男性组	
	圈内交往频率	圈外交往频率	圈内交往频率	圈外交往频率
农地调整	0.108	0.453***	0.262***	0.174**
	(0.091)	(0.085)	(0.085)	(0.078)
控制变量	控制	控制	控制	控制
区域虚拟变量	控制	控制	控制	控制
观测值	1 403	1 403	1 442	1 442
Pseudo R^2	0.071	0.081	0.073	0.069

4. 强化地权排他性：行政权威和法律赋权的力量

（1）行政权威强化地权排他性。中国农村不仅是充满非正式制度的社会单元，也是国家基层治理的行政单元。随着地方行政体制改革，"乡政"对"村治"的监管成为乡村治理的重要导向。但是，就逻辑上而言，越是偏远的村落，非正式秩序的影响可能越大（仇童伟和罗必良，2021）。本部分使用村庄是否在乡镇政府所在地来刻画非正式力量的影响强弱。表 4-11 的估计结果发现，距离乡镇政府越远的村庄，地权不稳定将显著强化农民的村庄社会交往。但是，在乡镇政府所在地的村落中，地权不稳定甚至会抑制农民村社网络关系的扩大。这是因为，基层行政权威不仅可以有效制约村庄地权侵犯，而且可以形成规范、有序且得以实施的正式规则和行动秩序。

表 4-11　基于政府权威在地权博弈中功能的讨论

变量	村庄在乡镇政府所在地		村庄远离乡镇政府所在地	
	圈内交往频率	圈外交往频率	圈内交往频率	圈外交往频率
农地调整	−0.464	−3.732**	0.266***	0.319***
	(1.695)	(1.598)	(0.064)	(0.059)
控制变量	控制	控制	控制	控制
区域虚拟变量	控制	控制	控制	控制
观测值	303	303	2 542	2 542
Pseudo R^2	0.129	0.176	0.069	0.066

（2）法制保护强化地权排他性。2009 年试点并于 2013 年推广的新一轮农地确权颁证政策被视为维护地权稳定与安全的最为重要的政策举措。农地确权通过法律赋权的方式，以法律证书的形式明确农户与土地之间的关系。这意味着，地权的明晰与稳定将会弱化农民基于地权保护的非正式力量缔结，尤其是基于强化地权排他性构筑的非亲友关系社会网络存续的基础被解构。表 4-12 的估计结果显示，农地确权实施将会弱化圈内交往频率，会显著降低圈外交往频率。农地确权与农地调整是相对应的一组命题，表 4-12 的结果也进一步验证本研究基本逻辑的科学性。

表 4 - 12　农地确权对农民村社交往频率的影响

变量	圈内交往频率	圈外交往频率	变量	圈内交往频率	圈外交往频率
农地确权	−0.140 (0.147)	−0.292** (0.119)	观测值	1 683	1 683
控制变量	控制	控制	Pseudo R^2	0.080	0.085
区域虚拟变量	控制	控制			

六、结论与讨论

乡土中国的农村社会长期是一个以熟人网络、人情关系为主要形态的生活单元，这样的社会形态具有重要的土地情节和地权含义，其形成、存续和演化的根源与农民的地权关系紧密关联。笔者认为，地权稳定性缺位内含的地权风险和生存风险将激励农民构建村社人情关系，强化家庭地权竞争力和排他性，这也是农村关系型社会形态得以形成的产权经济学逻辑。

（一）主要结论

相比于未发生农地调整的村庄，发生过农地调整的村庄内的农民具有更高的亲友圈内交往频率和非亲友圈外交往频率。随着农地调整程度的加剧，农民将显著强化村社亲友和非亲友的人情关系。进一步证据表明，地权稳定性不足的历史遗产也将激发农民与村社亲友、非亲友的人情往来。此外，笔者还发现，家中有体制内工作人员和家庭成年男性数量是强化农户地权竞争力量的重要砝码，对农民开展的基于地权竞争的亲友圈内社交具有功能性替代作用。村庄距离行政中心越近以及产权的法律保护可以有效强化农民地权排他性，从而弱化农民基于维护地权排他而构筑的圈外社交关系。笔者强调，中国农村社会交往格局及其形成的关系型村社形态隐含着深刻的产权经济学逻辑。其中，村社圈内交往和圈外交往具有不同的产权意蕴。

（二）进一步讨论

中国农村社会历来被视为是一个具有"差序格局"特征的熟人社会与关系社会，其形成不仅是基于地理空间概念中聚居所成的客观形态，农村社会群体生存韧性不足也是农民主动缔结关系的重要诱因。尤其是，土地作为中国农村最为重要的生产资料，其稳定性与安全性状态是影响农民生存安全与稳定的重要内容，也成为农民维系村社交往的重要制度逻辑。但是，农村的熟人社会形态并非截然二分，而表达为村庄内部的"差序格局"，村内存在亲友群体和非亲友群体亲疏远近的"波纹"关系，农民的社交活动也包括亲友间的圈内交往和非亲友间的圈外交往。

从地权博弈的角度重新审视，两类交往具有不同的产权逻辑。实际上，农村地权的调整与分配是基于村庄内部人地关系的存量分割，村社成员既是享益主体，也是竞争主体，还可能是地权侵犯的潜在主体。基于"差序格局"的特征而言，农民主要维系着亲族和家族网络的合作互助模式，实现风险共担和利益共享，通过提升圈内交往频率、密切亲友交往关系，强化地权保护和竞争力量。虽然，亲友在逻辑上也可能成为地权侵犯的主体，但家族内部的道德约束和群体性惩戒规则往往会形成刚性制约机制。但村庄非亲友就成为地权租值攫取的竞争对手和地权排他的主要对象。提升圈外交往频率能够达成地权不被侵犯的隐性契约，形成产权的社会认同，提升产权强度以强化地权排他性。因此，农民村社交往活动可能具有不同的产权意蕴。

（三）政策启示

乡土中国的广大村落在通常的研究中往往被定义为"熟人社会"或"人情社会"，其基本行为逻辑呈现出"差序格局"的特征。但是，中国的村庄一般由多个姓氏群体、不同宗族家族共同聚居而成，族亲的边界将圈内和圈外划分为两类群体并遵循着不同的社会交往逻辑。探究村社内部不同群体的社会交往内含的联系和差别，将有助于识别村庄交往出现的问题，制定有效的策略以实现乡村善治。本研究的政策启示是：第一，稳定地权、明晰界定产权边界已成为我国农村地权制度改革的核心线索。随着时间渐远、代际传承，农村地权调整与再分配将逐步成为历史遗产，农地产权从调整走向稳定、从模糊走向明晰，农民产权从羸弱走向强化的过程中，农村社会密切的社会交往关系可能出现一定程度的松动和撕裂，降低人情隐性契约的约束效率。这需要基层政府强化乡风传统管理和宣传，开展村社集体活动以提升村民情感互动，维系并发扬村庄有益文化资源；第二，传统农村社会成员的社会交往活动具有保护产权的行为逻辑，这也印证了推动地权法制化，提升农民产权强度的合理性和合意性，因此，政府应坚持地权法制治理、保障农民土地权利的改革方向，形成农村土地禀赋的国家法律赋权、村庄社会认同和农民行为能力相匹配的地权保障机制；第三，乡土中国读书重教一直是普遍的社会价值偏好，教育具有重要的信号显示作用，是强化农民家庭权利竞争力量的重要砝码，国家应持续重视乡村教育，尤其要维护教育公平。

<<<……第二部分

经历与制度效应

第 5 章　饥荒经历、禀赋效应与农地流转

内容提要：中国农村的土地市场并非简单的要素流转市场。其中，农民对土地的禀赋效应被视为农地流转不畅及其关系型交易的根源。进一步的问题是，禀赋效应源于何处或者说是否具有情境依赖性，则是一个悬而未决的议题。本研究从饥荒经历探究禀赋效应的生成机理以及影响农地流转的决定机制。结合全国 9 省份的农户问卷，利用中介效应模型进行计量分析，结果表明：①饥荒经历会降低农户的农地转出合约签订意愿。②饥荒经历是通过提高农民对农地的禀赋效应而作用于缔约意愿的。③非农打工经历能够降低农民饥荒记忆对农地产生的禀赋效应，强化农户农地转出的缔约意愿，促进农地流转。本研究为我国农地流转不畅提供了一个新的解释。化解农地流转不畅的难题，不仅需要从经济手段入手进行诱导，而且更有必要从社会保障与公共政策援助方面做出努力。

一、引言

通过鼓励农地集中流转，推进规模经营，化解土地细碎化和分散化经营格局是我国近 20 多年来农地政策的重要导向。然而，多年政策努力并没有改变我国农地流转市场的低效率问题。2006 年至 2017 年尽管平均农地流转率增速高达 20.53％，但同期农地租金年均上升速度是 24.6％。更为重要的是，农地流转主要发生于亲友邻居、同村普通农户之间，其占全部农地流转面积的比例高达 88.48％。且熟人之间的土地流转，将近 90％的土地流转没有签订正式合约（洪炜杰和胡新艳，2018）。可见，农地流转市场主要表现为"村落里的熟人"间的关系型流转，呈现非契约化特征，本质上依然是小农的复制。

围绕农地流转的约束机制，已有文献进行了多方面的深入讨论。其中，最主要的是地权残缺和农地社会保障功能假说（李俊高和李俊松，2016；罗必良，2014；徐珍源和孔祥智，2010），然而，随着多年农地制度改革和非农收入的持续增加，农地流转市场发育并不符合预期。罗必良（2014）认为农户对农地不仅仅具有生存理性意义上的保障依赖，更重要的还有心理依赖和情感依赖，因此通过保障功能的替代并不是解决问题的全部。在中国，人地关系的严酷性使土地历来被农民视为"命根子"，土地对于农民而言表现出强烈的人格化财产特性，进而引发农户对农地产生禀赋效应。因此，我国农地流转市场不是一个纯粹的要素市场，而是包含着亲缘、地缘、人情关系的特殊市场，具有特殊的交易性质。从这个角度而言，由于农户的农地转出所获得的经济收入无法填补"失去农地"的痛苦所带来的"缺失感"，所以农户倾向于保有农地的在位控制权，从而可能导致农地流转"流而不畅"并表现为关系型交易，成为现实中的基本常态（钟文晶和罗必良，2013；朱文珏和罗必良，2018）。

那么，农民产生禀赋效应的根源是什么？这一追问仍未得到学界的重视。禀赋效应的本质是损失规避，人们对该物品的需求越高，禀赋效应也会相对越高。因此，土地的稀缺性以及农民对土地的依附性往往被学者们视为农地禀赋效应的生成根源。问题是，随着农业劳动力的非农转移与农村人口的逐步城镇化，尤其是在农民收入中来源于农业经营的比重不断下降，农民以农为主、依地生存的农耕格局已经发生根本性改变，农地对于农民的生存意义及其重要性正在不断弱化。可见，农民对于农地的禀赋效应可能并非单纯来源于对农地现实功能的需求。

从行为经济学角度来说，禀赋效应与信息的价值判断具有重要联系。关于物品的信息价值包含了实际价值和主观价值两个方面。实际价值与生存境况相关，而主观价值则与经历及其记忆相关。因此，不同的人因经历的不同会使其对物品的信息价值判断不一样（Ahituv and Neumann，1986）。类似地，农户对于农地的主观评价不仅仅和农地的现实重要性相关，而且与农户的经历也密切相关。农户之所以对农地具有禀赋效应，可能更多源于农户在主观上判定农地是重要的。一个有趣的发现是，个体幼年时期的经历所带来的记忆会对其成年行为决策产生持久性影响，即使是在农地流转市场环境下，该发现依然有效（汪险生和郭忠兴，2018）。记忆偏好理论（preferences-as-memory，PAM）认为，人们的决策往往偏好于从记忆中提取相关的知识（包括偏好、态度、属性、情节或者事件），而经历与知识会使得个体在决策过程中形成偏差（Weber and Johnson，2006）。饥饿显然是印象深刻的知识积累。由此本研究推测，饥荒经历会在很大程度上使得农户个体更加珍惜农地，其对饥饿的预防性动机将强化农户对农地的主观价值评价，并由此提升禀赋效应进而抑制农地流转。基于此，本研究推测发生于 1959—1961 年三年困难时期的饥荒及其记忆，会强化农民对农地的情感依赖，是禀赋效应的重要来源。

尽管部分文献注意到禀赋效应是抑制农地流转的重要原因，但对禀赋效应产生的深层原因缺乏深入讨论。尽管已有少量的研究关注到饥荒经历对农户农地流转的影响，但关于作用机理的研究尚有不足。为此，本研究通过构建"饥荒经历—禀赋效应—农地流转"的理论框架，重点关注饥荒经历，进一步探究禀赋效应影响农地流转的生成机理。本研究的边际贡献在于弥补上述两个方面的不足。

二、禀赋效应、饥荒经历与流转合约

（一）禀赋效应、痛苦感受与个人经历

禀赋效应是由 Thaler 提出来的，它是指人们一旦拥有某种物品就会对其给予更高的评价，即相对于获得该物品所带来的效用，放弃该种物品所损失的效用更大（Thaler，1980）。通常情况下以行为主体对该物品的意愿卖价（willingness to accept，WTA）和意愿买价（willingness to pay，WTP）的比值进行衡量。比值越大，则禀赋效应越强。禀赋效应存在的原因在于个体会对物品产生情感依附，人们对于某种物品的情感依附程度越深，其禀赋效应就相应越高。当一项财物的损失所造成的痛苦不能通过财物的替代得到减轻，那么这项财物就与其持有者的人格密切相关，而物的"人格化"就是情感依附的结果，禀赋效应将诱导物品持有者比其他人付出更大的努力去保护其"人格化"财物（董志强和李伟成，2019）。

钟文晶和罗必良较早将禀赋效应概念引入中国农村土地流转市场的研究，认为禀赋效应是造成中国农地流转不畅的重要原因之一（钟文晶和罗必良，2013）。他们认为农地对于农民而言不是简单的可替代物品，而是

农民的人格化财产。这意味着，农地流转并非简单的物品交易，而是人和已经人格化了的物之间的分离，其剥离过程必定因为禀赋效应的存在而产生更多的"痛苦"。正因为如此，农民在进行农地流转的时候会索要更高的价格以弥补这种"痛苦"，从而在一定程度上诱致农地流转不畅。

然而，对于中国农地流转市场中的禀赋效应现象由何而来，却少有文献论及。我国农业从业人员的占比已经由 1978 年的 70.5％下降到 2017 年的 27％；农户收入来源于家庭经营收入的占比已经由 1985 年的 75.02％减少到 2017 年的 37.43％；家庭收入全部来自农业的纯农户比例在 2017 年已经减少到 10.3％。农民对土地的依存度不断减弱，意味着禀赋效应并非来源于农户对农地的现实需要，而可能更多是源于农民对土地的情感依附。农民的情感依附与其个人经历有关。尤其是那些"关乎生死"的经历，不仅会给人们留下深刻的记忆，而且对其后续的行为选择将产生持久影响。

农地最为基本的功能在于保障人们的"温饱"，对于那些曾经经历过严重"饥饿"威胁的农民来说，农地的重要性不仅会越发凸显，而且会形成强烈的情感依附。农民越是担心"饥荒"的再次发生，这种感情依附的存续时间就会越久远。所以，Johnson 等（2007）强调，禀赋效应是由于买方和卖方在信息处理中因记忆内容存在差异而导致的。农民之所以在非农就业转移的情况下，仍对农地具有强烈的情感依附，则可能源于其曾经所遭遇过的饥荒经历，从而对农地产生禀赋效应。

（二）饥荒经历、生存风险与农地依赖

程令国等（2011）利用 2002 年 CHIPs 数据发现，早年的饥荒经历会对人们的身心发展造成缺失补偿心理，进而会引起非理性与预防性的决策行为。汪小圈等（2015）则发现幼年经历较为严重饥荒的个人更不愿选择自主经营，进行金融风险投资的意愿会更低，且该部分群体表现出较高的风险厌恶程度和较低的风险承担能力。对农业领域的研究表明，早年的饥荒经历会导致农户形成更为强烈的风险厌恶心理及预防性心理动机。饥荒记忆会使得经历过饥荒地区的人口较之其他地区的人口更加珍惜粮食。因此，饥荒记忆不仅源于人们的实际经历，而且还源于区域性的群体认知。进一步的分析证明，具有饥荒经历的干部（县长）在财政支出方面会更多

地支持农业的发展；经历过饥荒的农民将更加支持家庭承包制，原因在于该制度能够保障温饱，降低生存风险；饥荒经历会强化农民对农地的情感依赖，从而使得农户租出农地的可能性更低（罗必良和洪炜杰，2019；汪险生和郭忠兴，2018）。

总体来说，饥荒经历不仅在当时造成灾难，而且对后续也产生深刻的影响。其一是使得经历饥荒的农民变得更为规避风险，特别是担心饥荒的再次发生；其二则是加强了饥荒经历者对农村土地的情感依附，加强农户对农地的在位控制偏好。

（三）饥荒经历、禀赋效应与农地流转合约

农地流转的本质是物品交易，从纯粹的要素市场角度看，当买卖双方的意愿价格达到均衡时就会产生交易。物品的价格由其使用价值决定。如前所述，物品的有价值的属性是多维度的。当交易双方根据物品的不同价值维度对其进行效用评价时，评价维度的不一致与偏差将导致有利于改善资源配置效率的市场均衡难以达成。在农地流转市场中，转入方相当于企业，农地对其而言是纯粹的生产要素，决定是否转入农地的根本在于转入的农地能够带来多少收益，因而侧重于对农地经济价值的评价。但是，作为拥有土地承包经营权的转出方即农户来说，其对农地的价值评价却是多维且复杂的，包含着经济价值、社会价值以及身份价值。单一的经济评价与多维的价值评价，显然难以达成市场出清的均衡价格。

"一朝被蛇咬，十年怕井绳"。具有饥荒经历的农民对于饥荒的再次发生会产生深刻恐惧，饥荒经历强化土地的生存保障功能，强化农民对土地的情感依附，使得农民难以和农地进行彻底的分离。由此使得农地具有"人格化"特征，这导致农民对于农地不仅仅是单纯的经济评价，而包含社会价值甚至是身份价值的评价，致使农民不愿意转出农地。即使进行农地流转交易，农民也会优先考虑流转合约的灵活性与可调整性，以便在形成饥荒预期时能够规避"失去"农地的风险。不可避免的是，前者导致了农地流转市场的发育滞后，后者诱导了农地流转的关系型合约。

以往研究通常用"农地是否流转"或"农地流转租金"来测度农地流

转市场发育及发育水平。很显然，饥荒的发生无疑会影响交易双方对农地的价值评价，从而可能提高整个农地流转市场的价格。在这种情况下，即饥荒经历会导致农民的禀赋效应增强，但当市场价格达到一定的水平，土地可能会流转。问题是，农民对土地的"意愿卖价"并非是真实的市场出清价格，因为这个"价格"与流转合约具有情境依赖性。显然，由于饥荒经历会强化农户的风险规避倾向和在位控制权，所以即使发生农地流转可能更倾向于选择有利于随时收回农地的交易合约。基于此，本研究聚焦于农地流转合约。因为饥荒经历是农民个人层面的变量，且禀赋效应表达的是农民对土地的态度，反映的是交易的意愿，所以本研究以农民农地流转的意愿合约形式作为被解释变量。

三、数据、变量与描述

（一）数据来源

数据来源于本课题组 2015 年初通过分层聚类方法进行的农户抽样问卷调查。具体的抽样过程是：首先，根据各省份总人口、人均地区生产总值、耕地总面积、耕地面积占辖区土地面积比例、农业人口占总人口比例和农业增加值占地区生产总值比例这 6 个指标进行聚类，结合中国三大地带和七大地理分区确定 9 个省份作为样本省份，包括东部地区的辽宁省、江苏省和广东省，中部地区的山西省、河南省和江西省，西部地区的宁夏回族自治区、四川省和贵州省；其次，根据上述 6 个指标对各省份的县级单位进行聚类，在每个样本省份分别抽取 6 个县（合计 54 个县），在每个县按经济发展水平随机抽取 4 个乡镇（其中，广东和江西分别抽取 10 个样本镇）；接着，在每个样本乡镇抽取 1 个代表性的行政村，在每个行政村随机抽取 2 个自然村；最后，在每个样本自然村按照农户年收入水平高低将农户分为 5 组，并在每组中随机挑选 1 户农户进行问卷调查。此次调查共发放问卷 2 880 份，回收问卷 2 838 份，其中有效问卷 2 704 份，有效率达 93.89%。

关于饥荒的相关数据参照了程令国等（2011）的测算方法对 2005 年全国 1‰人口调查数据进行刻画，该数据样本量为 1 705 万人，占全国总人口的 1.31%。

（二）变量选择及其定义

1. 被解释变量

农户的农地转出意愿。本研究重点考察饥荒经历如何影响农民农地流转的缔约意愿。在农地流转过程中，不管是口头合约还是书面合约都对农民具有不同程度的约束力。对于农民而言，正式合约意味着在一段时间内无法使用自己的土地，由于转出农地使得"在位控制权"减弱，农户更倾向于选择不签订合约以随时将土地收回。通过询问农户"转出农地时，希望签订什么样的合约"来获得相关数据，农户可以选择"不签订""口头合约""书面合约"，将"口头合约""书面合约"合并为愿意签订合约，赋值为 1；否则为不愿签订合约，赋值为 0。

2. 解释变量

一是饥荒程度。饥荒一方面造成人口的死亡，另一方面造成出生人口的下降。本研究参照程令国等（2011）对 2005 年全国 1‰人口调查数据的刻画方法进行测算。以地级市为单位，将饥荒之前三年（1956—1958年）和饥荒之后三年（1962—1964 年）的年均人口规模，作为正常年份的人口规模，标记为 P_{normal}，将饥荒三年（1959—1961 年三年困难时期）的年均人口规模视为饥荒年的人口规模，标记为 P_{famine}，进而利用公式计算各地级市的饥荒程度 $dhrate_i$：

$$dhrate_i = \frac{P_{normal_i} - P_{famine_i}}{P_{normal_i}} \qquad (5-1)$$

二是饥荒经历。本研究根据受访者的年龄将其划分为是否经历过饥荒（Exp），如果被访者出生于 1961 年及以前年份，即视其为饥荒经历者，赋值为 1（$Exp=1$）；反之，赋值为 0（$Exp=0$）。

3. 禀赋效应

通过询问农户"如果将耕地转给别人耕种，希望获得的最起码租金是多少"，由此获得农户的最低意愿转出租金（WTA）；询问"如果转入别人的耕地来耕种，你会给别人最高的租金是多少"，获取农户的最高转入意愿租金（WTP）。由于农户的 WTA/WTP 比值是一个连续变量，在调研过程中，由于存在某些农户强烈不愿意完整回答上述题项，因此该部分农户的最低意愿转出租金和最高意愿转入租金可能表现为缺失值或者异常值，而在模型构建的过程中，删除该部分农户的数值是不科学的。为此，本研究借鉴 WTA/WTP 测度的 59 个实验的结果。该试验表明，普通商品的平均 WTA/WTP 比值为 2.92，非普通商品的 WTA/WTP 比值相对更高，公共物品及非市场商品的平均 WTA/WTP 比值达到 10.41（Horowitz and McConnell，2002；Tunçel and Hammitt，2014）。基于中国特殊的国情，农地不仅具有普通商品属性且一定程度上具有公共物品性质，因此，如果 WTA_i/WTP_i 的数值介于 [1，10.41] 时，是可以被观察的，取原值。而根据现实情况，不可能存在比值小 1 的情况，因此当 WTA/WTP 小于 1 时，将其赋值为 1；当 WTA/WTP 大于 10.41 时可能存在缺失值或异常值，赋值为 10.41。

4. 控制变量

本研究控制农民的职业（是否务农、外出就业扶持政策评价）、养老方式（是否依靠子女赡养），并在这个基础上，参考以往研究，控制其他可能同时影响被解释变量和解释变量的因素，包括：①农户特征：访谈对象性别、被访者是否汉族；②家庭特征：农户家庭总人数、农户党员人数、农户村民代表人数、是否有种粮补贴、农业收入占比、转出耕地破损在意程度、转出耕地种植方式在意程度、是否生产粮食作物、农户是否接受非农就业技能培训；③农地特征：土壤肥力、灌溉条件；④村庄特征：县在本省的发展水平、离县城距离。各变量基本情况见表 5-1。

表 5-1 描述统计结果

变量	定义/赋值/单位	均值	标准差
是否愿意签订合约	是=1；否则=0	0.893	0.309
禀赋效应	转出意愿租金/转入意愿租金	1.928	2.3
是否经历饥荒	1961 年前出生赋值为 1；否则赋值为 0	0.25	0.433
饥荒程度	各地级市人口缩减率	0.375	0.12
被访者打工经历	是=1；否则=0	0.591	0.492
被访者性别	男=1；否则=0	0.363	0.481
被访者是否汉族	是=1；否则=0	8.675	1.513
被访者是否务农	是=1；否则=0	0.4	0.49
家庭总人数	人	4.518	1.861

（续）

变量	定义/赋值/单位	均值	标准差
农户党员人数	没有＝1；1 人＝2；≥2 人＝3	1.207	0.465
农户村民代表人数	没有＝1；1 人＝2；≥2 人＝3	0.173	0.379
养老依靠子女赡养	是＝1；否则＝0	0.705	0.456
是否有种粮补贴	是＝1；否则＝0	0.358	0.479
农业收入占比	农业收入占家庭总收入的百分比（％）	36.73	33.161
耕地破损在意程度	不在意＝1；一般＝2；很在意＝3	2.309	0.822
种植方式在意程度	不在意＝1；一般＝2；很在意＝3	1.659	0.783
是否生产粮食作物	是＝1；否则＝0	0.772	0.419
农户非农就业技能培训	是＝1；否则＝0	1.217	0.473
外出就业扶持政策评价	五级赋值：很不满意＝1；… 非常满意＝5	3.247	1.12
灌溉条件	很差＝1；较差＝2；一般＝3；较好＝4；很好＝5	3.105	1.019
土壤肥力	很差＝1；较差＝2；一般＝3；较好＝4；很好＝5	3.272	0.844
县在省的发展水平	很高＝1；比较高＝2；中游＝3；相对低＝4；很低＝5	2.794	0.811
离县城距离	千米	24.955	20.831

四、模型选择与实证分析

（一）模型选择

为了检验饥荒经历是否会通过提高农户的禀赋效应进而抑制农地流转，构造中介效应模型：

$$yyht_i = \alpha_1 + \delta_1 famine_i + \theta_1 Controls_i + \varepsilon_{1i} \qquad (5-2)$$

$$bfxy_i = \alpha_2 + \delta_2 famine_i + \theta_2 Controls_i + \varepsilon_{2i} \qquad (5-3)$$

$$yyht_i = \alpha_3 + \rho_1 bfxy_i + \delta_3 famine_i + \theta_3 Controls_i + \varepsilon_{3i} \quad (5-4)$$

式中，i 表示第 i 个农户，$yyht$ 表示是否愿意签订合约，$famine$ 代表饥荒（分别为是否经历饥荒、饥荒严重程度），$bfxy_i$ 表示第 i 个农户的禀赋效应，$Controls$ 表示其他控制变量。

本研究关心的是 $famine$ 的系数，如果 δ_1 显著为负则说明饥荒经历或者饥荒程度越严重会使得农户更倾向于不愿意签订合约；δ_2 显著为正，说明饥荒经历或者饥荒程度越严重会显著提高农户的禀赋效应；ρ_1 显著为负，说明经历过饥荒或者饥荒程度越严重的人群所产生的禀赋效应会显著使得农户更倾向于选择不签订合约。

（二）饥荒经历、禀赋效应与是否愿意签订合约

计量结果见表 5-2。其中，模型 1-1 估计的是饥荒对农户是否愿意签订合约的影响，模型 1-2 估计的是饥荒对禀赋效应的影响，模型 1-3 则分析三者之间的作用机制。

表 5-2　饥荒经历、禀赋效应与缔约愿意——中介效应模型分析

变量	是否愿意签订合约	禀赋效应	是否愿意签订合约
	模型 1-1	模型 1-2	模型 1-3
禀赋效应			-0.065***
			(0.013) [-0.011]
是否经历饥荒	-0.160*	0.263**	-0.145*
	(0.082) [-0.027]	(0.112)	(0.083) [-0.024]
其他控制变量	控制	控制	控制
观测值	2 704	2 704	2 704

注：*** $p<0.01$，** $p<0.05$，* $p<0.1$。括号内为稳健标准误，方括号内为相关变量对因变量的边际效应值。其他控制变量包括变量选择所提及的所有控制变量及省份虚拟变量，下同。

从模型 1-1 可以看出饥荒经历的系数为 -0.160，且在 10% 的水平上显著，边际效应为 -0.027。模型 1-2 中，饥荒经历系数为 0.263，在 5% 的水平上显著。模型 1-3 中将禀赋效应和"是否经历过饥荒"放在同一个模型中，发现禀赋效应和饥荒经历的系数分别为 -0.065、-0.145，且分别在 1%、10% 的水平上显著，其边际效应值分别为 -0.011、-0.024。三类模型结果说明了饥荒经历会显著影响农户的禀赋效应，进而使得农户倾向于选择不签订合约。

（三）饥荒严重程度、禀赋效应与是否愿意签订合同

计量结果见表 5-3。其中，模型 2-1 估计的是饥荒严重程度对农户是否愿意签订合约的影响，模型 2-2 估计的是饥荒严重程度对禀赋效应的影响，模型 2-3 则分析三者之间的作用机制。

表 5 - 3　饥荒程度、禀赋效应与缔约愿意——中介效应模型分析

变量	是否愿意签订合约	禀赋效应	是否愿意签订合约
	模型 2 - 1	模型 2 - 2	模型 2 - 3
禀赋效应			-0.065*** (0.013) [-0.011]
饥荒严重程度	-0.957* (0.519) [-0.162]	1.553** (0.682)	-0.769 (0.521) [-0.128]
其他控制变量	控制	控制	控制
观测值	2 704	2 704	2 704

模型 2 - 1 中，饥荒严重程度的系数为 -0.957，边际效应值为 -0.162，在 10% 的显著性水平上显著，表明随着饥荒严重程度增加 1%，农户签订合约的意愿会减少 0.162%。模型 2 - 2 中，饥荒严重程度显著正向影响农户的禀赋效应，其系数值为 1.553，且在 5% 的水平上显著。在模型 2 - 3 中，禀赋效应对农户是否愿意选择签订合约显著负向影响，而饥荒程度对是否签订合约的系数不显著，说明存在中介效应，即饥荒严重程度通过提高农户的禀赋效应，进而降低农户签订合约的意愿。

(四) 基于土地均分的制度考察

需要进一步厘清的问题是，有不少学者认为，农地流转不畅的深层因素是因为农地流转制度本身存在的缺陷。但经过长期的政策努力，农地的产权监管不断放松，农民已经普遍拥有自主流转权，农地调整也逐渐得到抑制，由此农地制度遗留的最大问题在于农地的细碎化。因此，本节在原模型基础上，加入农户农地块数进行考察（表 5 - 4、表 5 - 5）。

表 5 - 4 的结果表明，在模型 3 - 1 中，是否经历过饥荒的系数为 -0.147，在 10% 的水平上显著。模型 3 - 2 为是否经历饥荒显著影响农户的禀赋效应，系数值为 0.265，在 5% 的水平上显著。模型 3 - 3 中，禀赋效应对农户是否愿意选择签订合约显著负向影响，而是否经历过饥荒对是否签订合约的系数不显著，说明存在中介效应。

同理，在表 5 - 5 中，由模型 4 - 1、模型 4 - 2、模型 4 - 3 可以看出饥荒严重程度、禀赋效应与是否愿意签订合同三变量之间存在中介效应。上述模型结果表明，在加入农户土地块数对数形式变量后，模型结果依

然显著。这说明，即使农地流转制度本身存在的缺陷会对农地流转产生重要的影响，但是饥荒经历对于农户农地流转产生的影响是不可忽略的。

表 5 - 4　饥荒经历、禀赋效应与缔约愿意的制度考察

变量	是否愿意签订合约	禀赋效应	是否愿意签订合约
	模型 3 - 1	模型 3 - 2	模型 3 - 3
禀赋效应			−0.065***
			(0.013) [−0.011]
是否经历饥荒	−0.147*	0.265**	−0.132
	(0.083) [−0.025]	(0.113)	(0.084)
耕地块数对数形式	0.034	0.008	0.032
	(0.052)	(0.070)	(0.053)
其他控制变量	控制	控制	控制
观测值	2 683	2 683	2 683

表 5 - 5　饥荒程度、禀赋效应与缔约愿意的制度考察

变量	是否愿意签订合约	禀赋效应	是否愿意签订合约
	模型 4 - 1	模型 4 - 2	模型 4 - 3
禀赋效应			−0.065***
			(0.013) [−0.011]
饥荒严重程度	−0.988*	1.619**	−0.792
	(0.523) [−0.022]	(0.695)	(0.525)
耕地块数对数形式	0.038	0.006	0.035
	(0.052)	(0.071)	(0.052)
其他控制变量	控制	控制	控制
观测值	2 683	2 683	2 683

（五）稳健性检验

饥荒作为一个外生冲击，不同年龄阶层对于饥荒的记忆不一样，因此有必要根据被访问者的年龄定义不同的出生队列，刻画不同年龄段的饥荒经历。根据现代心理学的观点以及被访者现在的年龄，推算出被访者在1959—1961 年三年困难时期时的年龄，并将之划分成 4 个队列：婴儿期（3 岁之前，包括饥荒时未出生的户主）、幼儿期（3～6 岁）、童年期（7～

18 岁）、成年期（大于 18 岁），生成 4 个出生队列的哑变量 *chort*1～
*chort*4。

估计结果见表 5 - 6。模型结果表明，童年期经历过饥荒的人群，其
禀赋效应有着显著的纵向影响，更不愿意签订流转合约。而且禀赋效应能
够显著抑制农地的流转缔约。可以认为，童年期是儿童认识和理解世界、
保存永久性记忆的最关键阶段（程令国和张晔，2011）。在儿童成长的过
程中，外部环境深刻影响着人们的偏好和信念的形成，进而会影响农户的
行为选择。

表 5 - 6　稳健性检验的回归结果：是否经历饥荒

变量	是否愿意签订合约	禀赋效应	是否愿意签订合约
	模型 5 - 1	模型 5 - 2	模型 5 - 3
禀赋效应			−0.065 ***
			(0.013)
幼儿期	−0.132	0.113	−0.131
	(0.133)	(0.178)	(0.135)
童年期	−0.261 **	0.368 **	−0.240 **
	(0.107) [−0.044]	(0.157)	(0.108)
成年期	−0.205	0.102	−0.185
	(0.218)	(0.314)	(0.218)
观测值	2 704	2 704	2 704

全国农民工的监测数据表明，2018 年 50 岁以上农民工所占比重为
22.4%，而且在过去 5 年有逐步上升的趋势。由此可以判断，在童年期经
历过饥荒的人群已经处于 61～74 岁的年龄阶段，尽管其中的多数可能选
择留乡务农，但并不排除他们中的部分依然打工或曾经有打工经历的可能
性。为此，进一步观察出生队列 *chort*3 阶段的人群对农地流转的影响。
模型结果发现（表 5 - 7），在控制打工经历条件下，童年期对签订流转合
约无显著的直接影响，但在加入禀赋效应后，其缔约意愿则呈现出显著
的负向关系。这说明，一方面，童年期的饥荒经历可能会影响农民外出
打工的选择，另一方面，即使是有打工经历的影响，童年期经历过饥荒
的人群，其禀赋效应对农地流转合约选择产生的影响依然是显著负
向的。

表5-7　稳健性检验的回归结果：童年期——控制打工经历

变量	是否愿意签订合约	禀赋效应	是否愿意签订合约
	模型6-1	模型6-2	模型6-3
禀赋效应			-0.089^{***}
			(0.018)
童年期	-0.202	0.590^{**}	-0.131
	(0.182)	(0.262)	(0.186)
其他控制变量	控制	控制	控制
观测值	1 598	1 598	1 598

（六）进一步讨论：外出打工的影响

随着非农就业空间的拓展，土地不再是农民谋生的唯一选择，饥荒经历对农户农地转出意愿所产生的历史影响可能会因为农户的打工经历而弱化。为此，将被访者是否具有打工经历进行分组，分别观察饥荒经历及饥荒严重程度对两类样本的影响。结果表明（表5-8、表5-9），对于没有打工经历的被访者，不管是饥荒经历还是饥荒严重程度，都相较于有打工经历的被访者在选择签订合约上更加倾向于不签订合约。可能的原因是，出于风险规避的偏好，签订合约意味着对农地自由支配的"控制权"的丧失，而被访者的打工经历会弱化饥荒记忆对农地签订合约带来的预期收入降低的影响。

表5-8　是否有打工经历对农户转出期限的影响：是否经历饥荒

变量	是否愿意签订合同		禀赋效应		是否愿意签订合同	
	模型7-1	模型7-2	模型7-3	模型7-4	模型7-5	模型7-6
	有打工经历	没有打工经历	有打工经历	没有打工经历	有打工经历	没有打工经历
禀赋效应					-0.090^{***}	-0.039^{**}
					(0.018)	(0.02)
是否经历饥荒	0.025	-0.257^{**}	0.206	-0.321^{**}	0.038	-0.243^{**}
	(0.131)	(0.112)	(0.153)	(0.160)	(0.132)	(0.112)
其他控制变量	控制	控制	控制	控制	控制	控制
观察值	1 598	1 106	1 598	1 106	1 598	1 106

表 5-9　是否有打工经历对农户转出期限的影响：饥荒严重程度

变量	是否愿意签订合约		禀赋效应		是否愿意签订合约	
	模型 6-1	模型 6-2	模型 6-3	模型 6-4	模型 6-5	模型 6-6
	有打工经历	没有打工经历	有打工经历	没有打工经历	有打工经历	没有打工经历
禀赋效应					−0.090***	−0.040**
					(0.017)	(0.020)
饥荒严重程度	−0.317	−1.962**	1.931**	1.140	0.021	−1.897**
	(0.702)	(0.784)	(0.829)	(1.159)	(0.708)	(0.780)
其他控制变量	控制	控制	控制	控制	控制	控制
观察值	1 598	1 106	1 598	1 106	1 598	1 106

五、结论与讨论

对于我国农地流转不畅的根源，已有研究进行了多方面的讨论。后期学者基于禀赋效应的理论解释，为农地流转不畅提供了一个新的视角，但对于禀赋效应的生成根源仍缺乏有力的经验证据。本研究认为发生于1959—1961 年三年困难时期的饥荒及其记忆，是强化农民对农地的情感依赖，进而产生禀赋效应的关键。因此，禀赋效应及其对农地流转的抑制，具有重要的情境依赖特征。本研究表明：

（1）中国农村存在的"惜地"现象，是农户对农地的情感依附并将农地看成是一种"人格化"财产的体现，农户普遍存在对农地的禀赋效应。

（2）饥荒经历会提高农民的禀赋效应，由此降低契约化缔约的意愿选择，进而会阻碍农户农地流转。饥荒经历及其记忆凸显了农地的重要性，而禀赋效应则使得在土地流转过程中，"人—地"关系的剥离会产生更强烈的痛苦，而降低了对合约签订的意愿选择，进而会阻碍农户农地流转。

（3）农民的打工经历能够降低饥荒记忆对农地的禀赋效应。随着农村劳动力的非农转移与就业空间的扩展，农户家庭收入结构已经发生重大转变，农业收入不再是农民收入的主要来源。这意味着，促进农业人口的非农转移，为农民提供职业转换与就业空间机会，强化农民生存的社会保障并化解对饥荒再次发生的担忧，能够降低农民对农地的禀赋效应，并有助于促进农地流转。

（4）考虑到经历饥荒的农民到现在均已近 60 岁，尤其是童年期经历饥荒的农民均已超过 65 岁，意味着饥荒的经历者将逐渐老去，由饥饿记忆诱发的禀赋效应及其对农地流转的约束也将逐步弱化。这意味着中国目前的农地流转市场发育具有历史阶段性。所以，推进农地流转尤其推进农地流转的契约化与市场化，需要有足够的历史耐心。

本研究为我国农地流转不畅提供了一个新的解释。农地对农民的社会保障功能不仅来源于农民的现实生存需要，还来源于因为生存担忧而对农地产生的禀赋效应。其中，农民保有土地可能更多来源于其对饥荒再次发生的风险规避与心理厌恶，进而对土地产生持续的情感依附。因此，化解农地流转不畅的难题，不仅需要从经济手段入手进行诱导，而且更有必要从社会保障与公共政策援助方面做出努力。

第 6 章　饥荒经历、地权偏好与农地调整

内容提要：本研究从饥荒经历角度揭示我国农地调整的内在根源。利用全国 9 省份 2 704 个农户样本、CLDS 2014 和 CLDS 2016 的数据实证发现：①饥荒经历显著提高农民农地调整意愿；②对于家庭有新增人口但近 5 年没经历农地调整的农民，饥荒对其农地调整意愿有显著正向影响；③1959—1961 年三年困难时期饥荒严重的地方，后期农地调整发生率会显著提高；④随着农民非农转移和人地关系缓和，饥荒对农民农地调整意愿的影响将变得不显著。因此，农地调整具有时代性或历史阶段性。

一、引言

制度能够规范经济主体的行为预期，促进经济增长（Davis and North，1971）。然而，写在纸上的制度和实际运行的制度并不总是一致（罗必良，2005），自上而下的制度安排经常难以达到预期效果甚至以失败告终。制度选择一方面源于政策制定者的认知（North，2005），是强制性制度变迁的结果，另一方面则表达为政策实施主体的偏好，并由社会各个主体长期博弈所导致的诱导性制度变迁的结果（Lin，1989）。当政策制定者和政策实施者的利益诉求不一致时，则会导致政策难以实施。进一步地，在特定情景下，即使制度安排能够为行为主体带来潜在的经济利益，依然会面临难以获得预期的制度动员与制度响应，而导致制度目标的落空。中国的农地产权制度对此能够提供生动案例，但尚未得到学界应有的重视。

我国的农业经营制度安排一直在强化农地承包关系的稳定。1984 年中央 1 号文件将农地承包权规定为 15 年，1993 年《中共中央 国务院关于

当前农业和农村经济发展若干政策措施》进一步要求稳定承包关系，并规定第一轮承包期到期后再延长 30 年不变。2007 年《中华人民共和国物权法》将土地承包权界定为用益物权。2008 年《中共中央关于推进农村改革发展若干重大问题的决定》强调农地承包关系"长久不变"。2009 年启动试点并已于 2018 年基本完成的新一轮农地确权工作，强化农户承包权"四至"的产权明晰与"生不增、死不减"的身份地权固化。党的十九大明确提出，二轮承包到期后再延长 30 年，均旨在改善农地产权的稳定性。然而，理论与政策的导向，并没有得到实践的一致性响应。叶剑平等（2010）2008 年对 17 个省的调研发现，34.6％的农村在"30 年不变"之后进行过农地调整。即使是 2002 年颁布的《中华人民共和国农村土地承包法》已经明确规定"承包期内，发包方不得收回承包地""承包期内，发包方不得调整承包地"，但农地调整依然普遍存在。洪炜杰和罗必良（2018）利用 CLDS 的全国性数据分析表明，自 2003 年以来有将近 30％的农户经历过农地调整。仇童伟和罗必良（2017）发现 2009—2014 年有超过 25％的农户经历过农地调整。

为何农地调整持续发生？被广泛接受的理论解释是公平偏好假说。公平假说来源于两个方面的证据。一是产权的赋权特性。因为在土地集体所有制框架下，村庄农民凭借其天然成员权必然享有平等的承包经营权（丰雷等，2013；李尚蒲和罗必良，2015），所以产权初始赋权的核心是"均分"。二是产权的实施特性。当人地关系发生变化并累积到一定程度后，原有的"均分"格局会被打破，必然会通过一次又一次的农地调整来满足农户对"平等"的诉求（姚洋，2004）。农地调整之所以得以实施而成为常态，也来源于两类保障机制。一是生存伦理。在人均农地资源禀赋极少的小农经济社会中，农民的理性原则是以生存安全为第一，而不是追求收入的最大化。所以土地成为农民生存依赖的"命根子"。二是政治保证。村委会或村集体经济组织既是农民的自治组织，也是政府政策的贯彻与执行者，所以作为农村土地的所有者代表，能够对村庄地权的不平等做出有效响应。因此，村委会往往成为农地调整的决策者与组织者，既遵循了"农村土地集体所有"的法理解释与土地保障的"生存伦理"原则，又体现出国家主导下制度变迁的路径依赖特征（李尚蒲和罗必良，2015）。长期以来，尽管中国农地制度的变革从未停滞，各种创新试验层出不穷，但农地的均分制一直处于核心地位，并始终贯彻着"生存伦理"的基本逻辑。

但是，公平偏好假说曾经一度受到挑战，村干部并不总是地权公平的维护者。一方面，村干部作为村庄事务的代理人，往往具有追求自身利益最大化的机会主义行为动机。Johnson（1995）认为，村干部能够通过其控制权在周期性的农地调整中获得租金，所以才有动力不时调整农地。洪炜杰和罗必良（2019）发现，农业税负的轻重能够显著影响村庄农地调整的发生率，在农业税负较重的地方，村集体会更加倾向于收回外出打工农户的农地，在农业税负较轻的地方则不存在这种情况。不过，两个方面的重大变化能够弱化这一假说的有效性。第一，村民自治尤其是村干部的民主选举，能够有效抑制村干部在农地调整中的经济寻租；第二，2006 年后全面取消农业税，也大大弱化了村干部将农地调整作为政策工具的内在激励。

另外，公平偏好假说还受到情境转变的弱化。一是农民生存格局的变化。我国农业就业人员占比已经由 1978 年的 70.5% 下降到 2017 年的 27%。农户收入来源于家庭经营收入的占比已经由 1985 年的 75.02% 减少到 2017 年的 37.43%。家庭收入全部来自农业的纯农户的比例已经减少到 10.3%（吕之望和辛贤，2018）。农民不以农为生、不以农为业已经成为普遍趋势，土地承担的社会保障功能不断弱化。二是农民持有土地动机的变化。家庭承包制度下农民所持有的平均地权，是经由国家直接赋权而完全不经过市场途径而获得的。这一免费机制必然会诱导"不要白不要"的权利诉求。不仅如此，土地所隐含的生态福利功能越发具有吸引力[①]，而农地征用补偿与农业补贴不断增加所提升的收益期望，更是强化了农民对土地权益的维护（陈义媛和甘颖，2019），农地的生存保障功能已部分转换为财产收益功能。

由此，需要进一步回答的问题是，既然土地已经不再是农民的"命根子"，为何农民对平均地权仍然有着稳定且强烈的偏好？廖洪乐（2003）发现，83.5% 的农户认为应该根据人口的变化对农地进行调整

---

① 事实上，中国农业的业态已经发生重要变化，以地谋生已经不再是农民的基本需要。2012 年中国的农业观光与乡村旅游收入为 2 400 亿元，2015 年达到 4 346 亿元，2017 年则增加到 7 400 亿元（相当于当年农业增加值的 11.3%）。数据来源：华经产业研究院，https://www.huaon.com/。

以维护地权公平。郑志浩和高杨（2017）对黑龙江、安徽、山东、四川、陕西等5省的农户调研发现，仅有16.4%的农户反对"承包期内不得调整土地"。

必须进一步寻找农地调整反复发生的深层动因，中国的特殊情境在其中所发挥的作用不容忽视。第一，中国是灾害和饥荒频发的国家。对近代110余年的统计分析表明，各类大型灾害共发生了119次，平均每年一次以上，年均死亡35万人（夏明方，2017）。第二，严重的饥荒与死亡的威胁无疑会对民族心理与民族文化打下深深的烙印，留下深刻的政治与社会遗产。第三，中国是人口大国，严酷的人地关系决定了必须始终将"饭碗牢牢端在自己手中"，对于中国而言，粮食安全始终是最为重要的战略底线。特殊的国情赋予了农民对土地特殊的态度。因此本研究推测，由地权均分所表达的"生存伦理"的存续，可能源于农民曾经历的死亡威胁所留下的饥荒记忆。

分配对象的稀缺性或者重要性会强化人们对分配公平的重视，从而催生平均主义意识（罗爱林，2005）。特别地，当物的重要性触碰到了"生存伦理"，更能够激发人们的"平均主义"倾向（卢晖临，2006）。饥荒所造成的粮食稀缺使得生产粮食的土地变得更加重要，从而强化农民均分地权的倾向。深刻的经历会对农民后续的信念产生影响（Becker，2010），而信念的形成则对行为选择构成持久性影响（Lee，1971）。正如弗洛伊德（1986）早就指出的，人类的行动依据来源于人们对过去的经验记忆及知识积累，通过条件反射和学习并形成信念，由此指导当前和未来的行动。饥荒经历所造成的深刻记忆则会导致农民形成预防性机制（程令国和张晔，2011），使得农民更加规避风险，害怕粮食短缺而更加倾向于保有土地（汪险生和郭忠兴，2018）。可见，农民通过"公平诉求"进而调整农地，目的在于避免饥饿的再次发生。

基于此，本研究认为饥荒经历是农户偏好农地调整的重要原因，因为通过农地调整均分土地，既能够满足农民对粮食短缺的预防性动机，又能够强化农民最底线的风险规避。和以往的研究大多基于公平偏好假说讨论农地调整不同，本研究可能的创新在于进一步关注农民的自身经历并挖掘其记忆资源所形成的地权偏好，由此揭示农户风险规避与产权偏好所决定的农地调整的产权实施逻辑。

二、饥荒经历、预防性动机与选择意愿

1959—1961 年三年困难时期发生的饥荒，会对经历者产生广泛且长远的影响。已有研究发现：①饥荒会改变人们的风险偏好，从而导致人们采用更加谨慎的行为。例如，饥荒经历能够改变幸存者的节俭偏好（Chen，2011）、经历过饥荒的家庭有着更为明显的储蓄倾向（程令国和张晔，2011）、经历过饥荒的 CEO 会更加倾向于采用保守的财务政策（赵民伟和晏艳阳，2015）、还能够显著提高参保人选择较高缴费档次的概率（阳义南和唐鸿鸣，2018）。②经历饥荒的农户对农地更加重视。汪险生和郭忠兴（2018）发现，饥荒会降低农户租出农地的意愿，更加倾向于保有土地。Liang（2018）的研究表明，经历过饥荒的干部（县长）会出台更加偏向于支持农业的政策，以避免饥荒的再次发生。

饥荒经历所造成的饥饿记忆对人们行为产生长期影响。对于个人而言，饥荒所带来最直接的感受是粮食的短缺，具有饥荒经历的农民更加追求粮食与农地收益的公平，同时对于因粮食缺乏所可能带来的风险更加厌恶。而土地作为粮食和收益最为关键的要素，土地产权能否公平获得在很大程度上决定了粮食与收益能否公平获得。因此，饥荒经历强化农民"地权均分"的制度偏好。

为了分析饥荒经历对农地调整意愿的影响，借鉴 Arrow（1970）和 Pratt（1964）提出的绝对风险厌恶程度的概念，将农户的风险厌恶程度定义为：

$$A = -\frac{U''(a+\varepsilon)}{U'(a+\varepsilon)} \qquad (6-1)$$

假定饥荒经历会导致农民风险规避，且随着农民经历的饥荒程度越严重，农户的风险厌恶程度也随之增强。令 x 表示饥荒程度，则有：

$$A(x) > 0, \text{且} A'(x) > 0 \qquad (6-2)$$

进一步假定集体土地面积、农户数与人口数总量不变，则农户可以分为两类，一类是家庭人口增加，另一类是家庭人口减少，且两者概率相等，即对于某特定农户其家庭人口增加和减少的概率都是 1/2。显然，在农地不调整的情况下，农户人口增加会使得人均耕地面积变少，假设为 $(a-\varepsilon)$；如果人口减少而使得人均耕地面积增加，假设为 $(a+\varepsilon)$。而农

地调整则是在人口增加和人口减少的农户之间进行重新分配，从而使得人均耕地变为 a。

由于农地的增加会带来正的效用，所以有：

$$\frac{\partial U(a,x)}{\partial a}>0 \qquad (6-3)$$

饥荒经历使得农民对土地的评价更高，所以有 $\frac{\partial U(a,x)}{\partial x}>0$，$\frac{\partial^2 U(a,x)}{\partial a \partial x}>0$。

如果未来人口增加，则农地调整能够获得的潜在收益为：

$$R_1=U(a,x)-U(a-\varepsilon,x) \qquad (6-4)$$

如果未来人口减少，则农地调整所带来的潜在成本为：

$$C_1=U(a+\varepsilon,x)-U(a,x) \qquad (6-5)$$

农地调整带来的潜在净收益为：

$$\Pi = 0.5R_1-0.5C_1$$
$$= 0.5[U(a,x)-U(a-\varepsilon,x)]-0.5[U(a+\varepsilon,x)-U(a,x)]$$
$$(6-6)$$

化简可得：

$$\Pi = 0.5\varepsilon\left[\frac{U(a,x)-U(a-\varepsilon,x)}{\varepsilon}-\frac{U(a+\varepsilon,x)-U(a,x)}{\varepsilon}\right] \quad (6-7)$$

当 ε 足够小时，有：

$$\Pi = 0.5\varepsilon[U'(a,x)-U'(a+\varepsilon,x)]$$
$$=-0.5\varepsilon^2 U''(a+\varepsilon,x) = 0.5\varepsilon^2 U'(a+\varepsilon,x)\left[-\frac{U''(a+\varepsilon)}{U'(a+\varepsilon)}\right] \quad (6-8)$$

结合（6-1）可得农地调整给农民带来的效用为：

$$\Pi(x) = 0.5\varepsilon^2 U'(a+\varepsilon,x)A(x) \qquad (6-9)$$

对饥荒程度求导数，并结合（6-2）可得：

$$\Pi'(x) = 0.5\varepsilon^2 U'(a+\varepsilon,x)A'(x)+0.5\varepsilon^2\frac{\partial U'(a,x)}{\partial x}A(x)>0$$
$$(6-10)$$

上文假设村集体人数不变，且认为农户家庭人口增加和减少的概率是一样的。实际中，村集体人数是会发生变化的，且农户对于未来家庭人口是增加还是降低也存在一定的预期。比如农户家庭刚刚娶亲，则预期未来人口增加的可能性更大，而如果家庭有年迈的老人，则预计未来人口减少的可能性较大。故假设农户认为其家庭人口相对于集体平均人口增加或者不变的概率为 p，相对于集体人口减少的概率为 $1-p$。如果农户的人口增加快于集体人口增加的水平，则在农地调整中能够从其他农户中获得耕地，反之则需要将部分耕地分给其他农户。于是，农地调整的净收益为：

$$\Pi^* = pR_1 - (1-p)C_1$$
$$= p[U(a,x) - U(a-\varepsilon,x)] - (1-p)[U(a+\varepsilon,x) - U(a,x)]$$
$$(6-11)$$

整理可得：

$$\Pi^* = \varepsilon(2p-1)U'(a+\varepsilon,x) + \varepsilon^2 U'(a+\varepsilon,x)A(x) \quad (6-12)$$

对饥荒程度求导可得：

$$\frac{\partial \Pi^*(x)}{\partial x} = \left[\varepsilon(2p-1) + \varepsilon^2 A(x)\right]\frac{\partial U'(a+\varepsilon,x)}{\partial x} + \varepsilon^2 U'(a+\varepsilon,x)A'(x)$$
$$(6-13)$$

进一步假设村集体中所有农户的人口增加率服从正态分布，则农户家庭人增加率（p_1）相对于集体平均人口增加率 p_2 高的概率为：$p = \iint\limits_{p_1 \geqslant p_2} \varphi(p_1)\varphi(p_2)\mathrm{d}p_1\mathrm{d}p_2 = \frac{1}{2}$，可得：

$$\frac{\partial \Pi^*(x)}{\partial x} = \varepsilon^2 A(x)\frac{\partial U'(a+\varepsilon,x)}{\partial x} + \varepsilon^2 U'(a+\varepsilon,x)A'(x) > 0$$
$$(6-14)$$

由于饥荒经历强化农民的预防性动机，所以相对于人均耕地增加所带来的效用，人均耕地减少所降低的效用将会更多。由此，农民倾向于通过农地调整保证地权的均分，获得在饥饿发生时能够保障生存最基本的耕地面积。从而，经历过饥荒的农户，农地调整会为其带来正的效用，且随着饥荒程度的加剧而变大。所以饥荒经历给农户带来的预防性动机，将加剧农户争夺地权的倾向，从而强化农地调整意愿。

三、数据、变量与模型

（一）数据来源

农户数据来源于本课题组于 2015 年初进行的全国性大规模入户调查。

调查采用的是多阶段分层随机抽样方法。首先，确定样本省。采用总人口、人均地区生产总值、耕地面积、耕地面积比重、农业人口比重和农业产值比重等 6 个社会经济特征指标，通过聚类分析方法将全国 31 个省份（不含港澳台，下同）划分为三类地区。在三类地区中，按照全国东部、中部、西部三大地带划分并兼顾七大地理分区，从三类地区中各抽取 3 个省份，其中，东部为广东、江苏和辽宁三省份，中部为河南、江西和山西三省份，西部为宁夏、四川和贵州三省份。其次，确定样本县。按照上述聚类指标，将每个样本省份的所有县采用聚类分析法聚为三类，每类中随机抽取 2 个县展开调查，共调查 54 个县。最后，确定样本镇、村和农户。在每个县抽取 4 个镇（其中，在广东省、江西省各抽取 10 个样本乡镇），每个镇抽取 1 个村，每村抽取 2 个自然村，每个自然村随机抽 5 个农户。调查共发放问卷 2 880 份，回收问卷 2 838 份，满足本研究分析要求的有效样本为 2 704 份，有效率为 93.89%。

稳健性检验中村庄层面的数据来源于中山大学 CLSD 2014 和 CLDS 2016 中的村居问卷。饥荒的数据则根据 2005 年全国 1% 人口普查数据进行测算。

（1）样本省农地调整的基本情况。图 6-1 给出各个样本省份 2010—2014 年农地调整的基本情况。由图 6-1 可知，各省份农户均经历过不同程度的农地调整。其中，贵州、河南、辽宁经历农地调整的农户比例比较少，低于各省份调研农户的 10%，广东和江苏两省经历农地调整农户的比例占 10%～20%。而江西、宁夏、山西和四川 4 个省份经历过农地调整的农户超过 20%。

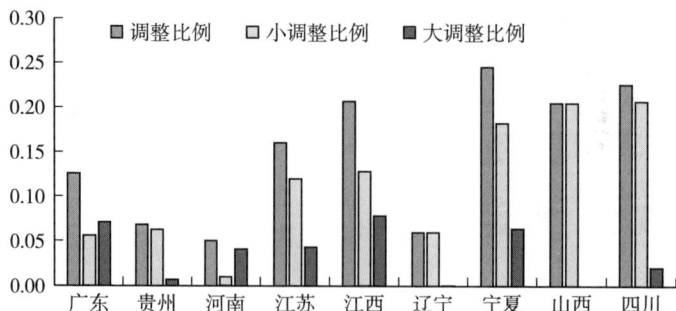

图 6-1 各样本省份农地调整情况

（2）农户的农地调整意愿情况。图6-2给出样本省份农户农地调整意愿的分布情况。在全部农户样本中，主张进行农地调整的农户占比约41.09%，不同意再进行农地调整的农户不足18.68%，持中立态度的农户占40.23%。其中，河南、江西、宁夏、山西农户的调整意愿尤为强烈。可见，普遍存在的农地调整的确是对农户偏好与诉求的响应。

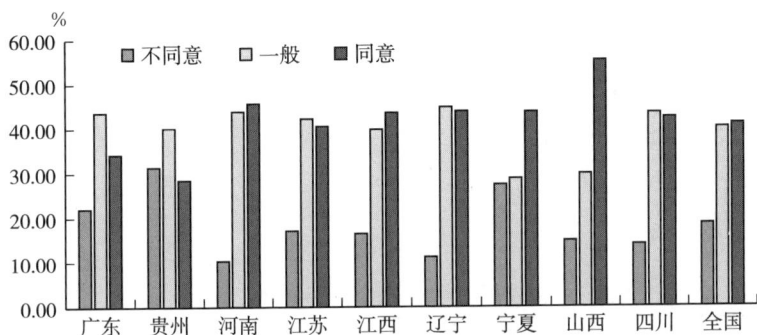

图6-2 样本省份农地调整意愿的基本情况

（二）变量选择

被解释变量：为了分析农户的农地调整意愿强度，问卷设置了问项"对重新调整农户承包地的态度"，答案分为不同意、中立、同意，并以此赋值为1、2、3。

核心解释变量：

（1）饥荒程度的刻画。饥荒一方面造成人口的死亡，另一方面造成出生人口的推迟，参照程令国和张晔（2011）的测算方法，以各地级市人口缩减率进行刻画。以地级市为单位，首先分析各地各个年份现存人口规模，进而以饥荒前三年（1956—1958年）和饥荒后三年（1962—1964年）的人口规模均值衡量正常年份的平均人口规模（标记为 P_{normal}），然后计算饥荒三年（1959—1961年三年困难时期）的平均人口规模（标记为 P_{famine}）。可计算各个地级市的饥荒程度：

$$djh=(P_{normal}-P_{famine})/P_{normal} \qquad (6-15)$$

利用上式并根据2005年人口普查1%的数据，对全国各省份饥荒三年的人口缩减率进行测算，和范子英等（2009）所测算的大致相同，说明利用该方法测算饥荒程度是可行的。

（2）出生队列。由于本研究关注饥荒经历如何影响农地调整的偏好，所以根据被访者的年龄进行划分，将被访者划分为是否经历过饥荒（饥荒经历）。如果被访者是出生在1961年及之前，即视为经历过饥荒，赋值为1（饥荒经历＝1）；若是1962年及之后出生则视为没有经历过饥荒，赋值为0（饥荒经历＝0）。

控制变量：根据前文控制农户的人均耕地面积。并进一步控制：①农户户主特征：性别、打工经历；②农地产权：近5年是否有农地调整；③农地特征：土地肥力、农地块数；④家庭人口特征：家庭人口、劳动力人数、未成年人人数以及70岁以上老年人人数；⑤农业依赖程度：农业收入占比；⑥远郊近郊：到县城时间；⑦地形：是否平原。另外，控制省份虚拟变量。各变量基本情况见表6-1。

表 6-1 变量的基本情况

变量	定义/赋值/单位	观测值	均值	标准差
农地调整意愿	不同意＝1；中立＝2；同意＝3	2 704	2.224	0.740
饥荒经历	1961年前出生赋值为1；否则赋值为0	2 704	0.250	0.433
饥荒程度	各地级市人口缩减率	2 704	0.375	0.120
人均耕地面积	亩/人	2 704	1.805	4.907
性别	男＝1；否则＝0	2 704	0.637	0.481
打工经历	有＝1；否则＝0	2 704	0.591	0.492
土地肥力	较好＝1；一般＝2；较差＝3	2 704	1.786	0.648
地块数	块	2 704	5.083	4.786
农地调整	近5年经历农地调整＝1；否则＝0	2 704	0.152	0.359
家庭人口	人	2 704	4.518	1.861
劳动力人数	人	2 704	3.137	1.302
老人人数	人	2 704	0.250	0.580
未成年人数	人	2 704	0.824	1.075
农业收入占比	农业收入/家庭总收入×100	2 704	36.730	33.161
到县城时间	分钟	2 704	24.955	20.831
地形	平原＝1；否则＝0	2 704	0.400	0.490

注：土地肥力在实际回归中转化为虚拟变量进行回归。

（三）模型设置

对于个体而言，饥荒可以看成是外生冲击，参考以往关于饥荒的相关文献（程令国和张晔，2011；汪险生和郭忠兴，2018），构建伪面板的双差分模型（Difference in Difference，DID）对冲击效果进行估计，具体模型如下：

$$willing_i = \alpha + \beta_1 Exp_i + \delta Exp_i \times djh_i + \beta_2 djh_i + \theta Controls_i + \varepsilon_i$$

$$(6-16)$$

式中，i 是指第 i 个农户，$willing$ 是本研究的被解释变量，即农地调整意愿。Exp 是饥荒经历，在饥荒结束之前出生的农民赋值为 1，否则赋值为 0；djh 指饥荒程度，根据 2005 年全国 1‰ 人口普查数据推算各地级市饥荒三年的人口规模缩减率来表示。$Control$ 表示其他控制变量。

四、实证结果及其分析

（一）饥荒经历与农户农地调整意愿

表 6-2 展示了农民经历的饥荒程度对农地调整意愿的影响。模型 1-1 只加入饥荒经历、饥荒程度和两者的交互项，模型 1-2 和模型 1-3 逐步加入控制变量，模型 1-4 则在模型 1-3 基础上加入省份虚拟变量。为了估计平均的影响效应，在表尾展示了交互项的 OLS 估计结果。

表 6-2　饥荒经历与农地调整意愿的回归结果

变量	农地调整意愿			
	模型 1-1	模型 1-2	模型 1-3	模型 1-4
饥荒经历	−0.241	−0.257	−0.246	−0.217
	(0.178)	(0.178)	(0.178)	(0.178)
饥荒经历×饥荒程度	0.876*	0.874*	0.866*	0.765*
	(0.453)	(0.454)	(0.453)	(0.453)
饥荒程度	−0.484**	−0.473**	−0.463**	0.313
	(0.204)	(0.208)	(0.210)	(0.345)
人均耕地面积		0.001	−0.000	−0.003
		(0.002)	(0.002)	(0.002)

（续）

变量	农地调整意愿			
	模型 1-1	模型 1-2	模型 1-3	模型 1-4
性别		0.060	0.062	0.061
		(0.045)	(0.046)	(0.046)
打工经历		−0.076*	−0.062	−0.047
		(0.045)	(0.046)	(0.046)
农地调整		0.130**	0.126**	0.113*
		(0.060)	(0.060)	(0.062)
土地肥力＝一般		0.079*	0.082*	0.119**
		(0.047)	(0.048)	(0.049)
土地肥力＝较差		0.035	0.039 4	0.043
		(0.074)	(0.076)	(0.077)
地块数		−0.004	−0.004	0.002
		(0.004)	(0.004)	(0.005)
家庭人口			−0.001	0.035
			(0.024)	(0.025)
劳动力人数			0.006	−0.019
			(0.027)	(0.027)
老人人数			−0.016	−0.026
			(0.041)	(0.042)
未成年人数			−0.057*	−0.077**
			(0.030)	(0.030)
农业收入占比			0.001*	0.001*
			(0.001)	(0.001)
到县城时间			0.032	0.055**
			(0.025)	(0.026)
地形			0.022	−0.101*
			(0.048)	(0.059)
省份虚拟变量	不控制	不控制	不控制	控制
OLS 估计结果	0.571**	0.566*	0.560*	0.484*
	(0.289)	(0.289)	(0.287)	(0.280)
观测值	2 704	2 704	2 704	2 704

注： *** $p<0.01$，** $p<0.05$，* $p<0.1$，括号内为稳健标准误，下同。

从模型1-1到模型1-4可知，交互项"饥荒经历×饥荒程度"的系数分别为0.876、0.874、0.866和0.765，且都在10%的水平上显著，说明随着农民经历的饥荒程度的增加，农户的农地调整意愿也会随着提高。从OLS的估计结果看，饥荒程度增加1%，农民的农地调整意愿约增加0.48%~0.57%。实际上，如果农户家庭未来人口变少，则在农地调整中可能失去土地，如果人口变多而不进行农地调整，其家庭人均耕地面积会变少，则一旦发生饥荒，农户更容易遭受到饥饿威胁。正因为如此，所以尽管现阶段农地不再承担"生存伦理"的保障功能，但出于对饥饿的预防性动机，具有饥荒经历的农户依然希望能够进行农地调整。

从模型1-4可以发现，饥荒经历的一次项的系数不显著，说明如果没有发生饥荒，即使出生在1961年之前的人并不会显著比出生在1961年之后的人具有更高的农地调整意愿。饥荒程度的一次项系数同样不显著，这说明尽管某些地方发生过饥荒，但是对于没有经历过饥荒的农民（1961年之后出生的人），其农地调整意愿也没有显著更高。只有在1961年之前出生，且确实经历过饥荒的农户才具有更高的农地调整意愿，这进一步说明农民对农地调整的诉求来源于饥荒经历所造成的预防性动机[①]。

（二）分地预期和耕地调整意愿

尽管式（6-14）表明饥荒经历会提高农户的农地调整意愿，但从式（6-13）可知，饥荒经历对于不同农户农地调整意愿的影响可能是不同的。当 p 越大，特别是 p 为1的情况下，即农户人均耕地明显更少的时候，则其农地调整的意愿会更强烈。为此，根据"近5年是否有调整农地"和"家庭是否有未成年人"将样本进行分类，做进一步的估计（表6-3）。

---

① 1961年是三年困难时期饥荒的最后一年。应该说该年出生的婴儿不会对饥荒形成记忆。为此本研究分别选择1958年出生、1954年出生来表达饥荒记忆，估计结果具有一致性。为节省篇幅故不予报告。

表 6-3　分配预期、饥荒经历与农地调整意愿

变量	农地调整意愿			
	未成年人＝1 近5年调地＝1	未成年人＝1 近5年调地＝0	未成年人＝0 近5年调地＝1	未成年人＝0 近5年调地＝0
饥荒经历	1.074 (0.726)	−0.544* (0.299)	0.135 (0.639)	−0.147 (0.263)
饥荒经历×饥荒程度	−2.766 (1.804)	1.536** (0.774)	0.662 (1.559)	0.503 (0.663)
饥荒程度	2.629* (1.533)	−0.576 (0.555)	0.464 (1.291)	0.830 (0.547)
其他控制变量	控制	控制	控制	控制
省份虚拟变量	控制	控制	控制	控制
观测值	183	1 135	227	1 159

可以发现，对于家庭中有未成年人而近5年没有经历农地调整的农民，经历的饥荒程度越高，其农地调整意愿也越强，且交互项在5%的水平上显著；对于家庭没有未成年人的农民，无论近5年是否经历农地调整，饥荒经历对其农地调整意愿的影响系数都为正，但是不显著；对于家里有未成年人而近5年经历过农地调整的农民，经历的饥荒程度越严重，其农地调整意愿反而会越低，但是不显著①。表6-3呈现的结果和式（6-14）的推论基本一致，即当农户具有新增人口，但是新增人口尚未从集体中分得农地的时候，则饥荒经历能够显著提高农户的农地调整意愿。因为在农户家庭有部分人口没有得到农地时，一旦发生饥荒，则农户更可能面临饥饿的威胁，所以对"均分地权"的诉求也就更加强烈。农户对地权的诉求来源于饥荒所引起的预防性动机。

（三）稳健性检验

1. 平行趋势检验

本研究使用的主要计量模型是DID。DID计量结果可靠的一个重要前提假设是平行趋势假设。即如果没有大饥荒的冲击，各个农户农地调整意愿应该不存在显著差异。或者说，如果各个地方存在某些系统变量既会提

---

① 考虑到观测值相对较少，所以系数不显著可能是样本量的原因。

高农民的农地意愿，同时也会提高这些地方的饥荒程度，若没有进行控制的话，则会导致上文的估计结果可能是遗漏重要变量引起的（表 6-4）。

表 6-4 平行趋势的检验结果

变量	农地调整意愿			
	模型 2-1		模型 2-2	
	系数	稳健标准误	系数	稳健标准误
1962 年出生	0.933	0.710	0.569	0.595
1963 年出生	−0.055 7	0.549	−0.400	0.395
1964 年出生	0.859	0.551	0.494	0.400
1965 年出生	0.243	0.615	−0.109	0.481
1966 年出生	−0.119	0.530	−0.463	0.369
1962 年出生×饥荒程度	−2.879	1.977	−1.738	1.717
1963 年出生×饥荒程度	−0.382	1.303	0.709	0.893
1964 年出生×饥荒程度	−1.588	1.315	−0.472	0.913
1965 年出生×饥荒程度	−0.764	1.556	0.340	1.224
1966 年出生×饥荒程度	−0.258	1.314	0.832	0.908
饥荒程度	0.591	0.954	−0.508**	0.225
观测值	446		2 027	

注：为了尽可能避免遗漏变量问题，模型 2-1 和模型 2-2 除了饥荒程度和出生年份不控制其他任何变量。

可以认为，如果确实存在这类遗漏变量，则这些变量在饥荒后应该也会持续发挥作用，即在饥荒结束后若干年内，饥荒程度高的地方出生的人农地调整意愿仍然会相对更高。为此，借鉴程令国和张晔（2011）的做法，采用构建子样本的方法进行检验。模型 2-1 截取 1962—1967 年出生的农民样本，并以 1967 年出生的农民为对照组，构造其他年份出生农民和饥荒程度的交互项。回归结果中所有交互项的系数都不显著，这意味 1962 年到 1966 年在饥荒严重地方出生的农民，农地调整意愿并不会和 1967 年出生的农民有显著区别，也就是影响农民农地调整意愿的并不是本研究没有控制的系统遗漏变量，而是饥荒本身。

考虑到如果遗漏的系统变量作用时间比较长，即 1967 年出生的农民仍受到这些系统变量的影响，这将导致 1962—1966 年出生的和 1967 年出生的人农地调整意愿受饥荒的影响没有显著区别。因此，模型 2-2 进一步截取 1962 年以后出生的农民样本，以 1967 年之后出生的农民作为对照组，计量结果与模型 2-1 类似，即所有交互项的系数都不显著，进一步证明上文计量结果并非遗漏重要变量引起的。

2. 村庄层面的经验证据

如果饥荒能够提高农民农地调整意愿，那么微观的意愿应该反映到宏观的行为上，即饥荒程度比较严重的地方，农地调整发生率应该会更高。为了验证该逻辑，利用 CLDS 2014 和 CLDS 2016 两期数据，构造混合截面数据。并利用如下模型进行回归：

$$reallocation_j = \lambda + \lambda_1 djh_j + \varphi C_j + \eta_j \qquad (6-17)$$

式中，j 代表第 j 个存在，$reallocation$ 是因变量，指 2003 年以来农地是否发生过调整，C 是控制变量，包括村人均耕地面积、居住在本地的户籍人数、是否撂荒、非农产业、是否统一灌溉以及时间虚拟变量和省份虚拟变量。

结果如表 6-5。其中，模型 3-1 只控制饥荒程度、时间虚拟变量和省份虚拟变量，模型 3-2 进一步控制其他变量。从两个模型看，饥荒程度的系数都在 5% 的水平上显著为正，说明饥荒程度越严重，村集体发生农地调整的概率越高。饥荒程度提高 1%，农地调整发生的概率提高 0.725%。可见，村庄层面的经验证据和农户层面的经验证据具有一致性。

表 6-5　饥荒程度和农地调整

| 变量 | 农地调整（是＝1） | | | |
| | 模型 3-1 | | 模型 3-2 | |
	系数	标准误	系数	标准误
饥荒程度	2.468** [0.725]	1.083	2.499** [0.725]	1.079
人均耕地面积			−0.033 5	0.028 7
居住本地户籍人数			−3.90e−05	3.81e−05
是否有撂荒			−0.071 6	0.173
非农产业			0.304*	0.177
是否统一灌溉			0.072 0	0.160
2016 年	−0.500***	0.148	−0.496***	0.151
省份虚拟变量	控制	控制	控制	控制
截距项	−0.719	0.716	−0.680	0.744
观测值	371		369	

注：①***、**、* 分别表示在 1%、5% 和 10% 的统计水平上显著，方括号内为边际影响。② 鉴于 CLSD 为两期数据，时间虚拟变量赋值为：2016 年＝1，2014 年＝0。

(四) 机制检验

本研究认为农民的饥荒经历能够强化农地调整意愿以预防饥荒。如果该逻辑成立，则意味着具有饥荒经历的农民更加重视农业生产。为了验证该逻辑，借用问卷中："如果能够通过土地抵押获得贷款，您家愿意增加农业投资吗"并赋值：不同意＝1，一般＝2，同意＝3。

模型 4-1 发现，随着经历饥荒程度的加剧，农民增加农地投资的意愿越高。模型 4-2 进一步利用农地投资意愿对农地调整意愿进行回归发现，与经典产权理论预期不同，具有农地投资意愿的用户不但不会希望降低农地调整，相反两者是正相关的，说明农地投资意愿越高的农民，农地调整意愿也会越高（表 6-6）。这意味着，饥荒经历会提高农户对农业生产的重视程度，而对农业生产越重视的农户，其地权均分的偏好会越强烈。这两个模型进一步支持了本研究的逻辑机理。

表 6-6　机制检验的回归结果

变量	农地投资意愿	农地调整意愿
	模型 4-1	模型 4-2
饥荒经历×饥荒程度	1.041*	
	(0.542)	
农地投资意愿		0.179***
		(0.053)
其他控制变量	控制	控制
省份虚拟变量	控制	控制
观测值	2 704	2 704

注：模型 4-1 中，饥荒经历×饥荒程度的一次项也给予控制。模型 4-1 和模型 4-2 都利用有序 Probit 模型进行回归。

(五) 进一步讨论：耕地重要性的下降

值得注意的是，尽管农民普遍具有农地调整的意愿，但不可忽视的事实是，农地调整有逐步减缓的趋势。表 6-5 中模型 3-1 和模型 3-2 的观测值也证明 2016 年农地调整样本低于 2014 年。

随着城镇化的发展，务农不再是农民谋生的唯一选择。大量农民从农村转移到城市，这导致两个结果，其一是不同职业经历会改变人们的风险偏好，农民的打工经历可能改变农民的风险偏好，降低其风险规避的程度；其二是随着大量农民外出打工，农地关系的紧张程度可能降低，这对于依然留在农村的农户而言，其人均拥有的土地会更多，具有足够的耕地应对饥荒的发生，则可能弱化饥荒所造成的预防性动机，所以"均分地权"的诉求可能会下降。

模型 5-1 和模型 5-2 根据是否有打工经历将样本进行分组。其中模型 5-1 是没有打工经历的样本，模型 5-2 是有打工经历的样本。可以发现，对于不具有打工经历的农民，经历的饥荒程度增加能够显著促进其农地调整意愿，而对于具有打工经历的农户，这种作用并不显著。

模型 5-3 和模型 5-4 根据人均耕地面积的均值对样本进行划分，其中模型 5-3 是人均耕地面积小于均值的样本，模型 5-4 是人均耕地面积大于均值的样本。可以发现对于人均耕地面积较少的农民，经历的饥荒程度增加能够显著提高其农地调整意愿，而对于人均耕地面积较大的农民，则没有显著影响（表 6-7）。

表 6-7 异质性检验的计量结果

变量	农地调整意愿			
	模型 5-1	模型 5-2	模型 5-3	模型 5-4
饥荒经历	−0.362	−0.202	−0.311	0.161
	(0.253)	(0.258)	(0.206)	(0.362)
饥荒经历×饥荒程度	1.195*	0.583	0.999*	0.042 8
	(0.638)	(0.659)	(0.517)	(0.941)
饥荒程度	−0.224	0.777*	0.217	1.126
	(0.543)	(0.456)	(0.405)	(0.739)
其他控制变量	控制	控制	控制	控制
省份虚拟变量	控制	控制	控制	控制
观测值	1 106	1 598	2 054	650

注：模型 5-1 为没有打工经历的样本，模型 5-2 为具有打工经历的样本；模型 5-3 是家庭人均承包地面积小于等于均值（1.805 亩）的样本，模型 5-4 是家庭人均承包地面积大于均值的样本。此外，模型 5-1 和模型 5-2 其他控制变量包含表 6-2 中模型 1-4 除了打工经历外所有变量，模型 5-3 和模型 5-4 包含除了人均耕地面积外所有变量。

五、结论与讨论

强化地权诱导农业投资是农业发展的制度基础，也是提高农业生产效率，增加农民收入的正式制度安排，是农地制度改革的一个主要方向。然而，自家庭联产承包制实施以来，农地调整再分配持续发生而成为农村土地制度一个显著的特征，导致"生不增，死不减"的政策实施不彻底。为什么符合农民潜在经济利益的制度安排并不能被农民所接受，这一现象引起了学者的兴趣和关注。不同学者尝试从公平偏好、干部寻租和政治工具等各个层面进行解释。但是随着治理环境的改善，农业税的全面取消以及农户对土地生存依赖的弱化，以上假说对现阶段农地调整的解释都缺乏说服力。本研究认为农户对农地调整的偏好来源于饥荒经历所产生的预防性动机，饥荒经历一方面使得农民更加看重土地，另一方面也使得农民更加风险规避，这导致农户因规避饥荒威胁而对"地权均分"产生强烈的偏好。利用全国 9 省份 2 704 个农户样本和 CLDS 2014、CLDS 2016 两期共 371 个村庄样本的数据实证发现：

（1）饥荒经历会显著提高农民农地调整意愿。如果没有发生饥荒，则在 1961 年之前出生的人并不会显著比 1961 年之后出生的人具有更强的农地调整意愿；对于发生饥荒的地方，没有经历过饥荒的农民并不会有更高的农地调整意愿。此外，饥荒对农民农地调整意愿的影响会反映在实际的农地调整中，对于在 1959—1961 年三年困难时期饥荒程度越严重的村，后来农地发生调整的概率也会越高。

（2）当家庭人口增加而导致人均耕地明显减少的时候，预防性动机作用更加强烈。对于家庭有新增人口而近 5 年没有发生农地调整的农民，饥荒对其农地调整意愿具有显著的正向影响。对于家庭有新增人口但近 5 五年进行过农地调整的农户，饥荒经历对其农地调整则表现为负向影响。

（3）随着工业化城镇化发展与农业劳动力的非农转移，农民的农地调整意愿越来越低；与此同时，人地关系的松动也使得饥荒对农民农地调整意愿的影响变得不显著。

本研究的意义在于：

（1）历史事件会影响人们的地权偏好。以往文献认为农村土地普遍存在调整再分配可能和村干部寻租、完成国家任务等因素有关，本研究则从饥荒的角度讨论农户的经历与记忆如何影响其对农地调整的偏好，从而为我国农地调整的发生提供了一个可能的解释。

（2）制度变迁的方向，不仅仅在于获得潜在的经济利益，也可能源自行为主体的经历所形成的风险偏好。农民选择农地调整这一制度安排，不在于农地调整能够为农户带来实质的经济利益，而是能够满足因饥荒经历所强化的预防性动机与风险规避。

（3）农地调整具有时代性与历史阶段性。第一，随着劳动力的非农转移，农民的农地调整意愿会逐渐降低；第二，饥饿记忆的弱化，亦将降低农民对地权调整的诉求。可以推测，随着时间的推移，饥荒经历者将逐渐老去，由饥饿记忆诱发的农地调整动因也将逐步弱化。因此，改善和强化农地产权的稳定性，需要有足够的历史耐心。

第7章　调整经历、农地确权与农地租金

内容提要： 已有研究从农地产权安全感知的角度发现，农地调整经历会弱化确权农户的租金要价上涨效应。但本研究认为，由于农地无调整农户的特殊性，导致产权安全感知无法逻辑一致地解释确权的租金要价决定，并基于地权调整将诱发确权农户更加珍惜土地的逻辑主线解释确权农户的租金要价上涨效应。本研究构建"农地确权—调整经历—租金要价"的分析框架，探讨不同类型的农地调整经历对确权农户租金要价的影响机理。使用全国9省份调查数据进行实证分析，结果表明：农地确权与农地调整经历均会诱发农户租金要价上涨，且租金要价分别提高39.2%和16.9%；农地调整经历会影响确权后农户的农地转出要价，无农地调整经历与农地小调整经历均会诱发确权农户对土地的珍惜不足，并弱化租金上涨效应；经历过激烈地权争夺的确权农户将更加珍惜土地并显著强化其流转租金上涨意愿。农地调整经历对确权农户租金要价的影响呈现线性上升的结构。文章强调，农地确权的要价决定具有情境依赖性，地权调整经历将诱导农民更加珍惜所获得的农地产权。

一、引言

进入21世纪以来，随着主要农产品成本快速上升，我国农业已经进入高成本时代（武拉平和沙敏，2015）。农业生产成本增幅远超农产品价格上升幅度，急剧挤压农业生产获益空间。其中，土地流转租金上涨已经成为我国农业高成本的重要原因（蔡颖萍和杜志雄，2020）。已有研究发现中国土地流转租金在2009—2017年间上涨了33.3%（杜挺和朱道林，2018）。全国农村固定观察点调查数据显示，2005—2015年，中国农地流转率以年均20.53%的速度提升，但明显低于同期地租年均24.60%的上

升速度，即使土地流转年均增长速度从 2009 年开始出现明显下滑，但流转租金依然呈现快速上涨趋势。全国农产品成本收益数据也显示，2005—2017 年主要农产品成本和农地流转租金呈一致上升的趋势。很显然，农业发展所存在的高成本问题中，土地租金成为重要的发生诱因。可以说，农地流转租金问题已经成为影响我国农业规模化进程和农业经营收益稳态格局的关键因素，事关流转市场发育和农民权益保障等重大问题。

农地租金是由土地价值决定的。传统经济学理论认为，土地价值由其资源的稀缺性和有用性来表达。但问题是，如果存在收益的外溢性或搭便车的可能性，那么土地的有用性进而土地价值就有租值耗散的可能性。所以，土地价值及其租金决定与产权明晰及其排他性紧密关联。正因为如此，产权理论强调"所有定价问题都是产权问题"（Alchian，1965）。在产权明晰与稳定的前提下，市场可以通过价格机制的有效运行实现资源优化配置（Luenberger，1995；Kreps，2013）。与这一思想相吻合，自农村改革以来，稳定地权、明晰界定产权边界成为我国政府政策努力的基本线索。2009 年试点并于 2013 年在全国范围内推广的农村土地承包经营权确权登记颁证政策（以下简称"农地确权"），被视为维护地权稳定与产权安全最为重要的制度安排。那么旨在维护地权稳定性和安全性的农地颁证政策的实施是否会诱发农地流转租金的上涨并成为我国农业高成本的制度诱因？学术界基于核心理论和经验证据对此展开了丰富的讨论。

产权经济学的核心观点明确了农地租金取决于土地交易中的产权集（Furubotn and Pejovich，1973），稳定且明晰的土地产权将明确划定产权的权责边界和享益格局并稳定农户土地使用和开展经营的预期。产权明晰是市场交易的基本前提，农地产权从模糊走向明晰意味着地权可以定价入市并关联其经济交易价值，这也成为农地租金上涨的重要经济诱因。行为经济学的"禀赋效应"理论进一步证明了产权明晰诱发租金上涨的制度根源。农地确权通过产权固化，实际上赋予了农民准私有的"生不增，死不减"的农地产权。塞勒的"禀赋效应"理论指出，行为主体具有"损失规避"心理，对归属于自己的物品往往寻求较高的要价（理查德·塞勒，2019）。显然，农地确权可能是地租上涨的触发因素。然而，理论与实践并非总是一致的。一方面，程令国等（2016）、胡新艳等（2016）的研究发现，农地确权确实将显著提高土地流转租金。但另一方面，也有学者发现，农地确权可能降低农地转出户的保留价格（罗必良和洪炜杰，2020）。经历了农地调整的农户，确权所提高的转出要价，显著低于总的平均影响效应（洪炜杰等，2018）。

　　同样是明晰产权的农地确权政策，为何对租金要价的影响具有差异？事实上，有文献指出，土地产权安全性会对土地流转租金产生影响（钱忠好，2002），地权及其交易价格不仅依赖于法律赋权的稳定性，也与农地调整经历所影响的地权稳定性密切相关（洪炜杰等，2018）。可见，原有地权安全性以及农户形成的"记忆"，会对农地确权的租金要价决定产生重要影响。从而表明，农地确权的租金要价决定可能具有情境依赖性。在以往的研究中（叶剑平等，2006；黄季焜等，2008；林文声等，2018）均将农地调整先验地视为产权不安全的表达。由于将调整经历刻画为农户的产权安全感知，从而判断，无农地调整经历农户的地权安全性感知最高，因而这部分农户的产权归属感最为强烈，从逻辑上来讲，此部分农户转出农地的租金要价最高，且随着调整经历程度的加深，经历过农地小调整和大调整的确权农户，其产权安全性感知将与租金要价同步下降，呈现出线性下降的趋势。

　　但这一判断并不完全具有合理性。一般而言，行为主体的先验经验来源于过往的实际经历（McGuire，1964）。这意味着，将未经历农地调整的农户定义为原有产权安全性最高的判断并不准确。事实上，行为主体的行为借助社会网络而受到周围群体认知与行为的影响，特别是当经历缺失而对事物缺乏判断时，通常会参照、模仿周围群体的认知和行为选择（布赖，1987）。因此，未经历过农地调整农户的产权安全感知由于社会网络渗透而无法确定。显然，单一地从地权安全感知讨论农户维度的农地转出要价，可能导致研究结论的不一致。

　　上述的研究缺陷将使得在观察土地调整历史情境对确权农户租金要价的影响中遇到理论挑战：由于无农地调整经历农户的特殊性，地权调整经历与确权农户租金要价之间的关系或许并非线性下降趋势。为了弥合这一研究不足，本研究构建"农地确权—调整经历—租金要价"的分析框架，为前期农地调整经历如何影响后期农地确权的农户租金要价，寻求逻辑一致的解释，由此揭示农地调整历史情境与农地确权所决定的租金要价机理。

二、农地确权、租金要价与经历效应

(一) 农地确权对土地租金要价的影响：理论线索

产权理论指出，明确产权归属并保护产权自由转让的权利及其收益，产权主体能最大限度地在产权约束的范围内配置资源以实现收益最大化 (Alchian，1965)。具体到农地产权，其核心主张为，稳定地权的机制设计与制度安排有利于活跃农村土地要素市场，促进农地交易。同时，产权边界的明晰界定将最大化租金享益格局。事实上，农地流转也不仅是科斯意义层面的一般要素与商品经济交易中预期收益和成本的权衡问题 (胡新艳和罗必良，2016)，还是农民与农地之间的社会心理问题 (罗必良，2013)。学界主要使用行为经济学理论，引入"禀赋效应"概念证明农地确权户基于情感提高的农地租金附着于土地要素价值所形成的租金上涨效应。从而判断，农地确权将带来土地流转租金上涨。但产权界定的行为响应往往具有历史继承性。罗必良指出，制度变迁与制度遗产、环境条件以及个人偏好等因素有关，因而具有情境依赖性 (罗必良，2020)。

实际上，土地产权的历史情境是一个动态的过程。改革开放以来，农村土地制度改革不断加强对农民土地承包经营权的保护，但土地承包关系依然不够稳定，农地调整仍普遍发生 (陈锡文，2009)。新一轮农地确权是在农地调整情境中实施的，势必受到其影响。长期存在的地权调整经历依然存续于农民的地权记忆之中，农民的农地调整"记忆"会通过条件反射形成对当前行为的指导 (Freud，1957)。显然，农地确权政策并不能独立地发挥作用，它与产权主体过往的产权调整经历紧密关联。

中国农村曾一度普遍存在的农地调整被视为地权不稳定的主要诱因。农地调整所内含的经营权不稳定可以转化为经营效率问题，它所体现的集体成员权利则归属于公平问题。效率与公平的边界是明确的，但公平的实现却是以牺牲部分效率为代价 (姚洋，2000)。单一从农地市场价值看，农户拥有的时有调整的农地产权内含了产权边界模糊和弱化的基本事实，时有发生的农地调整致使农户无法形成稳定的经营预期，农户面临着较高的农地经营成本和较大的经营风险，从而决定了其市场价值的有限性。据此，主流文献认为，当有外部承租者寻求流转交易时，农户将更倾向于降低要价达成交易以获取较为稳定的具有契约保障的租金收益。

　　然而，这一解释并不完全合理。原因在于，农地转出户的意愿租金并非由市场价值唯一决定，"恋地""惜地"的强烈心理所有权所决定的土地身份价值同样重要（朱文珏和罗必良，2018）。事实上，农地对农民而言具有"人格化"财产特征（Alchian，1991）。并且"人格化"财产与人格紧密相关，丧失"人格化"财产的痛苦难以通过替代物来弥补。换言之，农地的"人格化"特征与农民的情感依赖均会提高土地在农民心中的价值。洪炜杰、罗必良（2020）的研究证明，对于农业生产更加重视的农户将更倾向于农地调整。显然，农地调整本身也体现着作为集体成员的农户对于地权的重视和珍惜。实际上，农地调整同样具有产权稳定的内在基因。李尚蒲和罗必良（2015）认为，农地调整是村庄自发的产权界定方式，符合传统的土地治理规范和集体行动逻辑，也是体现集体成员权的重要方式。换言之，如果不存在因农地调整而丧失农地的可能性，那么，通过调整农地来表达集体成员权将是地权稳定性增强的重要表现。阿维纳什·迪克西特的研究同样表明，在法律缺失的状况下，社会自发的私有秩序能够有效提高对产权的保护，进而降低产权实施过程中的交易费用（阿维纳什·迪克西特，2007）。这意味着，在农地确权实施过程中，经历过农地调整的农户具有更加珍惜土地的内生动力，也具有提高土地转出要价的制度逻辑。

　　克拉克·赫尔和肯尼思·斯彭斯的诱因动机（incentive motivation）理论也验证了这一逻辑。斯彭斯提出奖惩是通过诱因动机作用而对反应发生影响的。其核心思想为，一定的惩罚、失去或约束机制可以使行为主体付出更多的"珍惜"资源，使奖励更好地发挥积极的行为诱导作用（Spence，2008）。换言之，具有"惩罚""失去"和"争夺"性质的过程能够诱导行为主体增加对事物的珍惜程度。具体到农地产权调整与稳定的制度安排中，农地调整的地权竞争、博弈经历将诱发农户更加珍惜通过确权政策所获得的更为充分的土地产权。换言之，经历过农地调整的农户，在确权之后可能寻求更高的租金要价。

　　基于上述分析可知，将农地调整经历作为影响产权安全感知的主要原因进而揭示确权农户的租金要价决定并不具有完全的合理性。对普遍具有农地情感依赖的农民而言，反映出农村社会资源配置和社会网络关系运行的自我实施与约束特征的农地调整，将成为激励农户更加珍惜农地资源并提高租金要价的发生根源。

新一轮农地确权可以视为中国农地产权从调整到稳定的制度变迁，而制度变迁及其行为响应与制度遗产因素有关（罗必良，2020）。农地调整是国家自上而下赋予村庄以人地关系变化时谋求地权公平的产权界定与处置权且必须具备实际中人地关系发生改变的基本事实和基层政府批准的双重条件才可发生。这意味着，农地调整虽普遍存在，但并不具有国家指令的统一性和发生的同质性。因此即划分出不同的实施群体。未经历过调整、经历过农地小调整和大调整的农户家庭，不同程度的地权博弈经历将可能导致确权农户对农地截然不同的珍惜态度。

（二）农地确权影响地租要价的机制分析

事实上，农地调整内含了产权弱化的机制。总体来说，频繁的农地调整使农民丧失了土地的长期使用权，并遭受不同程度的租金耗散。此外，经典文献早就注意到产权强弱对产权主体行为能力的影响。Alchian 和 Kessel（1962）所强调的产权限制、德姆塞茨（1999）所强调的产权残缺，均可表达为埃格特森（1996）所说的产权弱化。而农地调整对部分产权权属的"删除"、对权能的限制或削弱均会造成农户程度不同的权益损失。这种产权弱化的"记忆"将不可避免地对制度变迁中的农户行为响应产生影响。中国政府对农民土地产权的强化，具有"还权松管"与"赋权强能"的特征，而产权强化的第一层含义是"归还"被"删除"的产权权属、减少或放松对产权权能的限制。这也赋予农地确权以还权的含义。显然，从产权获取方式看，对于经历过农地调整的农户，确权所赋予的更为充分的农地产权是经过地权争夺而获得的。所不同的是，未经历过农地调整的农户没有农地权能被限制和削弱的基本事实，没有经历过土地产权争夺但依然获取地权赋予。地权调整经历所决定的产权获取方式的差异可能诱发农户对于农地产权截然不同的态度。

1. 经历过农地调整农户的行为响应

在中国农村曾一度普遍存在的农地调整，其内含作为集体成员的农户所获农地产权并不完整的基本事实。农地确权通过法律赋权，农户将获得更为充分的农地剩余索取权。社会心理学理论认为，历史性经验会诱导行为主体形成关于事件相关概念的先验认知。显然，农地调整的过往经历作为"事实因素",会以习惯方式给农户留下"记忆"。但是,历史证据对行为主体现时认知的指导作用往往取决于历史证据的强弱性。这意味着,同质的赋权政策可能因强弱不同的地权调整"记忆"冲击,从而对农户的租金要价产生不同影响。

理论上说,行为主体对事件的评估往往会寻求当前信息与先验认知的内在一致性(McGuire,1964)。经历过农地小调整的农户,记忆中依然保留地权不稳定的先验认知,地权边界的模糊记忆和产权不稳定决定的市场价值有限性将诱导农户降低农地转出要价。另一方面,经过农地小调整地权博弈而获取的地权将激发农户珍惜土地的态度,提高地权的心理定价。但小调整经历属于较弱的证据,并不会获得更多的心理珍惜资源。显然,农地产权心理价值的有限性决定了农户租金要价的下降。

事实上,行为主体会根据历史经历和现时事件的强弱来调整自我认知(Lavine et al.,1998)。对于经历过农地大调整的农户而言,强度较大的地权调整证据将使艰难获得地权的农户更加珍惜资源。实际上,相对于收益,农户在衡量损失时会产生更强烈的感受(Knetsch,2010)。这意味着将农户心中"高价值"的农地降价转出很难被农户所接受。

为了更加明晰地分析农户农地调整经历对确权后农户租金要价的影响,设置一个单一农户的农地要价模型。在该模型中,农地的初始价值为$\bar{h}$,农户倾向转出的农地规模为$e \in [0,1]$,且农户的农地禀赋极限为$\bar{e} \leqslant 1$。其要价可能为A或者0,其概率分别为$\sqrt{e}$和$1-\sqrt{e}$。从而可以得到预期要价y:

$$y = A\sqrt{e\bar{h}} \qquad (7-1)$$

在这一模型中,农户只需选择其最佳转出的e值。假设农地产权安全受到农地调整的影响,将农地调整的先验认知等同于农地调整的风险进入模型。假设存在农地调整的概率$\tau \in (0,1]$。农地价值$\bar{h}$将随着调整程度加深而激发农户更加珍惜农地资源。即调整程度越大,确权后农户将更加珍惜所获得的农地产权。则预期要价为$c = (1-\tau)A\sqrt{e\bar{h}}$。农民选择$c$以实现效用最大化:

$$\max_{e}(1-\tau)A\sqrt{e\bar{h}} + \bar{e} - e \qquad (7-2)$$

约束条件为$e \leqslant \bar{e}$。对式(7-2)求一阶导可得:

$$\frac{(1-\tau)A\bar{h}}{2\sqrt{e}}=1 \tag{7-3}$$

因此，农民的最佳转出规模是：

$$e^*=\left[\frac{(1-\tau)A\bar{h}}{2}\right]^2 \tag{7-4}$$

由于 $e\leqslant1$，本研究始终假设 $A\leqslant2$。相应地，最终的租金要价为：

$$\gamma(\tau)=[(1-\tau)A^2\bar{h}]/2 \tag{7-5}$$

此时实施农地确权颁证政策，确权农户将随着调整经历程度的提高而更加珍惜土地资源。即 $\bar{h}$ 随 τ 增加。从而可以发现：农户意愿转出租金随 τ 严格减少，但是随着 $\bar{h}$ 增加。即农户经历过的农地调整经历程度越大，农户将具有降低租金的趋势，但与此同时，农户更加珍惜土地（$\bar{h}$ 变大），农户又具有提高租金的倾向。而最终的租金方向变化取决于 τ 和 $\bar{h}$ 的博弈趋势。

2. 未经历过农地调整农户的行为响应

未经历过农地调整的农户，虽然没有经过农地产权调整与变更的地权博弈，但依然通过农地确权政策获取同质的农地产权。弗洛伊德认为，本能发泄形成的内驱力与思想和现实形成的阻力持续对抗促使人们进行妥协性选择，较低妥协性（较易获取）的事物将弱化行为主体本能发泄的内驱力，将无法"捕获"更多的珍惜资源（Knetsch，2010）。换言之，轻而易举获取的农地产权由于并不能激发行为主体内心去争夺并攫取权利的本能，因此产权主体对获取的产权价值定位是低价值的，显然，农户并不会对未经历过地权博弈而获得的农地产权提出较高的转出要价。这与罗必良等的分析相一致，农地确权延伸了农地转出的要价弹性，可能降低农地转出户的保留价格。从行为经济学的视角看，如果产权的获得较为容易且没有再次失去的风险，即再次获取的成本为零，那么所获产权的心理定价将是"低价值"的。反之，失去产权的风险很大，并且再次获取将付出较高的代价，则所获产权是"高价值"的心理定价。农地确权赋予的是"准私有"可继承的法定产权，且"唾手可得"的产权获取并未付出权利争夺的相应成本。显然，地权将发生心理层面的"贬值"。

进一步单独讨论无农地调整经历（即 $\tau=0$）的特殊情况，依然假设农地对于农户的初始价值是 $\bar{h}$，农户的决策问题转化为：

$$\max_{e} A\sqrt{eh}+\bar{e}-e \qquad\qquad (7-6)$$

求一阶导数可得农户最佳的农地转出规模为：

$$e^{*}=(A\bar{h}/2)^{2} \qquad\qquad (7-7)$$

可以看到，如果此时实施农地确权政策，由于农地调整经历的缺失，确权政策并不能有效激发农户对所获产权的更多珍惜，产权的获得较为容易且没有再次失去的风险，产权的心理定价将是"低价值"的。当农地价值 $\bar{h}$ 降低时，农户的地租要价将弱化。这一命题验证了前文的理论分析结论，未经历过农地调整将弱化确权户的租金上涨效应。

通过以上机理分析，可以得到区别于以往文献的一个重要观点：未经历过农地调整和经历过农地小调整的确权农户，由于对农地珍惜不足，将弱化确权的租金上涨效应，但随着经历过的农地调整程度的加深，农户将愈发珍惜来之不易的土地资源，从而强化农地确权农户的租金上涨意愿。

三、数据、变量与模型

(一) 数据来源

课题组于 2015 年初通过分层聚类方法进行农户抽样问卷调查。其抽样过程是，首先根据各省份总人口、人均地区生产总值、耕地总面积、耕地面积占比、农业人口占比、农业总产值占比 6 个指标的聚类特征，并结合 7 个地理分区，分别抽取 9 省份（包括东部的辽宁省、江苏省和广东省，中部的山西省、河南省和江西省，西部的宁夏回族自治区、四川省和贵州省为样本省份）；然后，根据上述 6 个指标对各省份的县域进行聚类分析，在每个样本省份分别抽取 6 个样本县（合计 54 个），在每个样本县按照经济发展水平分别随机抽取 4 个乡镇（其中，广东省、江西省的样本县各抽取 10 个样本乡镇）；接着，在每个样本乡镇随机抽取 1 个行政村，每个行政村又随机抽取 2 个自然村；最后，按照农户收入水平分组，在每个自然村随机挑选 5 个样本农户。调查共发放问卷 2 880 份，回收问卷 2 838 份，其中有效问卷 2 704 份，有效率为 93.89%。本研究在剔除主要变量数据缺失严重的样本后，使用的有效样本为 1 949 个农户。

（二）变量选择与定义

1. 被解释变量

本研究的被解释变量为农地转出意愿租金。来源于全国 9 省份数据问卷中"转出农地希望获得的最起码租金"的问项结果，意愿租金更能表征农户对农地禀赋多维的功能价值评判，从而反映出土地在农民心中的真实价值。作对数处理进入模型。

2. 核心解释变量

主要解释变量为农地确权政策与农地调整。其中，农地确权使用农户是否获得农地承包经营权证书表征。农地调整分为两个测度，一是是否进行过调整，来源于"您家承包的耕地近 5 年是否调整过"的问项结果，调整过赋值为 1，否则为 0；二是农地调整的程度。将"部分调整过"归为农地小调整，将"全部调整过"归为农地大调整。

3. 其余控制变量

本研究控制了农户的土地特征、家庭特征和村庄特征等因素。具体而言，农户的土地特征包括耕地面积、地块数、水田面积、土壤肥力和灌溉条件（洪炜杰等，2018），反映了农户家庭土地禀赋的数量和质量。家庭特征包括劳动力受教育程度、家庭抚养比、非农劳动力比例、家庭收入状况以及反映家庭社会关系的变量。农户家庭作为村庄成员，必将受到村庄特征的约束（郑旭媛和徐志刚，2017），设置村庄特征包括村庄地形与村庄到县城时间变量。此外，本研究还控制了镇虚拟变量。

上述变量、定义和相关变量描述性统计见表 7-1。

表 7-1 变量定义及描述性统计

变量名	定　义	均值	标准差
农地转出意愿租金	转出农地希望获得的最低租金［元/（亩·年）］	999.237	4 080.358
农地确权	已确权颁证＝1；未确权颁证＝0	0.674	0.469
农地调整	经历过土地调整＝1；未经历过土地调整＝0	0.152	0.359
农地小调整	经历过土地小调整＝1；未经历过土地小调整＝0	0.107	0.309
农地大调整	经历过土地大调整＝1；未经历过土地大调整＝0	0.045	0.208

（续）

变量名	定　义	均值	标准差
耕地面积	家庭承包耕地面积（亩）	7.654	23.592
地块数	家庭承包地地块数（块）	5.210	4.720
水田面积	承包耕地中水田占比	0.519	0.421
土壤肥力	很差=1；较差=2；一般=3；较好=4；很好=5	2.720	0.871
灌溉条件	很差=1；较差=2；一般=3；较好=4；很好=5	2.886	1.061
劳动力受教育程度	高中及以上学历的劳动力占比	0.235	0.285
家庭抚养比	16 岁以下 70 岁以上人数/劳动力人数	0.368	0.496
非农劳动力占比	家庭中非农劳动力人数占比	0.365	0.333
家庭成员是否为村干部	家庭成员有村干部=1；家庭成员无村干部=0	0.141	0.348
宗族	是村中大姓=1；不是村中大姓=0	0.534	0.499
农业收入占比	农业收入在家庭总收入中占比	0.372	0.331
地形=丘陵	村庄地形为丘陵=1；否=0	0.352	0.478
地形=平原	村庄地形为平原=1；否=0	0.376	0.484
到县城时间	从村庄坐班车到县中心（单程）平均需要花费的时间（小时）	0.935	0.619
区域虚拟变量	镇虚拟变量	—	—

（三）模型选择与说明

由于本研究旨在考察农地产权对农户农地转出租金要价的影响，以及不同农地调整经历下，农地确权对农户租金要价的影响差异。因此，首先给出未引入交互项的独立方程，之后引入农地确权与农地调整经历的交互项。未引入交互项模型的基本表达式为：

$$Y_i = \alpha_0 + \alpha_1 X_i + \alpha_2 D_i + \varepsilon_i \qquad (7-8)$$

式中，Y_i 表示农户租金要价。X_i 表示地权获取经历，包括农地确权、农地小调整和农地大调整，D_i 表示由控制变量组成的矩阵，包括土地禀赋变量、家庭特征变量、村庄变量和地区层面变量。α_0 为常数项，α_1 和 α_2 为待估计系数，ε_i 表示误差项，并假设满足标准正态分布。

引入交互项模型的基本表达式为：

$$Y_i = \alpha_0 + \alpha_1 X_{i1} + \alpha_2 X_{i2} + \alpha_3 X_{i1} X_{i2} + \alpha_4 D_i + \varepsilon_i \qquad (7-9)$$

式（7-9）识别了三组方程，其中 Y_i 表示农户租金要价。X_{i1} 表示农地确权，X_{i2} 表示农地无调整、小调整与大调整。$X_{i1}X_{i2}$ 表示交互项。其余变量与参数和式（7-8）一样。

需要指出的是，本研究中农地产权变量的引入面临着内生性的挑战。尽管已有研究证明农地确权在很大程度上可视为政策外生变量（程令国等，2016），但农户的意愿租金水平可能反向影响其农地确权。农民对确权的态度将一定程度上影响村集体的确权政策推进。对农地具有更高价值评估的农户将更希望通过确权提升其农地产权排他能力。同样的，农地调整是村庄自发或约定俗成的集体决策，是农地产权不稳定的一个重要表征（Kung，2002），意愿租金较高的农户并不希望农地进行调整以影响地权的稳定性。根据一贯的思路，村庄层面的农地产权指标可以被用来充当农户个体产权特征的工具变量，因此本研究使用样本农户所在村其他农户的农地确权均值和农地调整均值作为农地确权和调整的工具变量。原因在于村庄内的地权调整和稳定行为具有聚类特征，农地确权证书是地权法律界定的权威凭证和地权安全性的根本保障。因此获得农地确权证书将可能诱发农民行为选择的改变，尚未完成农地确权的农户并不会直接影响本户的租金要价。由于村庄内的生活是以农户家庭为基本生存单位的，长期的家庭生活形成了家户自身的生活秩序，并与村内其他农户存在着行为差异和生活界限，这意味着本村其他农户的农地调整发生并不会直接影响本户的行为选择。即村庄内其他农户的农地确权率和调整会对本户产生影响，但是却不会对本户的意愿租金要价产生直接影响，满足工具变量选择标准。鉴于式（7-8）和式（7-9）中的因变量为连续变量，故分别使用OLS 和 2SLS 进行估计。

四、模型结果与分析

（一）农地产权调整与稳定对农地转出意愿租金的影响

表7-2展示了农地确权和农地调整对农户租金要价的影响。首先，弱工具变量检验（weak identification test）和识别不足检验（under-identification test）表明，本研究所采用的工具变量不存在弱工具变量和识别不足的问题。其次，杜宾-吴-豪斯曼（DWH）检验的结果显示，

表 7-2 所面临的内生性问题并不严重。因此，本部分将以 OLS 的估计结果作为解释依据。

第一，农地确权在 1% 显著性水平上正向影响农户农地转出意愿租金，与非确权农户相比，农地确权使农户租金要价显著提高 39.2%。这一结果也与程令国等（2016）的研究结论基本一致，稳定的地权和明晰的产权界定对于改善农地经济价值是重要的。第二，相比于没有经历过农地调整的农户，经历过农地调整的农户租金要价显著提高 16.9%。其原因在于，中国长期紧张的人地关系，造就了农户恋地、惜地的特殊偏好，且农民普遍对农地具有情感依恋（Pierce et al.，2003）。并且，虽然农地调整时有发生，但土地仍是我国农民赖以生存的重要生产资料，农地调整经历可能激发农户愈发珍惜自家农地。第三，经历过农地小调整与大调整的农户，相较于未经历过农地调整的农户而言，其租金要价并无显著差别。

表 7-2　确权政策、农地调整经历及程度与农地转出意愿租金

变量	农地转出意愿租金					
	OLS	2SLS	OLS	2SLS	OLS	2SLS
农地确权	0.392***	0.301				
	(0.125)	(0.497)				
农地调整			0.169*	0.514		
			(0.102)	(0.359)		
农地小调整					0.083	0.130
					(0.116)	(0.624)
农地大调整					−0.128	−2.731
					(0.436)	(4.735)
耕地面积	0.059	0.062	0.060	0.055	0.064	0.074
	(0.062)	(0.057)	(0.062)	(0.056)	(0.062)	(0.059)
地块数	−0.013	−0.013	−0.013	−0.014	−0.013	−0.015
	(0.014)	(0.013)	(0.014)	(0.013)	(0.014)	(0.014)
水田面积	0.309*	0.312**	0.301*	0.262*	0.323*	0.394**
	(0.169)	(0.155)	(0.171)	(0.162)	(0.172)	(0.197)
土壤肥力	−0.012	−0.012	−0.011	−0.009	−0.010	0.002
	(0.063)	(0.058)	(0.063)	(0.058)	(0.063)	(0.061)

（续）

变量	农地转出意愿租金					
	OLS	2SLS	OLS	2SLS	OLS	2SLS
灌溉条件	0.044	0.043	0.038	0.036	0.038	0.018
	(0.053)	(0.049)	(0.053)	(0.049)	(0.053)	(0.059)
劳动力受教育程度	−0.062	−0.064	−0.071	−0.087	−0.062	0.026
	(0.133)	(0.123)	(0.134)	(0.124)	(0.133)	(0.205)
非农劳动力比例	−0.261**	−0.262**	−0.256**	−0.249**	−0.259**	−0.283**
	(0.130)	(0.120)	(0.130)	(0.120)	(0.130)	(0.134)
家庭成员是否为村干部	0.059	0.056	0.047	0.046	0.042	0.004
	(0.095)	(0.088)	(0.096)	(0.089)	(0.096)	(0.107)
宗族	−0.038	−0.038	−0.032	−0.022	−0.038	−0.056
	(0.083)	(0.076)	(0.083)	(0.077)	(0.083)	(0.083)
农业收入	−0.104	−0.105	−0.088	−0.071	−0.100	−0.145
	(0.140)	(0.130)	(0.140)	(0.132)	(0.141)	(0.147)
家庭抚养比	−0.012	−0.012	−0.019	−0.025	−0.018	−0.022
	(0.061)	(0.056)	(0.062)	(0.057)	(0.062)	(0.059)
丘陵	−0.344	−0.347	−0.352	−0.353	−0.352	−0.312
	(0.243)	(0.224)	(0.245)	(0.227)	(0.244)	(0.248)
平原	0.582*	0.590*	0.634*	0.637**	0.627*	0.529*
	(0.327)	(0.306)	(0.331)	(0.308)	(0.327)	(0.315)
到县城时间	0.041	0.043	0.055	0.071	0.047	0.036
	(0.141)	(0.132)	(0.143)	(0.135)	(0.142)	(0.139)
镇虚拟变量	控制	控制	控制	控制	控制	控制
常数项	5.962***	6.032***	6.235***	6.173***	6.257***	6.441***
	(0.425)	(0.549)	(0.401)	(0.381)	(0.400)	(0.623)
N	1 949	1 949	1 949	1 949	1 949	1 949
R^2	0.507	0.506	0.503	0.499	0.502	0.468
识别不足检验	119.524***		233.439***		19.866***	
弱工具变量检验	107.779		224.502		14.194	
杜宾-吴-豪斯曼检验	0.065		1.900		1.244	

注：***、**、*分别代表在1%、5%、10%的统计水平上显著；括号内为稳健标准误。

（二）农地调整经历与确权租金要价决定

表7-3展示了引入农地确权与不同农地调整经历交互项模型的估计结果。考虑到表7-2中的估计结果已经表明OLS估计更为合适，故表7-3中仅展示了OLS估计的结果。

第一，农地确权与农地无调整交互项估计结果不显著，尽管引入的交互项不显著，但并不能说明农地确权与农地无调整对农户农地转出要价没有影响。因为引入交互项后，农地确权对农户提高农地转出要价的激励作用将减弱。从估计系数上看，农地确权与农地无调整交互项的系数为负，说明农地无调整可能会弱化农地确权的租金要价上涨效应，可能的原因是，未经历过农地调整的农户并不具有地权博弈与争夺的经历，农地确权同质的赋权强度并不能激励农户更加珍惜土地。这意味着，农户并不会对农地付出更多的心理珍惜资源，从而诱发较低的租金要价。

第二，农地确权与农地小调整交互项的估计结果在5%的水平上负显著。这表明，农地小调整经历将显著弱化农地确权对农地转出租金要价的影响效果。可能的原因是，首先，农地小调整具有农户可预期性，小调整的经历并不能诱导确权农户更加珍惜农地。其次，确权的行为响应具有情境依赖性，确权政策的实施稳定性将受到农户小调整经历的影响，从而降低农地产权的心理价值。

第三，农地确权与农地大调整交互项的估计结果在1%的显著性水平上正向影响租金要价。估计结果显示，农户的农地大调整经历将显著强化农地确权的租金要价上涨效应。从逻辑上来讲，艰难的地权博弈并获得地权的过程将诱发农户更加珍惜土地并赋予农地产权"高价值"的定位。这意味着，降价转出农地将付出更多的心理损失感，这对于具有乡土情结的农民而言是难以接受的。因此，农地大调整经历将显著促进确权农户提高租金要价。

表7-3 确权政策、农地调整经历及程度与农地转出意愿租金

变量	农地转出意愿租金	
农地确权	0.624**	0.723***
	(0.303)	(0.184)

（续）

变量	农地转出意愿租金	
农地无调整	0.094	
	(0.282)	
农地确权×无调整	−0.290	
	(0.305)	
农地小调整		0.434**
		(0.200)
农地确权×小调整		−0.358**
		(0.148)
农地大调整		−0.248
		(0.442)
农地确权×大调整		0.791***
		(0.265)
耕地面积	0.056	0.059
	(0.062)	(0.062)
地块数	−0.013	−0.014
	(0.014)	(0.014)
水田面积	0.287*	0.278*
	(0.170)	(0.170)
土壤肥力	−0.013	−0.014
	(0.063)	(0.063)
灌溉条件	0.044	0.038
	(0.053)	(0.052)
劳动力受教育程度	−0.063	−0.056
	(0.133)	(0.132)
非农劳动力比例	−0.258**	−0.260**
	(0.130)	(0.130)
家庭成员是否为村干部	0.056	0.060
	(0.095)	(0.095)
宗族	−0.036	−0.030
	(0.083)	(0.083)
农业收入	−0.092	−0.089
	(0.140)	(0.140)
家庭抚养比	−0.017	−0.012
	(0.062)	(0.062)
丘陵	−0.347	−0.327
	(0.243)	(0.242)

（续）

变量	农地转出意愿租金	
平原	0.568* (0.324)	0.572* (0.324)
到县城时间	0.044 (0.141)	0.046 (0.141)
镇虚拟变量	控制	控制
常数项	5.902*** (0.510)	6.015*** (0.417)
N	1 949	1 949
R^2	0.508	0.510

注：***、**、*分别代表在1%、5%、10%的统计水平上显著；括号内为稳健标准误。

（三）稳健性检验 1：更换核心解释变量的再估计

本研究逻辑主线是，地权博弈经历将强化农户对于土地产权的珍惜程度，换言之，经历过农地调整程度更高的农户，农地确权的实施将诱导农户更加珍惜土地并可能寻求更高的租金要价。如果该逻辑成立，那么随着农地调整频次增加将强化确权农户租金要价上涨的意愿。为了验证该逻辑，本研究使用农户经历的农地调整次数变量，从农地调整的频次维度验证文章逻辑。表 7-4 中第 3 列的结果显示，农地确权与农地调整频率的交互项系数为 0.239，且在 5% 的水平上显著，说明经历过农地调整越多的确权农户对农地转出要价显著提高，换言之，经历过地权争夺越激烈的确权农户越寻求更高的租金要价。这一计量结果证实了前文基本逻辑稳健。

表 7-4　稳健性检验 1：对农地调整程度的重新刻画

变量	农地转出意愿租金	
农地确权	0.390*** (0.125)	0.356*** (0.126)
农地确权×农地调整频率		0.239** (0.116)
农地调整频率	−0.114* (0.062)	−0.193** (0.079)

（续）

变量	农地转出意愿租金	
耕地面积	0.061	0.057
	(0.062)	(0.062)
地块数	−0.013	−0.012
	(0.014)	(0.014)
水田面积	0.315*	0.305*
	(0.168)	(0.168)
土壤肥力	−0.013	−0.014
	(0.063)	(0.063)
灌溉条件	0.046	0.049
	(0.053)	(0.053)
劳动力受教育程度	−0.054	−0.062
	(0.134)	(0.133)
非农劳动力比例	−0.261**	−0.256**
	(0.130)	(0.131)
家庭成员是否为村干部	0.055	0.047
	(0.095)	(0.095)
宗族	−0.036	−0.038
	(0.083)	(0.083)
农业收入	−0.104	−0.102
	(0.140)	(0.140)
家庭抚养比	−0.013	−0.019
	(0.061)	(0.061)
丘陵	−0.338	−0.353
	(0.243)	(0.243)
平原	0.573*	0.550*
	(0.327)	(0.326)
到县城时间	0.046	0.043
	(0.141)	(0.142)
镇虚拟变量	控制	控制
常数项	5.996***	6.011***
	(0.426)	(0.423)
N	1 949	1 949
R^2	0.508	0.509

注：***、**、*分别代表在1%、5%、10%的统计水平上显著；括号内为稳健标准误。

(四) 稳健性检验 2：基于倾向匹配得分法的估计

虽然反向因果是本研究主要的内生性来源，但依然不能忽视自选择的问题。为此，本研究使用倾向匹配得分法 (PSM) 重新估计不同农地调整经历对确权农户租金要价的影响。PSM 是基于反事实基础，构建合适的控制组和实验组。为此，使用表 7-1 中的控制变量匹配控制组和实验组，分别将无农地调整经历、有小调整经历和有大调整经历的农户设定为实验组，有农地调整经历、无小调整经历和无大调整经历的农户设定为控制组。同时采用最近邻匹配、核匹配和半径匹配三种匹配策略估计不同的农地调整经历的平均处理效应 (ATT)。需要特别说明的是，为了单独估计不同农地调整经历对于确权效应的影响，这里只保留了已经实现确权的农户样本进入估计模型。表 7-5 展示的 PSM 模型估计结果显示，无农地调整经历在三种匹配方式下均显著降低确权农户租金要价。农地大调整经历在三种匹配方式下均正向影响农户租金要价，总体上验证上文估计结果稳健。

表 7-5　稳健性检验 2：利用倾向匹配得分法的再估计

变　量	匹配方式	ATT	t
农地无调整	最近邻匹配	−0.307*	−1.810
	核匹配	−0.310***	−2.840
	半径匹配	−0.314***	−2.800
农地小调整	最近邻匹配	0.264	1.240
	核匹配	0.174	1.200
	半径匹配	0.195	1.290
农地大调整	最近邻匹配	0.622	1.620
	核匹配	0.532**	2.480
	半径匹配	0.597***	2.720

注：***、**、*分别代表在 1%、5%、10%的统计水平上显著。

五、结论与讨论

本研究利用全国 9 省份调查数据，经验分析不同农地调整经历的农户，农地确权对农户农地转出租金要价的影响。主要结论与启示如下：

（一）主要结论

农地确权与农地调整经历均会诱发农户租金要价上涨，且租金要价分别提高 39.2% 和 16.9%；农地调整经历会影响确权后农户的农地转出要价，无农地调整经历与农地小调整经历均会诱发农户对土地珍惜不足，并弱化确权农户的租金上涨效应；经历过激烈地权争夺的确权农户将更加珍惜土地，农地大调整经历将显著强化确权农户的流转租金上涨意愿。农地调整经历与确权户租金要价呈现线性上升的结构。文章强调，农地确权的要价决定具有情境依赖性，地权调整经历将诱导农民更加珍惜所获得的农地产权。特别地，替换解释变量和利用 PSM 方法的再估计，均表明本研究估计结果稳健。

（二）进一步讨论："感性"看待农地租金要价上涨

塞勒的"禀赋效应"理论的价值在于，发现了有别于纯理性经济学价值恒定的特殊价值判断标准，即人们的心理价值，并且人们对自己的物品往往具有较高的价值判断。也正因为如此，主流文献认为农地赋权政策赋予农户"准私有"的农地产权会强化农户的禀赋效应从而提出更高的租金要价。而本研究发现，地权博弈经历和小调整经历均会弱化确权的租金上涨效应，而经历的地权调整程度越大，越能强化确权户的租金要价上涨效应。换言之，地权博弈经历程度越大将提高农民对土地的珍惜程度并可能强化其禀赋效应，从而寻求更高的租金要价。显然，租金要价上涨反映出了农民对于土地的珍惜和重视程度。

事实上，普遍经历过地权变更与争夺的中国农民，对土地均有着特殊的情感依附，并表达为租金要价的上涨。而农民租金要价的决定并非单一对农地的经济价值评判，而是附着了社会价值与身份价值等情感价值衡量，这也赋予了租金要价的"人格化"价格特征，这一价格内含着农民深厚的土地情结。需要正视的是，主流研究往往基于农地调整作为产权不稳定诱因的角色并单一地从经济价值维度判定农户的租金要价变化，但却忽视了人并非完全理性，人是有感情的动物并赋予土地"人格化"财产属性。因此，"粗暴"地使用纯理性经济学分析农村基本现象和农民行为特征往往与基本事实相违和。

因此，农户租金要价上涨虽然可能加深对诱发农业高成本的担忧，但其反映出的农民对于土地的珍惜态度是与我国农地产权制度改革目标相一致的。但不可忽视的是，作为制度遗产的农地调整，随着时间流逝将必然地逐渐弱化其激励农户珍惜土地的功能，稳定地权的政策努力也将极大限制地权变更的发生，这均可能诱发农民对土地珍惜不足。

（三）隐含的政策意义

从政策层面上来说，具有地权"删除""约束"和"限制"性质的农地调整制度遗产将强化确权农户对于土地的珍惜程度，这与国家农地制度改革提高土地价值，强化农民收益保障相契合。从发展规律上来说，稳定地权将长期是地权改革的主线，随着时间渐远和代际更替，农地调整经历将必然地逐渐弱化其珍惜"捕获"作用，这就需要政府从立法层面明确农户农地产权权益的同时，重申与之关联的相应义务或约束，从而形成责权对应以及"激励—约束"的制衡机制，强化农民对土地的珍惜程度，维持并提高农地在农户心中的价值。

地租上涨带来的农业高成本问题需要引起政府和社会的高度关注。一方面，政府相关部门应该进一步完善农地流转市场，提高农地流转市场效率，降低交易费用，促进土地规模化经营，缩减规模化经营成本，并进一步优化对土地流转和规模化经营的财政补贴和支持政策。另一方面，国家和政府应该推进农产品市场发育，健全农民土地经营收益保障机制，保障规模经营主体的合理收益。

第8章 调整经历、农地确权与农业效率

内容提要：本研究基于"农地确权—调整经历—行为响应—经济效率"的分析框架，将农地调整和农地确权分别视为自上而下的"约束机制"和"补偿机制"引入研究框架，探讨不同的农地调整经历对确权农户农业生产纯技术效率的影响。分析表明，农地调整的约束机制和农地确权的补偿机制走向平衡将促进农业纯技术效率的改善。使用 2016 年中国劳动力动态调查（CLDS）数据的检验结果显示，未经历过农地调整和经历过农地大调整将显著弱化确权农户纯技术效率的实现；而经历过农地小调整的确权农户是最有效率的经营主体。农地调整经历对确权经济效率的影响呈现倒 U 形结构。本研究强调，缺乏约束机制保障的农地确权政策有可能造成农业生产效率的损失。

一、引言

农地产权制度与农业生产效率之间的关系一直是学术界关注的重要议题。新制度经济学理论认为，制度能够规范经济主体的行为预期，促进经济增长（Davis and North，1971）；明晰的产权制度是资源配置及其效率提升的根源（Alchian，1973）。由此，农业生产效率来源于农地产权激励及经济主体的稳定预期。作为理论的政策响应，自改革开放以来，中国在政策层面不断强化农地产权的稳定性。2009 年开始试点并于 2013 年全面推进的农村土地承包经营权确权登记颁证政策（以下简称"农地确权"），一直被人们视为维护地权稳定与产权安全最为重要的制度安排。事实上，国家试图通过"增人不增地，减人不减地"的农民土地产权固化和承包土地"四至"的空间划定，强化土地排他性，稳定农户预期，诱导农民的长期投资与生产行为，并优化资源配置。

　　然而，理论与政策导向并不一定得到实践的一致性响应。一方面，Markussen（2008）对柬埔寨的研究、Newman 等（2015）对越南的研究以及林文声等（2018）对中国的实证研究均发现，农地确权能显著改善农业生产效率；另一方面，Jacoby 和 Minten（2007）对马达加斯加的研究、Hombrados 等（2015）对坦桑尼亚的研究结果却表明，农地确权并没有显著提高农业生产效率。

　　同样是明晰产权的农地确权政策，为何对农业生产效率的影响具有显著差异？主流文献的解释可以归结为地权安全性假说。Markussen（2008）、Melesse 和 Bulte（2015）的研究表明，农地确权可以显著强化原有地权安全性较低村庄的农地产权稳定性与安全性，促进农业生产效率的提高。然而，林文声等（2018）认为，前期的农地调整会降低农户对农地产权安全性的感知，并导致农户对后期确权政策的不信任，削弱其稳定性预期，形成部分确权效率损失。Feder 和 Onchan（1987）对泰国村庄的研究结果支持了这一观点。

　　上述研究表明，原有地权的安全性以及农户由此形成的"记忆"，会对农地确权的行为响应及其经济绩效产生重要影响，农地确权的经济绩效具有情境依赖性。但是，在以往的研究中，叶剑平等（2006）、黄季焜等（2008）以及林文声等（2018）的研究均先验地将农地调整视为产权不安全的表现，由于将调整经历刻画为农户的产权安全感知，从而判断：无农地调整经历的农户的地权安全性感知最高，因而这部分农户将是农地确权政策响应中最具潜在效率的群体，且随着调整程度的加深，经历过农地小调整和大调整农户的产权安全性感知将与确权效率同步下降，呈现出线性变化的趋势。

　　这一解释并不完全具有合理性。一般而言，行为主体所经历的事件使其形成先验态度（McGuire，1964）。这意味着，将未经历农地调整的农户定义为原有产权安全性最高的判断并不准确。行为经济学和行为心理学认为，行为主体的行为并非是独立选择的，而是嵌入社会网络而受到周围群体信念、价值观及其认知的影响，尤其当行为主体对情境缺乏把握时，通常会参照、模仿周围群体的信念、认知和行为选择（布赖，1987）。未经历过农地调整的农户，其产权安全性感知并非是明确的。由此，单一地从地权安全性感知视角来讨论农地确权的经济绩效，可能导致研究结论的不一致。

上述研究缺陷使土地调整历史情境对农地确权经济绩效的分析遇到理论挑战：由于无农地调整经历农户的特殊性，农地调整与农地确权效率之间的关系，或许并非线性变化而可能呈现多重均衡。为弥补这一研究的不足，本研究拟构建"农地确权—调整经历—行为响应—经济效率"的分析框架，从国家和集体自上而下的制度安排视角重新诠释农地调整和土地确权的制度内涵，为前期农地调整经历如何影响后期农地确权的农户行为响应寻求逻辑一致的解释，由此揭示不同农地调整经历的确权农户农业生产效率的实现机理。

二、调整经历、确权响应与效率决定

（一）农地确权效率的决定机理：理论线索

产权经济学认为，产权的实质是明确界定主体财产权属关系及主体间权责关系，使产权主体能够最大限度地在产权约束范围内配置资源以获取最大化收益（Alchian，1965）。与这一思想吻合，不断强化农民土地产权是中国政府土地政策的基本线索。新一轮农地确权的本质是产权界定，其不仅表达为农户承包地块的"四至"明晰化，还表达为产权主体权属的法律确立及其社区博弈。明晰的赋权是重要的，但产权界定的行为响应往往具有历史继承性。罗必良（2020）指出，制度变迁及其绩效与制度遗产、环境条件以及个人偏好等因素有关，因而具有情境依赖性。

实际上，土地产权的历史情境是一个动态的过程。改革开放以来，农村土地制度改革不断加强对农民土地承包经营权的保护，但土地承包关系依然不够稳定，农地调整仍普遍发生（陈锡文，2009）。新一轮农地确权是在农地调整情境中实施的，势必受到其影响和制约。此外，行为主体的"记忆"将通过条件反射形成对当前行为的指导（弗洛伊德，1986）。显然，确权政策并不能独立发挥作用，与产权主体过往的产权调整经历紧密关联。

在中国农村，土地集体所有决定了地权均分的必然性。尽管中央政府一直强调农地产权稳定的重要性，但农地调整在一个相当长的时期内一直是农村普遍发生的现象。之所以如此，一方面，因人地关系变化而进行的农地调整，不仅能够响应农民对地权分配的公平诉求，而且也能够满足维护社会稳定的"国家意图"；另一方面，地方基层政府为完成国家任务（如 2006 年之前的农业税征收任务）而将农地调整作为动员手段，往往也能够获得上级政府一定程度的"默许"。农村土地集体所有制内含的土地均分制度安排以及由此诱发农地调整的初始动因，都多少存在"国家制造"的性质。诺斯的国家模型指出，国家通常是以一组服务即保护与公平做交换以获取"租金"最大化和社会产出最大化。但"租金"最大化的产权结构与降低交易费用、促进经济增长的社会产出最大化的体制之间存在持久冲突，这一冲突也是一套无效率产权制度存在的根源。因此，被普遍诟病低效的农地调整，表面上是国家自上而下赋予村集体基于人地关系变化而改善地权公平的产权界定与处置权，但根据诺斯的国家理论，地权调整本质上更多地表达为保障国家税收与社会产出的一种"约束机制"，特别是在中国农业税尚未取消的时期，农地调整对完成国家的产量目标及征收农业税收具有重要的保障作用。农地调整"约束机制"在本质上是一种通过产权管理，防范、纠正和内部约束农民的消极经营行为，并激发农民生产性努力的负激励机制[①]，即给予农户一定的农地使用权和部分的剩余索取权（姚洋，1998），诱导农户在不确定的农地调整周期内积极改善农业经营管理水平，优化生产要素使用效率，否则农户将付出相应的机会成本甚至失去土地。洪炜杰和罗必良（2019）的研究证明，通过农地调整重新分配承包地，往往成为村集体激励或威胁农户配合完成国家或上级政府交付的各种政治经济任务的一种手段。如果家庭投入农业的劳动力过少或者经营绩效过低，农户将面临农地调整中其承包地减少的风险。不过，中国于 2006 年全面取消农业税，极大弱化了农地调整"约束机制"的内在激励。由此，农业税的取消、农地确权制度的实施，可以视为中国农地产权制度从"约束机制"走向"补偿机制"的制度变迁。

借助巴泽尔的产权"公共领域"理论，本部分更加具体地阐释农地调整"约束机制"所生成的激励效果。巴泽尔（1997）认为，土地所有者要

---

　　① 虽然农地调整已被普遍认为是农业综合效率损失的重要诱因，但长期存在的农地调整作为产权反向激励和内部约束的作用依然不容忽视，即农地调整将促进农户改善农业经营管理水平，改善农业纯技术效率。

求收益最大化的同时却并未完全行使权利，致使部分权利流入"公共领域"，而土地的使用者将积极攫取这部分权利租值①。换言之，农地调整的"约束机制"并未明晰界定农地产权边界，"公共域"租金将成为承包户竞相争夺的资源。显然，农地无调整、小调整和大调整等不同的调整方式隐含着不同的"约束"程度和租金收益分配格局。考虑到农户的非同质性，不同的"约束"程度对农户所形成的激励效果具有差异性。

事实上，具有"国家制造"属性的"约束机制"内含了产权弱化的机制。频繁的农地调整使农民丧失了土地的长期使用权（姚洋，1998），并遭受不同程度的租金耗散。此外，经典文献早就注意到产权强弱对产权主体行为能力的影响。Alchian 和 Kessel（1962）所强调的产权限制、德姆塞茨（1988）所强调的产权残缺，均可表达为埃格特森（1990）所说的产权弱化。而农地调整"约束机制"对部分产权权属的"删除"、对权能的限制或削弱均会造成农户不同程度的权益损失。中国政府通过产权强化"归还"农民被"删除"的产权权属，减少或放松对产权权能的限制。这也赋予农地确权以还权"补偿"的含义。这一"补偿机制"②，一方面缩小了"公共领域"范围，并弱化农地承包者攫取租金的机会主义冲动，另一方面赋予农户更加充分的农地剩余索取权，以实现"公共领域"租金补偿向赋权补偿的转变。Hart（1995）基于不完全合同理论提出了"剩余权利"，从所有者行为能力的角度印证了这一解释。农地确权"补偿机制"的特点在于，无论是否曾因"约束机制"而遭受损失，农户都将获取同质的农地产权尤其是剩余索取权"补偿"③。由此，农户在农地调整中遭受"约束"的程度是不同的，但通过农地确权获取的"补偿"却是同质的。

① 在中国情境下，土地所有者可视为是农村集体经济组织（或作为村集体经济组织代表的村委会）。一般来说，村委会是农地调整的决策者和组织者，这既符合农村土地集体所有的法理解释与土地保障的生存伦理原则，又体现出国家主导下制度变迁的路径依赖特征。

② "约束机制"与"补偿机制"的提出来源于 Spence 和 Taylor（1967）提出的诱因动机（incentive motivation）作用理论。该理论认为奖励（或惩罚）是通过诱因动机作用而对反应发生影响的。不同的是，农地调整内含着对部分产权权属的"删除"、对行为主体权能的限制或约束，而农地确权具有"归还"在地权不稳定时被"删除"的产权权属、减少或放松对产权权能限制的"还权"含义，本研究将农地调整定义为"约束机制"，将农地确权定义为"补偿机制"。

③ 中国的农地确权大多是根据第二轮承包的发包土地进行"四至"确权的，而第二轮农村土地家庭承包往往是第一轮土地承包关系的延续。因此，农地确权及其产权界定具有农村集体初始成员权的认可性质。

人们的行为因奖惩机制而得到强化或削弱（Spence and Spence，1967），进而形成不同预期，这或许是确权政策所诱发的行为响应与绩效差异的根源。

新一轮农地确权，大体形成"约束"与"补偿"平衡或失衡的两种状态和三类群体。第一，平衡状态下的一类群体：经历过农地小调整"约束机制"而利益受损的农户将获取相应"失而复得"的确权"补偿"；第二，失衡状态下的两类群体：其一，未经历农地调整"约束机制"的农户获取"唾手可得"的确权"补偿"；其二，经历过农地大调整"约束机制"而利益受损较为严重的农户获取"得不偿失"的确权"补偿"。基于此，本研究的基本推断是：在农地调整"约束机制"中，未经历调整、经历小调整和大调整的农户面临的损失程度不同，进而引发农户不同的确权"补偿"诉求。鉴于农地确权是公平赋权，"约束"和"补偿"的平衡与失衡状态将引发农户对确权政策的差异化行为响应。

图 8-1 的几何模型描述了农地调整"约束机制"与农地确权"补偿机制"的平衡与失衡状态。其中，横轴 L 表示农地调整经历所形成的家庭利益损失，纵轴 M 表示地权"补偿"。

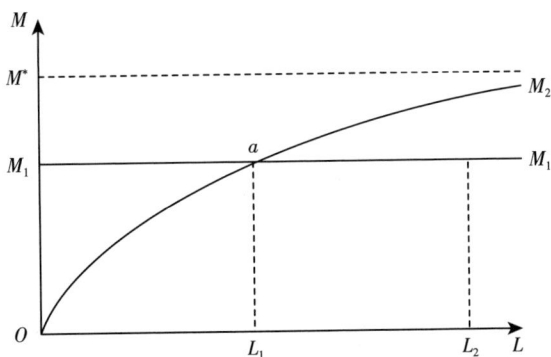

图 8-1　"约束机制"与"补偿机制"的平衡与失衡

图 8-1 中，M^* 为农户在农地调整"约束机制"中家庭租值耗散最为严重时（即完全的失地）的地权"补偿"诉求，也可视为产权不稳定时可从"公共领域"攫取的最大租金补偿。L_1 和 L_2 分别表示经历农地小调整和大调整"约束"所形成的家庭损失。M_2 表示随着农户经历农地调整程度的加深所需"补偿"的变化趋势。在产权尚未明确界定时，农户会通过

攫取"公共领域"租金弥补家庭损失，这种动力随着农地调整程度的增大而得以强化。确权政策以产权补偿替换"公共领域"租值补偿，但作为正式制度安排的农地确权政策赋予农户的却是同质的 M_1，即 M_1 为无差异的农地赋权"补偿"线。当 $L=0$ 时，农户未经历过农地调整的"约束"而"唾手可得"地获得了 M_1 的地权补偿。在 OL_1 区间，$M_1 \geqslant M_2$，确权赋予的"补偿" M_1 将完全弥补农地小调整家庭的损失，并在点 a 处实现"约束"与"补偿"的均衡。在 L_1L_2 区间，$M_1 < M_2$，农地确权赋予农户无差异的地权"补偿"无法弥补经历农地大调整的农户所遭受的损失，形成了"得不偿失"的状态。

（二）"失而复得"与"唾手可得"：两类情形的进一步讨论

1. 农地确权、"失而复得"的行为响应与经济效率

农地产权的运行受到制度环境的约束，具有国家意志的"约束机制"也赋予农地调整以特殊的制度涵义。通过农地确权，农户将获得"失而复得"的较为充分的剩余索取权。

然而，农民对农地确权的行为响应具有情境依赖性，农地调整经历尤为重要。一方面，历史经验会诱导行为主体形成关于事件相关概念的先验认知（Fiske and Taylor，1991）。农地调整的过往经历作为"事实因素"，会以惯例方式给农户留下记忆。另一方面，行为主体对事件的评估往往会寻求当前信息与先验认知的内在一致性，当事件冲击较大时，即使具有先验态度，行为主体也会调整自我认知（Lavine et al.，1998）。对于在"约束机制"中损失较小的农地小调整农户而言，农地确权政策完全可以弥补家庭损失，从而强化对确权政策的信任，并在"补偿"激励下改善农业经营绩效。反之，行为主体面临效力较弱的证据且与先验认知不一致时，将更加坚定先验态度（McGuire，1964）。对于经历农地大调整的农户而言，失地"约束"的强烈先验认知与农地确权的赋权"补偿"处于权益失衡状态，"补偿"的收益不能弥补"约束"的损失，将难以诱导其提高生产性努力。

更为重要的是，农地产权的"失而复得"可进一步细分为两种情形。逻辑上说，不同调整经历的农户会对"所失几何"与"所得几何"进行心理衡量。农地小调整农户的损失较小，从农地调整到确权的"失之东隅，

收之桑榆"，将激励农户优化农业生产要素配置结构，提高纯技术效率。
但是对于经历农地大调整并损失较大的农户，农地产权"失而复得"实际
上却"得不偿失"，这部分确权农户并不具有充分的农业生产积极性。
Becker（1974）指出，人的效用不仅取决于自己得到的绝对价值，周围群
体获得的收益也会直接影响其主观效用。这意味着，经历过农地大调整的
确权农户，基于与无调整经历和小调整经历确权农户的比较，因相对损失
较大但补偿相同而可能"心理失衡""眼红"，从而诱发机会主义行为和道
德风险，尤其是对于在强制性征地但补偿有限情境下经历农地调整的农户
来说就更是如此。可以推断，同质的赋权强度并不能完全弥补农户在农地
大调整中的损失，也就无法形成农业生产的激励作用。事实上，虽然产权
安全性感知无法逻辑一致地解释农地无调整农户的效率表现，但却契合大
调整农户的行为逻辑。经历过大调整的农户难以形成对确权政策的信任，
无法形成长期稳定的经营预期将挫伤农户改善农业经营管理水平的积
极性。

2. 农地确权、"唾手可得"的行为响应与经济效率

农地调整"约束机制"内含的对部分产权权属的"删除"、对行为主
体权能的限制或削弱，均赋予了农地确权"补偿机制"的含义。所不同的
是，农地无调整农户的地权权能未被限制和削弱过，这类农户未经历土地
产权争夺但依然获取确权"补偿"，实质上形成了"唾手可得"的农地产
权。Heider（1982）指出，先验认知的缺失决定了当前事件并不会给行为
主体带来认知失调和紧张感。那么，从调整走向稳定的产权制度安排，并
不能对农地无调整的农户形成事实上的安全强化和生产积极性的激励。对
于未经历过农地调整的农户而言，农地确权之后所获取"唾手可得"的地
权并没有相应"约束机制"的制约，基层政府作为"裁判员"的地位逐渐
弱化。"激励—约束"机制的失衡将可能导致农户生产努力的下降并诱发
效率耗散。

精神分析学理论验证了这一逻辑。弗洛伊德（1986）认为，本能发泄
形成的内驱力与思想和现实形成的阻力持续对抗促使人们进行妥协性选
择，较低妥协性（较易获取）的事物将弱化行为主体本能发泄的内驱力，
导致主体难以捕获更多资源和珍惜已获取的资源。未遭受农地调整损失而
获取"唾手可得"的剩余控制权，将弱化农户对农地的重视程度，也无法

形成较强的生产激励。一般来说，相对于收益，人们在衡量损失时会产生更强烈的感受（Knetsch，2010）。换言之，在"约束机制"中遭受损失的农户对于地权具有更强烈的感受，而"唾手可得"地获取农地并不会给农户带来更高的土地价值评价。这意味着"唾手可得"很难被珍惜，行为主体并不具有改善生产积极性的内驱力，甚至农地"低价值"的心理定位将诱发"持有型懈怠"，造成农业生产技术效率损失。

事实上，产权理论也认为，界定产权的目标是界定不同主体的行为边界以对行为主体加以约束（Furubotn and Pejovich，1972）。这也与哈耶克（1999）关于秩序的界定类似，秩序本质上就是赋予主体一系列的自由边界，缺乏规则约束的秩序将无法实现收益最大化。换言之，"激励—约束"相匹配的制衡机制将是提高农地确权经济绩效的重要前提。

（三）机理分析

1. 基准模型

为了分析农户农地调整经历对确权农户农业生产绩效的影响，本部分借鉴 Besley 和 Ghatak（2010）的模型进行说明。首先设置一个单一农户的农业生产模型。假设不存在市场或任何形式的交换。在该模型中，农户投入的生产努力为 $e \in [0, 1]$，且农户的禀赋极限为 $\bar{e} \leqslant 1$。这将产生生产绩效 A 或者 0，其概率分别为 $\sqrt{e}$ 和 $1-\sqrt{e}$，从而可以得到预期的生产绩效 y：

$$y = A\sqrt{e} \qquad (8-1)$$

在这一个简单的基准模型中，农户只需选择其最佳投入的 e 值。假设农户的效用函数在消费 c 和休闲 l 上是线性的，且不考虑收入的影响与风险规避，则农户的效应函数可表达为：

$$u(c, l) = c + l \qquad (8-2)$$

假设确权农户的产权安全性感知受到农地调整经历的影响，即受到农地调整"约束机制"形成的先验认知的影响，可将这种失地"约束"的先验认知等同于农地调整的风险纳入模型。假设存在农地调整风险的概率 $\tau \in (0, 1]$，这里并未将 $\tau=0$ 的可能性考虑在内。那么，预期消费 $c=(1-\tau)A\sqrt{e}$。农民选择 c 以实现效用最大化：

$$(1-\tau)A\sqrt{e}+\bar{e}-e \qquad (8-3)$$

约束条件为 $e\leqslant\bar{e}$。对式（8-3）求一阶导数可得：

$$\frac{(1-\tau)A}{2\sqrt{e}}=1 \qquad (8-4)$$

因此，农民的最佳劳动努力投入是：

$$e^{*}=\Big[\frac{(1-\tau)A}{2}\Big]^{2} \qquad (8-5)$$

相应地，预期总产值为 $\gamma(\tau)=[(1-\tau)A^{2}]/2$，而生产者的净剩余为 $\pi(\tau)=[(1-\tau)A/2]^{2}$。从而可以得出：确权农户的生产性努力和产出绩效随 τ 增大而严格减少。确权农户经历过的农地调整程度越大，农户付出的农业生产性努力越少，生产效率越低。如果农地小调整经历到大调整经历是连续分布的，那么农业绩效将随着农地调整经历程度的加深而减小（离散分布也有类似结论）。这一命题与前文理论分析结论是一致的。

进一步讨论农地无调整（即 $\tau=0$）的情况，假设农地初始价值是 $\bar{h}$，农户的决策问题转化为：

$$\max_{e}A\sqrt{e\bar{h}}+\bar{e}-e \qquad (8-6)$$

求一阶导数可得农户的最佳劳动投入 $e^{*}=(A\bar{h}/2)^{2}$。可以看到，由于"约束机制"的缺失，"唾手可得"的地权获取将降低农地的心理价值。当 $\bar{h}$ 降低时，农户生产性投入将减少，经济绩效也相应降低。这一命题验证了前文的理论分析结论，没有农地调整的经历将诱发确权农户经济绩效的损失。

应该注意到，前述模型有一个关键假设，即资源禀赋无约束。如果资源禀赋投入是固定的，即 $e^{*}=\bar{e}$，那么总产出为 $A\sqrt{e}$，生产者的净剩余是 $(1-\tau)A\sqrt{e}$，从而得出结论：农户的生产性努力和经济绩效不受 τ 影响。这类似于全职农民家庭，因为并不存在劳动力非农转移，且农地经营规模并未突破家庭劳动力约束，因此形成了家庭内部的劳动力固定投入。此时，由于收入全部来源于农地经营，农户对农地依附程度较高，生产性努力并不会受 τ 影响。

2. 考虑非生产性劳动的模型

基准模型中的农户劳动力仅有生产性努力的含义。对于经历过农地调整的农户而言，"约束"的先验感知使其倾向于投入一定的劳动以维护地权，但由此形成的对农地确权政策稳定性的预期不足，依然难以激发其在农地经营中从分配性努力转换为生产性努力。

区分两种劳动来修改模型，令 e_1 表示生产性努力劳动，e_2 表示降低失地"约束"的劳动投入。失地"约束"的风险可以表示为：

$$\tau(1-\gamma\sqrt{e_2}) \qquad (8-7)$$

其中，$\tau\in(0,1]$，$\gamma\in[0,1]$，$e_1\in[0,1]$，$e_2\in[0,1]$。e_2 较高，则失地风险较低，γ 表示捍卫地权投入的大量精力。农户的决策问题是：

$$\max_{e_1,e_2}\left[1-\tau(1-\gamma\sqrt{e_2})\right]A\sqrt{e_1}+\bar{e}-e_1-e_2 \qquad (8-8)$$

分别对 e_1 和 e_2 求导得出：

$$e_1=\left(\frac{2(1-\tau)A}{4-(\tau\gamma A)^2}\right)^2 \qquad (8-9)$$

$$e_2=\left(\frac{\gamma\tau(1-\tau)A^2}{4-(\tau\gamma A)^2}\right)^2 \qquad (8-10)$$

根据上式可以得出：如果确权农户的农地产权安全受到农地调整的影响，且资源禀赋无约束，那么农地调整风险的减小将增加确权农户的生产性努力劳动；存在 $\bar{\tau}\leqslant 1$ 使得只要 $\tau\leqslant\bar{\tau}$，降低失地"约束"的劳动投入将随着 τ 变大而持续增加；当农地调整风险 τ 较低时，改善产权将提高经济效率，即确权农户的农业生产绩效将随着农地调整经历程度的减弱而提高。这一命题与前文的理论分析结论是一致的。当农地调整风险为 0，即不存在非生产性劳动时，这时将回到式（8-6）的情况，确权农户的农业经济绩效将下降。

当资源禀赋受到约束时，即 $(1-\tau)^2A^2(4+\tau^2\gamma^2A^2)/(4-\tau^2\gamma^2A^2)^2>\bar{e}$，对上式求导可得：

$$(1-\tau+\tau\gamma\sqrt{e_2})A\frac{1}{2\sqrt{e_1}}=1+\lambda \qquad (8-11)$$

$$\tau\gamma\frac{1}{2\sqrt{e_2}}A\sqrt{e_1}=1+\lambda \qquad (8-12)$$

式中，λ 是与资源约束关联的拉格朗日乘子（劳动力的影子价格）。将上述两个条件与有约束力的劳动力一起作为限制条件，得到以下方程式：

$$2\tau\gamma e_2+(1-\tau)\sqrt{e_2}-\tau\gamma\bar{e}=0 \qquad (8-13)$$

从而得出：

$$e_1=\bar{e}-\left[\frac{1}{4\gamma}\left(1-\frac{1}{\tau}\right)+\sqrt{\left\{\frac{1}{4\gamma}\left(1-\frac{1}{\tau}\right)\right\}^2+\frac{\bar{e}}{2}}\right]^2 \quad (8-14)$$

$$e_2=\left[\frac{1}{4\gamma}\left(1-\frac{1}{\tau}\right)+\sqrt{\left\{\frac{1}{4\gamma}\left(1-\frac{1}{\tau}\right)\right\}^2+\frac{\bar{e}}{2}}\right]^2 \quad (8-15)$$

e_2 总是随 τ 变大而增加，而 e_1 总是随 τ 变大而减小，而且，由于劳动力受到约束，增加 e_2 将导致 e_1 减小。这表明，当考虑资源约束时，农地调整风险增加将诱发确权农户生产性努力的不足，从而损失效率。

通过以上机理分析，可以得到区别于以往文献的一个重要观点：农户所经历的农地调整，随着调整程度的加大，其对农地确权经济效率的影响并非是线性的，而将呈现为倒 U 形结构。

三、数据、变量与模型

(一) 数据来源

本研究数据来源于 2016 年中国劳动力动态调查（CLDS）。CLDS 每两年一次对中国城乡开展动态追踪调查，样本覆盖中国 29 个省份（不包括港澳台、西藏、海南，下同）。该数据集包含了家庭农地确权、村庄农地调整等信息。本研究在剔除非农村居民和主要变量数据缺失严重的样本后，使用的有效样本为 6 174 个农户。

(二) 变量设置及说明

1. 被解释变量

本研究的核心命题是农地产权从调整到稳定对农户改善农业经营绩效的生产性努力的影响，而主流文献中所使用的综合效率并不能准确刻画这一主旨。考虑到效率结构的层次性及其反映出的农业经营管理问题，本部分借助数据包络分析模型，基于投入导向下的 BBC 模型，测算出农户的农业生产纯技术效率，并将其作为本研究的因变量[①]，反映农户生产性努

---

① DEA 模型可以根据农户投入产出测算出农户农业生产综合效率、纯技术效率和规模效率。其中，农业综合效率是对农户的资源配置能力、资源使用效率等多方面能力的综合衡量与评价；农业规模效率反映的是实际规模与最优规模的差距，体现农业经营规模的优化程度；农业纯技术效率反映的是一定规模（最优规模）投入要素的生产效率，是农户受管理和技术等因素影响的生产效率，实质反映了农户的生产性努力程度。

力程度。测算农户生产效率的投入指标包括农地经营规模、农业经济投入和农业生产时间，产出指标为家庭农业总产值。

2. 主要解释变量

主要解释变量包括农地调整与农地确权。其中，农地调整从两个方面测度：一是是否进行过调整，源于"2003 年至今，土地是否进行过调整"的问项结果；二是农地调整的程度，参照李尚蒲、罗必良（2015）对农地小调整和大调整的划分，本研究将"村组内部分农户土地小调整"和"利用村内机动土地进行调整"归为农地小调整，将"村组内土地打乱重分"归为农地大调整。农地确权采用农户是否获得农地承包经营权证书来表征。一般来说，农地确权之后，农户将获得国家授权并由地方政府统一颁发的证书，作为国家法律赋权的重要凭证，农村土地承包经营权证书是农民在公共治理中保护自身土地权益或抵制非法土地侵占的重要工具。农地确权通过给农民"确实权、颁铁证"，真正让农民吃上"定心丸"（韩长赋，2015）。

3. 控制变量

本研究所采用数据为户级层面数据，需要对一些因素进行控制，包括：家庭特征，如家庭成员平均年龄、家庭成员受教育程度、家庭女性比；影响农户生产效率的因素，如村庄非农经济、村庄统一提供的农业生产服务（林文声等，2018）以及农户拥有的大型农机具（董莹和穆月英，2019）。此外，本研究还控制了 29 个省份的区域虚拟变量。主要变量的描述性统计见表 8-1。

（三）计量模型选择

本研究旨在考察农地产权对农业生产纯技术效率的影响，以及不同农地调整经历下，农地确权对农户农业生产纯技术效率的影响差异。首先给出未引入交互项的独立方程：

$$Y_i = \alpha_0 + \alpha_1 X_i + \alpha_2 D_i + \varepsilon_i \qquad (8-16)$$

式（8-16）识别了四组方程，其中 Y_i 表示农户农业生产纯技术效率。X_i 分别表示农地确权、农地调整、农地小调整和农地大调整，D_i 表示由控制变量组成的矩阵，包括家庭特征变量、村庄变量和地区变量。α_0 为常数项，α_1 和 α_2 为待估计系数，ε_i 表示误差项，并假设满足标准正态

表8-1 变量定义及描述性统计

	变量名称	变量定义	平均值	标准差
产出指标	家庭农业总产值	农户生产农产品总价值的对数（元）	8.619	1.310
投入指标	农地经营规模	农户扣除弃耕后的土地经营面积的对数（亩）	1.570	1.051
	农业经济投入	农户农业生产的总投入的对数（元）	7.762	1.343
	农业生产时间	农户进行农业生产的总时间的对数（天）	7.630	0.662
被解释变量	农业生产纯技术效率	基于BBC模型测算得到的农户农业生产纯技术效率	0.456	0.243
主要解释变量	农地确权	已确权且颁发承包经营权证书：是=1；否=0	0.540	0.498
	农地调整	2003年以来本村庄是否发生农地调整：是=1；否=0	0.198	0.554
	农地小调整	是否发生农地小调整：是=1；否=0	0.125	0.330
	农地大调整	是否发生农地大调整：是=1；否=0	0.019	0.138
控制变量	大型农机具	家中是否有大型农机具：有=1；无=0	0.024	0.154
	家庭成员平均年龄	家庭成员平均年龄（年）	44.573	13.837
	家庭成员受教育程度	高中以上学历成员占比（%）	16.321	21.300
	家庭成员女性比	女性成员占比（%）	47.816	17.774
	村庄非农经济	村庄是否有非农业经济：有=1；无=0	0.204	0.403
	统一灌溉排水服务	村庄是否可享统一灌溉排水服务：是=1；否=0	0.402	0.490
	统一购买生产资料服务	村庄是否可享统一购买生产资料服务：是=1；否=0	0.098	0.298
	统一技术培训服务	村庄是否可享统一技术培训服务：是=1；否=0	0.674	0.469
	区域虚拟变量	省份虚拟变量	—	—

分布。

引入交互项模型的基本表达式为：

$$Y_i = \alpha_0 + \alpha_1 X_{i1} + \alpha_2 X_{i2} + \alpha_3 X_{i1} X_{i2} + \alpha_4 D_i + \varepsilon_i \quad (8-17)$$

式（8-17）识别了三组方程，其中 Y_i 表示农户纯技术效率。X_{i1} 表示农地确权，X_{i2} 表示农地无调整、小调整与大调整。$X_{i1} X_{i2}$ 表示交互项。其余变量、参数和式（8-16）一样。

需要指出的是，本研究引入农地产权变量会引起内生性问题。首先，生产效率差异可能导致农地确权进程在不同效率水平农户间存在差异，从而产生反向因果的内生性问题。其次，模型还可能遗漏观测不到的但能影响到农户农业生产纯技术效率的变量。

为了有效解决内生性问题，根据已有研究（Kung，2002；Ma et al.，2013），村庄层面的农地产权指标可以被用来作为农户个体产权特征的工具变量，因此本研究使用样本农户所在村庄其他农户的农地确权均值作为农地确权的工具变量。原因在于，尽管村庄内的农地确权工作在程序上是同步进行的，但在实际实施过程中，农户领取农村土地承包经营权证书的时间并不一致，但由于同村内部的社会网络关系较强，村内其他农户的农地确权率会影响自身农地确权与否的概率（李宁等，2019），但是不会直接影响本户的农业生产纯技术效率水平，满足工具变量选择标准。同样，差异化的农户纯技术效率水平会导致低效率农户寻租行为的产生，期望通过农地调整以换取较好的被他人精心经营的地块。纯技术效率较高的农户在农地调整中具有更强的谈判能力，农业经营能力较强的农户更倾向于对地权稳定性提出要求（李尚蒲和罗必良，2015），导致农业生产纯技术效率水平差异对农户农地调整需求产生影响，存在互为因果的内生性。考虑到本研究农地调整变量为村庄层面数据，因此使用县内其他村庄农地调整变量的均值作为工具变量。从理论上来说，同县其他村的农地调整情况会影响到本村农地调整，但和本农户的农业生产纯技术效率并不直接相关，从而满足工具变量选择标准。

除此之外，本研究在稳健性检验中进一步通过倾向得分匹配法（PSM）构建"反事实"情境，有效降低样本选择偏误，解决潜在的内生性问题导致文章估计结果的偏误。

四、模型结果与分析

（一）农地调整与确权对农业纯技术效率的影响

表8-2展示了式（8-16）的估计结果。首先，杜宾-吴-豪斯曼检验的结果显示，表8-2的估计确实存在内生性问题。其次，弱工具变量检验和识别不足检验表明，本研究所采用的工具变量不存在弱工具变量和识别不足的问题。

表8-2 确权政策、农地调整经历及程度与农业生产纯技术效率

变量	农业生产纯技术效率			
	方程1	方程2	方程3	方程4
农地确权	−0.120*** (0.011)	—	—	—
农地调整	—	0.020*** (0.003)	—	—
农地小调整	—	—	0.004 (0.010)	—
农地大调整	—	—	—	0.077*** (0.015)
大型农机具	−0.070*** (0.017)	−0.040*** (0.015)	−0.041*** (0.015)	−0.040*** (0.015)
家庭成员平均年龄	−0.001*** (0.000)	−0.001*** (0.000)	−0.001*** (0.000)	−0.001*** (0.000)
家庭成员受教育程度	−0.000 (0.000)	−0.000 (0.000)	−0.000* (0.000)	−0.000* (0.000)
家庭女性比	0.000 (0.000)	0.000 (0.000)	0.000 (0.000)	0.000 (0.000)
村庄非农经济	0.093*** (0.009)	0.061*** (0.008)	0.063*** (0.008)	0.059*** (0.008)
统一灌溉排水服务	−0.006 (0.006)	−0.006 (0.006)	−0.005 (0.006)	−0.004 (0.006)
统一购买生产资料服务	−0.003 (0.010)	0.003 (0.009)	0.003 (0.010)	0.001 (0.010)
统一技术培训服务	0.003 (0.007)	−0.004 (0.006)	−0.005 (0.006)	−0.005 (0.006)

（续）

变量	农业生产纯技术效率			
	方程 1	方程 2	方程 3	方程 4
省份虚拟变量	控制	控制	控制	控制
常数项	0.559 ***	0.397 ***	0.405 ***	0.409 ***
	(0.016)	(0.032)	(0.032)	(0.032)
观测值	6 174	6 174	6 174	6 174
R^2	0.016	0.172	0.170	0.171
识别不足检验	1 975.052 ***	6 171.417 ***	5 702.188 ***	5 857.840 ***
弱工具变量检验	2 899.350	6 300	3 400	4 100
杜宾-吴-豪斯曼检验	82.358 ***	10.222 ***	10.625 ***	20.830 ***

注：① *** 、 ** 、 * 分别代表在 1%、5%、10% 的统计水平上显著；② 括号内为稳健标准误。

方程 1 的结果显示，农地确权显著抑制农户农业生产纯技术效率，导致这一结果的因素是多方面的。农地确权的效率抑制效应说明，在当前技术水平下，确权并未带来农户对农业经营管理水平的积极改善[①]。事实上，早有文献对农地确权的制度安排对农户生产行为的改善提出质疑。罗必良（2019）证明了，农地调整具有内在的发生机制，对于经历过农地调整的农户，农地确权的农业生产激励效应会大打折扣。钟甫宁、纪月清（2009）的研究证明，地权强化并不必然改善农户的投资行为。基于此，至少可以判断，农地确权对农户生产努力的激励作用是有限的，或者不能独立地发挥诱导作用。

方程 2 的结果显示，农地调整经历对农户农业生产纯技术效率的实现具有显著促进作用。这也印证了前文的理论判断，农地调整"约束机制"能够产生激励效应，具有诱导农户积极生产的内驱力。

方程 3 与方程 4 的结果显示，农地小调整经历并不对农业生产的纯技术效率产生明确影响，而大调整经历将显著促进纯技术效率的改善。由于农地调整"约束机制"会造成农户家庭的租金耗散，作为应对策略，一方面，农户将积极攫取"公共领域"的租值以弥补家庭损失，这种利益攫取

---

① 通过 DEA 模型可以计算出农户农业生产综合效率、纯技术效率和规模效率。农地确权的实施将显著促进综合效率与规模效率的实现，这与国家产权制度改革的预期是契合的。但就纯技术效率而言，确权将诱发纯技术效率耗散。

的内生动力随着失地预期的强化而增强；另一方面，农户将通过改善农业经营管理水平，增强农地调整博弈中的话语权和谈判能力。李尚蒲、罗必良（2015）研究发现，农业经营能力较强的农户在农地调整中拥有更强的话语权，并可能在重新分配土地中获取更大的收益，这在大调整中尤为明显。但可以判断，当农地确权与产权固化之后，表达为此类谈判力量的生产努力将消失。

控制变量的影响方面：第一，拥有大型农具的农户，其农业生产纯技术效率更低。原因在于，一方面，这类农户往往倾向于从事生产性服务，而非仅仅在自己的土地上进行生产经营；另一方面，大型农具具有较高的投资门槛与较强的资产专用性，既可能加剧农户农业经营资金约束，也会导致投资锁定与利用效率低下。第二，家庭成员平均年龄大将制约农业纯技术效率的实现。第三，村庄有非农经济将对农户纯技术效率产生显著的促进作用。显然，农业劳动力的减少和村庄富裕程度提升，会促进农地流转，改善农业规模经济性与现代生产要素的使用。

（二）农地调整经历与确权效率决定

表8-3检验不同的农地调整经历对确权农户农业生产纯技术效率的影响。清晰识别三类农户群体（无调整、小调整和大调整）并进一步做出对比，需要明确刻画农户的无调整经历情境，因此设置农地无调整变量（选项赋值为：无农地调整＝1，有农地调整＝0）。

表8-3 不同农地调整经历下农地确权效率的差异

变量	农业生产纯技术效率		
	方程1	方程2	方程3
农地确权	0.090***	−0.029	0.000
	(0.024)	(0.019)	(0.017)
农地无调整	0.047***	—	—
	(0.007)		
农地确权×农地无调整	−0.111***	—	—
	(0.020)		
农地小调整	—	−0.064***	
		(0.023)	

（续）

变量	农业生产纯技术效率		
	方程 1	方程 2	方程 3
农地确权×农地小调整	—	0.124 *** (0.037)	—
农地大调整	—	—	0.190 *** (0.028)
农地确权×农地大调整	—	—	−0.309 *** (0.097)
其他变量	控制	控制	控制
常数项	0.331 *** (0.037)	0.389 *** (0.037)	0.372 *** (0.036)
观测值	6 174	6 174	6 174
R^2	0.176	0.174	0.171
识别不足检验	1 959.527 ***	1 825.324 ***	1 458.831 ***
弱工具变量检验	955.011	862.151	635.489
杜宾-吴-豪斯曼检验	27.748 ***	32.157 ***	31.460 ***

注：①***、**、*分别代表在1%、5%、10%的统计水平上显著；②括号内为稳健标准误；③其他变量同表8-2，限于篇幅，此处未给出其他变量的估计结果，读者如感兴趣，可与笔者联系索取。

方程1的结果显示，未经历过农地调整将抑制确权农户的效率。可见，在缺乏"约束机制"约束和农地"低价值"心理作用之下，"唾手可得"的农地产权并不会让农户产生与其价值相当的"珍惜"程度。方程2的结果显示，经历过农地小调整的确权农户，农业生产纯技术效率显著改善。显然，"约束机制"与"补偿机制"的平衡使小调整经历的确权农户成为最有效率的农业经营主体。需要特别指出的是，与农地无调整的农户相比，大调整经历将给确权农户带来更大的效率损失。为何在单一"约束机制"下最有效率的主体却在"约束机制"与"补偿机制"下成为最不具效率的主体？可能的原因在于，在单一"约束机制"下，失地预期较为强烈的农户尽可能在有限的土地使用期内改善经营管理水平，以获取最大的土地经营收益。但确权后，地权边界的明晰化将减小农户短期租值攫取的行为空间，转为衡量农地确权的"补偿"是否可以弥补家庭在"约束机制"中的损失。根据社会互动理论，在地权"唾手可得"与"失而复得"

的参照下，地权"得不偿失"农户的效用水平将进一步降低。方程3的检验结果也验证了这一解释。这意味着，经历过农地大调整的农户，农地确权将显著制约农户农业生产纯技术效率的实现。表8-3的估计结果表明，农户所经历的农地调整的程度对确权农户农业生产纯技术效率的影响并非线性的，而是呈现倒U形结构。

（三）稳健性检验1：对被解释变量的重新刻画

本研究认为，实现农地调整的"约束机制"和农地确权的"补偿机制"的平衡将诱导农户更加珍惜和重视农地，进而付出更多的生产性努力，实现农业生产纯技术效率。如果该逻辑成立，则意味着经历小调整的确权农户将会更加重视农业生产，而无农地调整经历和大调整经历将弱化确权农户对农业生产的重视程度。为了验证该逻辑，本部分进一步使用CLDS问卷中"借款是否用于农业生产"的问项结果衡量农户对于农业生产的重视程度（选项赋值分别为：是＝1，否＝0），并替换因变量进行检验（表8-4）。结果表明，无农地调整和经历大调整将弱化确权农户对农业生产的重视程度，而经历过农地小调整的农户，农地确权显著强化农户对农业生产的重视程度。从而表明基准回归结果稳健可信。

表8-4　稳健性检验1：更换被解释变量

变量	农业生产重视程度		
	方程1	方程2	方程3
农地确权	0.062*** (0.019)	0.027** (0.011)	0.016 (0.016)
农地无调整	0.001 (0.008)	—	—
农地确权×农地无调整	−0.035* (0.019)	—	—
农地小调整	—	0.005 (0.019)	—
农地确权×农地小调整	—	0.049** (0.022)	—
农地大调整	—	—	−0.028 (0.051)

（续）

变量	农业生产重视程度		
	方程 1	方程 2	方程 3
农地确权×农地大调整	—	—	−0.047***
			(0.018)
其他变量	控 制	控 制	控 制
常数项	0.059***	0.060***	0.247***
	(0.017)	(0.015)	(0.035)
观测值	6 174	6 174	6 174
识别不足检验	1 918.321***	1 716.773***	1 457.540***
弱工具变量检验	925.576	790.874	634.547
杜宾-吴-豪斯曼检验	15.254***	15.754***	9.872**

注：① ***、**、* 分别代表在 1%、5%、10% 的统计水平上显著；②括号内为稳健标准误；③其他变量同表 8-2，限于篇幅，此处未给出其他变量的估计结果，读者如感兴趣，可与笔者联系索取。

（四）稳健性检验 2：重新组合样本的再估计

前文基准回归基于农地调整"约束机制"和确权"补偿机制"之间权责对立、"激励—约束"相匹配的关系，并未严格区分地权调整与确权的先后顺序。本部分重新组织样本，基于 2014 年 CLDS 数据筛选出 2016 年 CLDS 追踪样本，留下 2014 年和 2016 年两期调查间确权的农户，并删除两期调查期间发生过农地调整的样本，从而更加准确辨别出农地调整与确权的顺序，使用的有效样本为 1 566 个农户。本部分将固定效应精确到市区一级。表 8-5 的结果显示，无调整经历与大调整经历均将诱发农地确权的效率耗散，而小调整经历的确权农户实现了农业生产纯技术效率。这表明基准回归结果较为稳健可信。

表 8-5　稳健性检验 2：重新组合样本的再估计

变量	农业生产纯技术效率		
	方程 1	方程 2	方程 3
农地确权	0.259***	0.100**	0.150***
	(0.064)	(0.047)	(0.044)
农地无调整	0.269***	—	—
	(0.030)		

（续）

变量	农业生产纯技术效率		
	方程 1	方程 2	方程 3
农地确权×农地无调整	−0.434***	—	—
	(0.074)		
农地小调整	—	−0.059	—
		(0.046)	
农地确权×农地小调整	—	0.264**	—
		(0.118)	
农地大调整	—	—	0.277*
			(0.146)
农地确权×农地大调整	—	—	−0.601**
			(0.295)
其他变量	控制	控制	控制
常数项	0.230***	0.528***	0.514***
	(0.041)	(0.051)	(0.051)
观测值	1 566	1 566	1 566
R^2	0.189	0.186	0.152
识别不足检验	240.423***	288.616***	114.377***
弱工具变量检验	93.951	117.039	40.814
杜宾-吴-豪斯曼检验	29.103***	15.023***	21.588***

注：①***、**、*分别代表在1%、5%、10%的统计水平上显著；②括号内为稳健标准误；③其他变量同表8-2，限于篇幅，此处未给出其他变量的估计结果，读者如感兴趣，可与笔者联系索取。

（五）稳健性检验 3：基于倾向得分匹配法的再估计

反向因果是本研究主要的内生性来源，但依然不能忽视自选择问题。为此，本研究使用倾向得分匹配法（PSM）重新估计不同农地调整经历对确权农户农业生产纯技术效率的影响。根据表8-2中的控制变量对实验组和控制组进行匹配，其中，分别将没有经历过农地调整、经历过农地小调整和经历过农地大调整的农户设定为实验组，将经历过农地调整、未经历过农地小调整和未经历过农地大调整的农户设定为控制组，从而形成三种情形的匹配，进而采用最近邻匹配、核匹配和半径匹配估计不同农地调整经历的平均处理效应（ATT）。需要特别说明的是，为单独估计不同农地调整经历对确权效应的影响，模型只保留了已实现农地确权的农户样本。

表8-6展示的PSM模型估计结果显示，在三种匹配方式下，无农地调整经历和大调整经历均负向影响农户的农业生产纯技术效率，小调整经历则显著提高农户的农业生产纯技术效率，进一步验证了本研究估计结果的稳健性。

表8-6　稳健性检验3：基于倾向得分匹配法的再估计

变量	匹配方式	ATT	t
农地无调整	最近邻匹配	−0.055***	−4.460
	核匹配	−0.009*	−1.680
	半径匹配	−0.005	−0.380
农地小调整	最近邻匹配	0.025*	1.750
	核匹配	0.043**	2.330
	半径匹配	0.043**	2.560
农地大调整	最近邻匹配	−0.048***	−3.180
	核匹配	−0.057***	−2.760
	半径匹配	−0.051**	−2.560

注：***、**、*分别代表在1%、5%、10%的统计水平上显著。

（六）稳健性检验4：使用9省份2 704个农户数据的再估计

应该指出的是，CLDS数据中的农地调整数据来源于村庄层面，且统计的是自2003年以来的农地调整经历，对于农户农地调整经历的衡量并不够精确，可能影响估计结果的准确性。为此，本研究进一步使用9省份农户调查数据。课题组于2015年通过分层聚类方法进行农户抽样问卷调查。其抽样过程是：首先按照各省份总人口、人均地区生产总值、耕地总面积、耕地面积比重、农业人口占省份总人口比重、农业产值占省份地区生产总值的比重等6个指标的聚类特征，并结合中国7大地理分区，最终选定东部的辽宁省、江苏省和广东省，中部的山西省、河南省和江西省以及西部的宁夏回族自治区、四川省和贵州省9省份为样本省份；然后，进一步根据上述6个指标对各省份的县级单位进行聚类分析，在各样本省份分别抽取6个样本县（合计54个）；最后，根据人均地区生产总值和地理分布在各样本县中抽取 4 个乡镇，在每个样本乡镇随机抽取 1 个行政村，每个行政村又随机抽取 2 个自然村，在每个自然村随机挑选 5 个样本农户。为加强区域间比较，课题组在广东省、江西省的样本县中各抽取 10 个样本乡镇。调查最终发放问卷 2 880 份，回收问卷 2 838 份，其中有效问卷 2 704 份，问卷有效率为 93.89%。9 省份数据中的农地调整变量来源于农户层面，并且统计的为近五年的调整情况，更加精确，而且包括农户经历农地调整频率的变量，为细化本研究提供了数据支持。

　　本研究认为，农地调整程度的不同将诱发确权农户不同的农业生产积极性，从而导致对农业纯技术效率的不同影响，这意味着农户所经历的农地调整频率具有重要的发生学含义。为验证此判断，本研究使用问卷中"若能够通过土地抵押获得贷款，您家愿意增加农业投资吗"的问项结果衡量农户农业生产的积极性（该选项的赋值为：是＝1，否＝0）。另外，本部分用农户近五年经历的农地调整次数替代前文的农地调整经历。其他变量与前文一样。为节省篇幅，不再报告具体的变量定义与描述。

　　表 8-7 的估计结果显示，近五年无农地调整经历将弱化确权农户对农业生产的重视程度，农地小调整经历将显著强化确权农户对农业的重视程度，而农地确权将显著抑制大调整经历的农户对农业生产的重视程度。方程 4 的结果表明，较高的农地调整频率将弱化确权农户对于农业生产的重视程度。总体而言，利用 9 省份调查数据的估计结果与利用 CLDS 全国数据的分析结论一致。

表 8-7　稳健性检验 4：基于 9 省份农户调查的证据

变量	农业生产重视程度			
	方程 1	方程 2	方程 3	方程 4
农地确权	−0.401 (0.345)	0.063 (0.091)	0.174** (0.085)	0.050 (0.084)
农地无调整	−0.567** (0.280)	—	—	—
农地确权×农地无调整	−0.577 (0.378)			

（续）

变量	农业生产重视程度			
	方程1	方程2	方程3	方程4
农地小调整	—	−0.033 (0.428)	—	—
农地确权×农地小调整	—	0.631* (0.329)	—	—
农地大调整	—	—	0.697** (0.309)	—
农地确权×农地大调整	—	—	−1.169*** (0.403)	—
农地调整频率	—	—	—	0.006 (0.096)
农地确权×农地调整频率	—	—	—	−0.273* (0.142)
其他变量	控制	控制	控制	控制
常数项	4.001*** (0.281)	3.518*** (0.143)	3.454*** (0.143)	2.938*** (0.773)
观测值	2 704	2 704	2 704	2 704
识别不足检验	330.792***	140.984***	696.844***	186.597***
弱工具变量检验	131.401	50.282	354.624	68.225
杜宾-吴-豪斯曼检验	10.246**	5.896*	7.740*	11.361***

注：①***、**、*分别代表在1%、5%、10%的统计水平上显著；②括号内为稳健标准误；③其他变量同表8-2，限于篇幅，此处未给出其他变量的估计结果，读者如感兴趣，可与笔者联系索取。

五、结论与讨论

（一）研究结论

本研究将农地调整和农地确权分别视为自上而下的"约束机制"和"补偿机制"，探讨在两种机制的平衡和失衡状态下，农户农业生产纯技术效率的决定机理。基于2016年CLDS数据的检验结果表明，对"约束机制"与"补偿机制"失衡的两类农户群体，或者说对无农地调整经历与经历过大调整的农户来说，确权政策对农户纯技术效率的影响将弱化。而

"约束机制"与"补偿机制"走向平衡的具有农地小调整经历的确权农户是最有效率的农地经营主体。因此，对于农地无调整、小调整、大调整的三类农户，农地确权的经济绩效大体呈现倒 U 形结构。

（二）需要正视的问题

与叶剑平等（2006）和黄季焜等（2008）所持的观点不同，本研究并不先验地将农地调整视为不安全的产权表达形式，而是将农地调整和农地确权分别视为一种自上而下的"约束机制"和"补偿机制"。"约束机制"和"补偿机制"均具有诱导农户改善农业经营管理水平，实现对农业生产纯技术效率的激励作用。但文章强调，"约束机制"与"补偿机制"的失衡将诱发纯技术效率耗散。其内因在于，缺乏"约束机制"保障而"唾手可得"的地权是"低价值"的，农户对其珍惜程度有限；"补偿机制"在不同农户之间是同质的，因而在"约束机制"中损失惨重的农户无法获得区别于其他农户的心理补偿。"约束机制"与"补偿机制"走向平衡将实现农户农业生产纯技术效率的改善。

虽然农地确权政策的实施似乎是合乎效率的选择，但值得重视的是，完全没有"约束机制"保障可能影响农地确权的绩效表现。本研究表明，地权制度安排需要在"激励—约束"机制的平衡状态下实现效率，缺乏"约束机制"保障的赋权政策是无效率的。众多学者批评农地调整造成农业生产效率下降，但却忽视了农地调整的产权反向激励和内部约束作用，这应该引起人们的反思。但本研究并非主张农地调整的合理性，而是强调农地确权的实施亟待具有"约束机制"性质的匹配措施。

（三）进一步的思考

随着时间渐远和代际更替，农地调整的反向激励作用必然逐渐弱化。稳定地权的政策努力也将极大限制地权变更的发生，但却可能增加"补偿"与"约束"失衡的可能。农地确权将推进具有不同比较优势农户的劳动力分工，家庭成员的非农转移与收入结构改变将降低农地在农户心中的重要程度，弱化农民对土地的生存依附。这意味着，对于选择空间不断扩大的中国农民来说，"约束机制"与"补偿机制"的失衡将可能导致农地心理价值下降并促使农户策略性地离农弃农，从而恶化农业生产的社会生态结构。这显然有悖于中国农村土地制度改革的基本目标。因此，当前亟需从立法层面明确农户农地产权权益，重申与之关联的相应义务或约束，从而形成责权对应以及"激励—约束"的制衡机制。此外，应进一步优化农地确权的实施环境，保障农民地权的排他性与政策实施的稳定性，积极推进农地确权政策的实际落地，避免"确空权"的现象，不断改善和强化农民对农地确权的政策信任。

<<< ······ 第三部分

文化与行为逻辑

第9章 水稻种植、利益协调与集体行动

内容提要：一项制度能否得以延续，取决于该制度是否具备有用性和利益协调性两个方面。水稻种植的劳动特征内生出了村庄内部集体行动的需要，从而强化了农户之间的利益相关性，使得农地调整得以持续发生，从而降低了地权的稳定性。本研究通过构建演化博弈模型推导农户利益相关性如何影响农地调整发生的概率，结合 CLDS 2014 年 201 个村庄样本讨论水稻种植对地权稳定性的影响。研究结果表明：①水稻种植能够显著提高村庄农地调整发生的概率。与其他村庄相比，以水稻种植为主的村庄，其农地调整发生的概率显著更高，获得农地确权证书的农户比例则显著更低，因而，水稻种植村庄的地权稳定性更低。②机制检验发现，水稻种植村庄的宗族文化更加活跃。相应地，宗族文化活跃的村庄地权稳定性受到破坏的概率更高。③农业机械对农业劳动力的替代，弱化了集体行动的必要性，从而降低了地权不稳定的可能性。在考虑各种可能存在的内生性问题之后，主要结论依旧稳健。文章认为，农地制度"植根"于农业的生产特性及其耕作文化，因此农地调整有其存在的合理性。随着耕作方式的改变，尤其是农业机械化对水稻种植劳动模式的替代，农地调整的现象将会逐渐消失，地权的稳定性将不断得到提高。

一、引言

产权是关于财产的权利，是稀缺资源条件下谁具有使用资源的权利，或者破坏规则时的相关惩罚。因此，产权也被定义为关于物的人和人之间的关系。巴泽尔（1997）将产权区分为法律权利和财产权利，前者是指国家凭借其暴力的比较优势，通过法律的形式将资源的权益赋予某一产权主

体，后者则是从实际占有的角度进行讨论。尽管法律权利受到国家强制力的保护，但是由于知识不完全和执行成本的约束，法律权利通常都是不完全的，存在法律界定以外的剩余价值（哈特，1998）。法律层面的赋权并不能保证财产层面权利的充分执行，财产权利还受到社会认同和个人行为能力的影响（罗必良，2014）。法律权利既不是财产权利的必要条件也不是充分条件，在既定的法律权利界定下，产权的边界依旧存在模糊性，受到产权实施的影响。因此，在交易费用不为零的现实世界中，尽管产权的初始界定会影响资源配置的最终情况，但是产权主体能够凭借自身的产权实施能力，改变产权实际运行的边界，并由此获得潜在经济利益。由此，产权不稳定可能是产权主体为了获得潜在利益对产权的实施结果。

自家庭承包制确立以来，中国地权政策趋向于赋予农民更加完整的土地权利（陈锡文等，2009；Luo，2018）。在经营权方面，1985年中央1号文件规定"任何单位都不得再向农民下达指令性生产计划"，农户拥有较为充足的自主经营决策权。在流转权方面，由原先只允许农户在小组内部流转农地逐步放开，到随后多个中央1号文件大力鼓励农地流转，再到目前的"三权分置"，农户能够充分自主地进行农地经营权的流转。在稳定性方面，国家政策法规做出了持续的努力，从1984年规定土地承包期15年不变，到1993年11月中共中央、国务院发布《关于当前农业和农村经济发展的若干政策措施》，要求在第一轮承包到期后，将承包期再延长30年，并要求在承包期内实施"增人不增地，减人不减地"的政策，2003年《中华人民共和国农村土地承包法》规定"承包期内，发包方不得调整承包地"。2009年中央政府开始新一轮的农地确权试点工作，十九大宣布"第二轮土地承包到期后再延长三十年"。

然而，政策层面对强化地权的要求，在实践中并没有得到彻底的执行和落实。1998年《中华人民共和国土地管理法》要求给予农民30年承包经营权的书面文件。2003年的《中华人民共和国农村土地承包法》要求集体和农民必须签订承包合同，并向农民颁发土地承包经营权证，以稳定土地承包关系。但调研发现，许多农户家庭不仅没有获得任何法律文件，对其被赋予的法律权利也难以了解（Jin and Deininger，2009；Wang et al.，2015），改变土地承包关系进行农地调整的现象普遍发生，威胁农地产权的稳定性。Wang等（2011）的调查发现，从1998年到2008年，有

42%的村庄经历过农地的重新分配。叶剑平等（2010）对中国17个省份的研究表明，34.6%的村庄在"30年不变"之后依然进行过农地调整。

部分文献试图对这个现象进行机理上的解释。其中，最为流行的是公平假说，即农村土地调整最基本的目的在于保证村庄地权的公平性以及农民的生存需要（冯华超等，2018；Brandt等，2004）。鉴于农村土地集体所有制中成员权的平等性，一旦农户家庭人口发生变化，村庄就会产生调整农地重新分配的需要。也有文献认为是饥荒经历使得农民更具有公平偏好，从而更倾向于具有公平意义的农地均分制（洪炜杰和罗必良，2020）。洪炜杰和罗必良（2019）进一步从宏观政策的冲突性角度进行解释，认为农业税的征收压力要求村干部通过农地调整将土地分配给具有更多家庭劳动力的农户，保证村庄粮食产出以完成纳税任务。因此，产权实施受到其他宏观制度的约束，两者实施目标的冲突性使地权制度的实施结果大打折扣。从这个角度看，农地调整可能也是村干部完成政策任务的一种手段（Brandt等，2004）。然而，该理论假说并不能对2006年取消农业税后农地调整继续发生的现象做出有效的解释。随后，洪炜杰和罗必良（2019）试图从政治关联的角度进行补充研究，认为农地调整对于村干部的有利性是农地调整发生的主要动因之一，村干部为了使和自己具有政治关联的农户获得更多的土地而影响村庄地权的稳定性。

但是，上述假说仍然不能够解释一个重要的现象：相对于北方，南方地区农地调整频率更高，地权更不稳定，地权稳定性存在显著的南北差异。如表9-1所示，中国综合社会调查（CGSS）2005年的数据显示，从家庭联产承包责任制确立到2005年，南方农户经历过农地调整的平均次数为2.238次，而北方农户经历的调整次数为1.921次。中国劳动力动态调查（CLDS）2014年的数据则表明，2003年之后，南方经历过农地调整的村庄比例比北方高9.3个百分点。因此，农地稳定性不仅仅在时间维度上是不同的，在空间分布上也存在差异，而后者尚未受到相关文献的关注。

表9-1 农地调整的南北方差异

数据来源	南方	北方	差异
CGSS 2005（次数）	2.238	1.921	0.317
CLDS 2014（比例）	0.366	0.273	0.093

本研究试图从水稻种植的角度为农地产权稳定性的南北差异提供一个逻辑解释。实际上，不仅是地权稳定程度，中国众多社会文化现象都存在着明显的南北差异性。社会生产方式和分工模式决定着社会的组织方式与文化传统，农业生产方式构成诸多上层建筑的经济根源（Scott，2017）。已有研究表明，中国南北方经济发展进程的不同以及社会文化所表现出来的多样化特征，能够从南北稻麦种植的差异性中得到解释（鲁西奇，2019），如信任模式（丁从明等，2018），妇女社会地位（丁从明等，2020），甚至集体主义精神与个体主义精神（Talhelm et al.，2014）等。本研究认为地权稳定性的南北差异源于农作物种植的不同，其中，南方在长期的水稻种植过程中产生了集体行动的需要，强化了不同农户之间利益的关联性，诱导一致性行动的发生，进而提高农地调整的概率，降低了地权稳定性。南方水稻种植的集体协作构成了农地产权不稳定的经济根源。

本研究可能的边际贡献在于：①发现农地稳定性不仅仅会随着时间变化而变化，同时也存在空间分布上的差异，相较于北方，南方农地调整的现象更为普遍，其地权稳定性较低。②论证了农村土地制度是内生于种植结构所衍生出来的社会文化，为地权不稳定的延续提供一个可能的根源性解释。本研究对产权理论和制度安排相关理论具有补充性作用。

二、种出来的制度：利益协调与一致性行动

（一）前提性设定

制度安排可以分为两种，包括正式制度和非正式制度。其中，正式制度是国家或者政府凭借其暴力优势所制定的法律法规等；非正式制度则是经济主体在长期互动中所形成的博弈均衡，比如习俗、惯例等。正式制度并不必然决定非正式制度，两者之间存在"中立""互补""替代"和"冲突"等多种关系（沃依格特，2016；Waylen，2014），在既定的法律政策框架下，实际运行的制度仍然可能存在多种形态。制度具体实施情况还与制度主体试图获得潜在利益的意图密切相关，并受到其行为能力的影响。因此，制度主体总是偏好于能够为自己带来更多经济利益的制度安排。

然而，经济主体的多样性及其偏好的差异性，决定了在同一制度安排下不同主体的收益是不同的。一种制度安排实际上确定了一种利益分配方

式，每个个人都会为了自己的利益去寻求对自己最有利的制度安排，但是个人理性并不代表团体理性，制度实施过程中不同主体之间的利益可能存在冲突（Lin，1989）。因此，即使制度安排能够改善某一群体的潜在收益，这种制度并不必然能够成为该社区具有支配地位的制度安排。罗必良（2014）从产权强度的角度论证了制度安排的稳定性取决于三个方面，分别是法律赋权、行为能力和社会认同。显然，三者在不同情境下对制度安排的决定性是不同的，其执行的成本也存在差异。其中，法律赋权不可避免地面临着因监督困难和契约不完全所导致的高昂执行成本，而个体通过其行为能力试图维持对自己有利的制度安排则必须面对在与团体利益不一致时，其他个人试图改变制度边界的挑战。可以认为，能够被社会认同的制度安排，其运行成本是最低的。因此，一项制度安排得以长期存在，关键在于其能否协调不同个体或群体的利益，从而能够引致集体的一致性行动。

综上，制度安排能否得以延续取决于两个必要条件。一是该制度能否为某一主体带来潜在经济效率的改善或者满足某一决策目标，从而决定着制度的有用性。二是制度安排是否符合大多数人的利益，诱使集体产生一致性的行动，决定了该制度的利益协调性。农地调整作为一种产权制度安排，其能否延续同样需要满足有用性和利益协调性两个性质，即满足农业生产的需要以及协调农村社区成员之间的利益关系。

（二）种植结构和农地调整制度的有用性

家庭联产承包责任制以均分制为核心，主要目的在于保证土地分配的公平性，因此，农村土地分配往往是在均分基础上，按照远近肥瘦对土地进行搭配。这种产权界定方式会产生两种可能的后果，其一，随着村庄人地关系的变化，村庄就有内生农地调整分配的需求（Kung，1995）。其二，造成农户家庭承包地分布格局的细碎化（许庆等，2008），不利于农业的连片经营。在劳动力非农转移的背景下，劳动力价格快速上升，降低种植劳动力需求或者利用机械替代劳动成为农业生产经营的发展趋势。然而，大型农业机械作业是和连片规模化农业种植格局相互匹配的，过度的农地细碎化不利于农业机械的使用，但通过土地流转达到连片规模经营又因涉及多个经营主体而不得不面临高昂的交易费用。通过农地调整的方式进行农地置换达到连片经营，符合村庄集体公平原则和提高农业经营效率的产权实施方式。

然而，农地调整本身内生着利益的冲突性，在农地调整重新分配的过程中，人口增加的家庭会获得更多的土地，而人口减少的家庭则可能会失去土地。在村庄土地数量一定的情况下，农地调整是一个零和博弈，任何一次农地调整中，不同类型的农户的得失是不同的，因而难以产生一致性的集体行动。因此，更重要的问题是，农地调整过程中利益受损的农户为何会同意进行农地调整？或者说，农地调整得以发生的可能性为何存在？

（三）水稻种植、集体行动与农地调整的利益协调性

农村社会生活围绕着"农"展开，即农地和农业，农民的长期利益也来自两个方面，分别是农地资源获得和农业生产经营。就第一个方面而言，关键是能够在土地分配中获得更多的土地。就第二个方面而言，如何解决季节性劳动力不足是农业生产的关键。村庄社会生活的多维性决定了这两者的核算并非独立，而是相互关联的。因此，农地分配和农业生产之间可能存在"占补平衡"的关系，农民在农地调整中让步，其可能的目的是换取其他农户在农业生产中的帮忙，尤其劳动强度大、需要农户之间相互协作的作物更是如此。因此，种植作物的特性对农地调整发生的可能性具有重要影响。

经济基础决定上层建筑，种植作物的特性对文化、行为的塑造逐渐受到学界的关注（Qian，2008；Talhelm et al.，2014；Ruan et al.，2015；Ang and Fredriksson，2017）。不同于其他作物种植，水稻种植具有两个显著的特点，其一对水热的需求更高，其二则是劳动的强度更大（Talhelm and English，2020）。前者要求水稻种植的地方需要有大型的灌溉措施，因而在传统农业社会中，水稻种植对集体行动具有更高的需求；后者要求在农忙的时候，各农户之间需要通过相互协作，才能缓解劳动力的短缺问题，因而使农户之间的关联程度更高。这也是已有研究发现水稻种植会影响南北方信任半径并导致合作文化差异的原因。

问题是，与水稻种植相关联的灌溉设施，作为公共产品，其供给往往会面临囚徒困境。对此，农户如果采取单独行动获得的净收益通常会低于

集体合作所能够获得的收益。于是，如何构建一种协调集体行动的制度对于公共产品能否顺利供给是至关重要的。由此，可能演化出两种结果，其一是诞生以某个能人或团体为代表的政府形态，用强有力的行政命令协调集体行动以保证公共产品的供给（鲁西奇，2019）；其二则是利益相互关联的农户形成小团体以保证自己小团体的公共产品的供给。Fei（1992）在《乡土中国》中指出，水利设施供给的需要在一定程度上塑造了农民聚村而居的格局，几个农户定居在一起不仅利于农业生产上的协作，同时也在包括婚丧嫁娶、生老病死等日常生活各个方面相互交织成利益相关的"团体"，其中又以地缘亲缘天然形成的宗族成员之间的关系最为紧密。如果某个农户在公共产品供给过程中选择"搭便车"，则团体内部成员可以在其他农业生产和农村生活中选择不和这个农户进行合作，以此遏制"搭便车"行为的发生。青木昌彦（2001）发现日本德川时期的村庄在集体灌溉过程中，如果有农民偷懒或者不参与村庄公共物品的供给，则其他成员会在农村社会其他重要活动中排挤他。可以认为，水稻种植对公共产品的需求更容易塑造以具有密切利益相关的宗族团体之间的集体行动。或者换一种说法，农村社会宗族文化的形成在一定程度上源于农耕社会中公共产品供给的需要，水稻种植的特性塑造了村庄的宗族文化。

可见，水稻种植因集体行动的需要使集体成员之间的利益关系更加密切，农户之间利益更加相关。从表象来看，即农民之间更加关心彼此的利益。而从博弈的角度看，即不同农户之间的博弈具有关联博弈的特点，农户的利益相互关联使得农户做出更加符合集体利益的行为以谋求高于自身单独行动时所能获得的利益，并表现在农村社会生活中的其他方面，包括农村土地的分配上。因此，如果单独从农地调整的角度看，由于每次土地分配都有农户能够从集体中获得土地，而部分农户必须将土地归回集体，不同农户在农地调整中的利益目标是不兼容的，因此无法达成一致性的行动。但从关联博弈的角度看，如果农户为了在土地分配中获得更多土地而不考虑其他农户的利益，则其他农户可能在农业生产或者日常生活中选择不和该农户合作，使得该农户在整个关联博弈中得不偿失。因此，水稻种植使农户之间利益更加紧密，致使农户在农地分配中的行动更加趋于一致。下文将结合关联博弈的相关知识，通过数理推演，分析水稻种植如何影响农地调整的发生。

（四）水稻种植与农地调整：一个演化博弈模型

1. 独立决策下的博弈均衡

首先假设农户在农地调整中的决策目标是使得家庭人均土地面积尽可能多。进而假设村集体一共有 N 单位土地，两户农户，分别是 A 和 B，每户农户有 1 单位人口，因此，A 和 B 人均耕地都是 $\frac{N}{2}$。在本轮农地调整中，农户 A 的家庭人口没有变化，而农户 B 家庭人口增加了 ε，因此农村的总人口变为（$2+\varepsilon$）。在农地调整过程中，农户可以选择调整也可以选择不调整，只有两个农户同时同意进行农地调整，农地调整才会发生。如果农地重新进行调整，则 A、B 家庭人均耕地面积变成 $\frac{N}{2+\varepsilon}$，如果农地不调整，则 A 农户的家庭人均耕地面积依旧是 $\frac{N}{2}$，而农户 B 家庭人均耕地面积变为 $\frac{N}{2(1+\varepsilon)}$，农户 A 和 B 的博弈矩阵如表 9-2 所示。易知，农户 A 的理性选择是"不调整"，而农户 B 的理性选择是"调整"，纳什均衡为（不调整，调整）。由于双方没能达成一致的决定，因此该村庄农地调整不会发生。

表 9-2 独立决策下的博弈均衡

		B	
		调整	不调整
A	调整	$\frac{N}{2+\varepsilon}$, $\frac{N}{2+\varepsilon}$	$\frac{N}{2}$, $\frac{N}{2(1+\varepsilon)}$
	不调整	$\frac{N}{2}$, $\frac{N}{2(1+\varepsilon)}$	$\frac{N}{2}$, $\frac{N}{2(1+\varepsilon)}$

2. 关联博弈下的均衡

进一步假设，农户的利益不是独立核算的，当农户的决策不同时，在其他维度的博弈也将会终止，包括季节性的帮工，公共产品的供给，甚至是日常生活中的互助。因此，当两个农户的博弈策略不同时，彼此在其他方面的合作收益会受到损害。为了简单起见，将利益损失假设为对土地权益的损害，因此农户只能得到（$1-y$）份的土地。博弈矩阵如表 9-3 所示，当农户 B 选择不调整的策略时，农户 A 会选择不调整，因此（不调整，不调整）是一个纳什均衡，而当农户 B 选择调整策略时，农户 A 的选择是不确定的，取决于 $\frac{N}{2+\varepsilon}$ 和 $\frac{N}{2}$（$1-y$）的相对大小。当 $\frac{N}{2+\varepsilon}<\frac{N}{2}$（$1-y$）时，则农户 A 会选择不调整，此时农地调整没有发生；当 $\frac{N}{2+\varepsilon}\geqslant\frac{N}{2}$（$1-y$）时，则农户 A 会选择调整，此时农地调整发生。因此，当 $y\geqslant\frac{\varepsilon}{2+\varepsilon}$ 时，农户 A 和 B 可能会达成一致性决定，进行农地调整，且随着 y 变大，两个农户达成共识进行农地调整的可能性越大。因此，相对于独立决策模型，在关联博弈的情况下，村庄进行农地调整的可能性不再为零，在关联博弈的情况下，村庄更可能发生农地调整，且随着集体行动收益的提高，发生农地调整的可能性越高。

表 9-3　关联决策下的博弈均衡

		B	
		调整	不调整
A	调整	$\frac{N}{2+\varepsilon}$, $\frac{N}{2+\varepsilon}$	$\frac{N}{2}$（$1-y$）, $\frac{N}{2(1+\varepsilon)}$（$1-y$）
	不调整	$\frac{N}{2}$（$1-y$）, $\frac{N}{2(1+\varepsilon)}$（$1-y$）	$\frac{N}{2}$, $\frac{N}{2(1+\varepsilon)}$

3. 群体博弈均衡

上述分析表明，在关联博弈的情况下，农户可能选择调整也可能选择不调整。农村土地调整是村集体的决策，因此进一步借助演化博弈模型分析农户群体的选择，并假设农户会选择让自己的收益高于平均水平的博弈策略。进而将农村中的农户分为两种类型，第一是 A 类农户，第二是 B 类农户。假设 A 类农户选择调整的概率为 x_A，选择不调整的概率为（$1-x_A$）。同样，B 类农户选择调整的概率为 x_B，则选择不调整的概率为（$1-x_B$）。A、B 两类农户选择调整与否的期望收益和对方的选择密切相关。

A 类农户选择调整的期望收益为：

$$U_{A,x}=x_B\frac{N}{2+\varepsilon}+(1-x_B)\frac{N}{2}(1-y) \qquad (9-1)$$

选择不调整的期望收益为：

$$U_{A,1-x}=x_B\frac{N}{2}(1-y)+(1-x_B)\frac{N}{2} \qquad (9-2)$$

因此，A 类农户总体的期望收益是

$$\overline{U_A}=x_A U_{A,x}+(1-x_A)U_{A,1-x} \qquad (9-3)$$

进而可以得到 A 类农户的复制动态方程为：

$$\frac{\mathrm{d}x_A}{\mathrm{d}t}=x_A(U_{A,x}-\overline{U_A})=x_A(1-x_A)(U_{A,x}-U_{A,1-x}) \quad (9-4)$$

由于，

$$U_{A,x}-U_{A,1-x}=x_B\left(\frac{N}{2+\varepsilon}-\frac{N}{2}+Ny\right)-\frac{N}{2}y \qquad (9-5)$$

所以，将式（9-5）代入式（9-4）可以得到 A 类农户的复制动态方程：

$$\frac{\mathrm{d}x_A}{\mathrm{d}t}=x_A(1-x_A)\left[x_B\left(\frac{N}{2+\varepsilon}-\frac{N}{2}+Ny\right)-\frac{N}{2}y\right] \qquad (9-6)$$

同理，B 类农户的复制动态方程可以表示为：

$$\frac{\mathrm{d}x_B}{\mathrm{d}t}=x_B(1-x_B)\left[x_A\left(\frac{N}{2+\varepsilon}-\frac{N}{2(1+\varepsilon)}+\frac{Ny}{1+\varepsilon}\right)-\frac{N}{2(1+\varepsilon)}y\right]$$

$$(9-7)$$

由式（9-6）可知，当 $y=0$ 时，则 $\frac{\mathrm{d}x_A}{\mathrm{d}t}\leqslant 0$，由于 $0\leqslant x_A\leqslant 1$，因此 $x_A==0$。

由式（9-7）可知，当 $y=0$ 时，则 $\frac{\mathrm{d}x_B}{\mathrm{d}t}\geqslant 0$，由于 $0\leqslant x_B\leqslant 1$，因此 $x_B==1$。

即当 $y=0$ 时，A 类农户恒选择不调整，而 B 类农户则恒选择调整，双方不能达成一致的结果，因此村庄的农地调整不会发生。实际上，当 $y\leqslant\frac{\varepsilon}{4+2\varepsilon}$ 时，即当 y 很小时，则 $\frac{\mathrm{d}x_A}{\mathrm{d}t}\leqslant 0$，$x_A==0$。此时无论是 B 类农户选择调整或者不调整，双方都没有达成一致的结果，因此农地调整也不会发生。

当 $\frac{\varepsilon}{4+2\varepsilon}<y\leqslant 1$ 时，由式（9-6）可知：

$$x_B > x_B^* = \cfrac{\cfrac{1}{2}y}{\cfrac{1}{2+\varepsilon} - \cfrac{1}{2} + y} \text{时，有} \cfrac{\mathrm{d}x_A}{\mathrm{d}t} > 0，则 \ x_A \ \text{会自动向} 1 \text{趋近，} A \ \text{类}$$

农户倾向于调整。

$$x_B < x_B^* = \cfrac{\cfrac{1}{2}y}{\cfrac{1}{2+\varepsilon} - \cfrac{1}{2} + y} \text{时，有} \cfrac{\mathrm{d}x_A}{\mathrm{d}t} < 0，则 \ x_A \ \text{会自动向} 0 \text{趋近，} A \ \text{类}$$

农户倾向于不调整。

同理，由式（9-7）可知：

$$x_A > x_A^* = \cfrac{\cfrac{1}{2(1+\varepsilon)}y}{\cfrac{1}{2+\varepsilon} - \cfrac{1}{2(1+\varepsilon)} + \cfrac{y}{1+\varepsilon}} \text{时，有} \cfrac{\mathrm{d}x_B}{\mathrm{d}t} > 0，则 \ x_B \ \text{会自动向} 1 \text{趋}$$

近，B 类农户倾向于调整。

$$x_A < x_A^* = \cfrac{\cfrac{1}{2(1+\varepsilon)}y}{\cfrac{1}{2+\varepsilon} - \cfrac{1}{2(1+\varepsilon)} + \cfrac{y}{1+\varepsilon}} \text{时，有} \cfrac{\mathrm{d}x_B}{\mathrm{d}t} < 0，则 \ x_A \ \text{会自动向} 0 \text{趋}$$

近，B 类农户倾向于不调整。

从上文推导可以得到图 9-1，当两类农户选择农地调整的概率落在四边形 $OCIG$ 中，则农户群体会自动演化，使得动态博弈的均衡落到 O 处，即不进行农地调整，而当两类农户选择农地调整的概率组合落到正方形内切四边形 $OCIG$ 以外的区域，则农户群体会自动演化趋向于农地调整。因

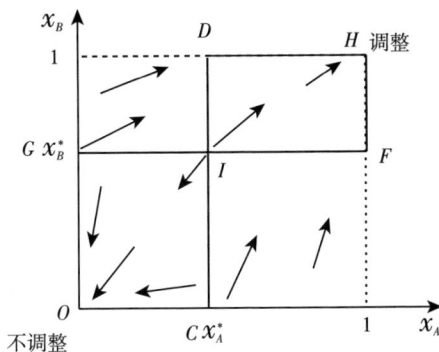

图 9-1　合作收益、违约损失与农地调整

此，农地不调整的概率为 $x_A^* \times x_B^*$，而农地调整的概率为 $(1 - x_A^* \times x_B^*)$。

令 P 为农地不调整的概率，则有：

$$P = x_A^* \times x_B^* = \frac{\dfrac{1}{2(1+\varepsilon)}y}{\dfrac{1}{2+\varepsilon} - \dfrac{1}{2(1+\varepsilon)} + \dfrac{y}{1+\varepsilon}} \times \frac{\dfrac{1}{2}y}{\dfrac{1}{2+\varepsilon} - \dfrac{1}{2} + y} \quad (9-8)$$

利用 P 对 y 求导可以得到：

$$\frac{dP}{dy} = \frac{\left(\dfrac{1}{2+\varepsilon} - \dfrac{1}{2+2\varepsilon}\right)\left(\dfrac{1}{2+\varepsilon} - \dfrac{1}{2}\right)\dfrac{y}{2(1+\varepsilon)}}{\left[\left(\dfrac{1}{2+\varepsilon} - \dfrac{1}{2+2\varepsilon}\right)\left(\dfrac{1}{2+\varepsilon} - \dfrac{1}{2}\right) + \dfrac{y^2}{1+\varepsilon}\right]^2} < 0 \quad (9-9)$$

则随着合作收益或者不合作损失 y 的变大，农村集体决定不进行农地调整的概率降低，相应地，即农地调整的概率提高。由上文可知，水稻种植是一种需要集体协作的作物，因而，如果农户之间不进行合作，以水稻为主要粮食作物的村庄，农户不合作所导致的损失会更大。因此，以水稻为主要粮食作物的村庄发生农地调整的概率更高，地权稳定性会更低。地权不稳定植根于农业生产的需要，和水稻种植所衍生的集体协作方式密切相关，可见农地产权是"种"出来的制度。

三、数据、模型与变量

（一）数据来源

本研究所使用数据来自中山大学中国劳动力动态调查（CLDS）2014 年的数据。CLDS 通过对中国城市和农村的村居进行两年一次的追踪调查，包含了劳动力个体、家庭和社区三个层次的追踪和横截面数据。社区层面主要调研社区的土地制度、政治文化、经济社会等；家庭层面主要调研家庭的人口结构、家庭财产与收入、家庭消费、农村家庭农业生产和土地情况；个体层面则集中在教育、就业和幸福感等方面的现状和变迁。根据研究需要，本研究只使用农村样本中村庄层面的样本。CLDS 的村庄样本有 225 个，在剔除关键变量缺失值之后，本研究实际使用的村庄样本为 201 个。

（二）模型设置与变量选择

为了分析水稻种植对地权稳定性的影响，本研究使用如下模型：

$$Stability_i = \alpha + \delta rice_i + \beta X_i + \varepsilon_i \qquad (9-10)$$

式中，i 指第 i 个村庄，$Stability$ 指地权稳定性，自 2003 年以来该村庄如果没有发生农地调整，则赋值为 1，否则赋值为 0；$rice$ 指水稻种植，如果该村庄第一主产或者第二主产粮食为水稻则赋值为 1，否则赋值为 0；X 为其他控制变量，包括户均耕地面积、村庄姓氏个数、务农劳动力占比、是否有非农产业以及农户户数。主要变量基本情况如表 9-4 所示。从表 9-4 可知，地权稳定性的均值为 0.677，表明自 2003 年《中华人民共和国农村土地承包法》出台之后，全国仍然约有 1/3 的村庄经历过农地调整，农地调整并没有因农地制度改革的进一步推进而消失。

表 9-4　各变量的基本情况

变量	赋值/定义/单位	均值	标准差
地权稳定性	2003 年之后没有发生农地调整＝1；否则＝0	0.677	0.469
水稻种植	第一或第二主产粮食是水稻＝1；否则＝0	0.383	0.487
户均耕地面积	村庄耕地面积/村庄总户数	27.544	88.949
姓氏个数	个	20.373	30.912
务农劳动力占比	务农劳动力/总劳动力	67.483	32.442
是否有非农产业	村庄有第二、第三产业＝1；否则＝0	0.328	0.471
农户数	村庄农户数	1 021.876	3 841.541

（三）农户种植结构

根据 CLDS 的样本，分析各种主要粮食作物村庄的占比。从表 9-5 可以发现，以水稻为第一主产粮食的村庄最多，占了所有村庄的 45.81%，其次是小麦，占比为 35.48%，进而是玉米，占比为 15.48%，土豆只占了 1.29%。以玉米作为第二主产粮食的村庄最多，占比达到 56.48%，其次是小麦，占比为 19.44%，进而是稻谷占比为 9.26%，地瓜占比为 4.63%，土豆占比为 1.85%。水稻、小麦和玉米都是中国主要的粮食作物。

表 9-6 统计了第一、第二主产粮食是水稻或非水稻的村庄在 2003—2013 年发生农地调整的情况。可见，对于主产粮食是水稻的村庄，发生农地调整的比例为 0.420，而主产粮食不是水稻的村庄发生农地调整的比

例为 0.273，两者相差 0.147，且在 5% 的水平上显著。从而表明，水稻种植的村庄农地调整发生的概率要显著高于非水稻村庄。

表 9-5　各村主产粮食类型及百分比

第一主产粮食	百分比（%）	第二主产粮食	百分比（%）
水稻	45.81	玉米	56.48
小麦	35.48	小麦	19.44
玉米	15.48	稻谷	9.26
土豆	1.29	地瓜	4.63
—	—	土豆	1.85
其他	1.94	其他	8.33

表 9-6　水稻种植与农地调整

主产粮食	水稻	非水稻	差异
农地调整的发生比例	0.420（0.055）	0.273（0.038）	0.147**（0.065）

注：*** $p<0.01$，** $p<0.05$，* $p<0.1$，括号内是标准误。

四、实证结果及分析

（一）基准回归：水稻种植与地权稳定性

表 9-7 展示了水稻种植与地权稳定性的关系。其中，模型 1-1 利用 OLS 模型进行回归，模型 1-2 则利用 Probit 模型进行回归，并展示了平均边际效应。两类回归的结果是相似的。OLS 的估计结果显示，水稻种植的系数为 -0.206，在 1% 的水平上显著，说明第一、第二主产粮食是水稻的村庄，地权稳定程度更低。如前所述，水稻种植所依赖的水利灌溉及其集体行动，使得农民之间的利益更加紧密相关，因此农户在做决策的时候必须考虑其他农户的利益，这使得农户更可能采用一致性的行动而更可能发生农地调整，其地权稳定性相对较低。

控制变量方面，户均耕地面积越高，农地调整发生的概率越低，地权稳定性越高。农地调整的主要目的在于调整人地关系，当农地资源越丰富，则进行农地调整的内在需求就会越低。具有非农产业的村庄农地稳定性更低，其可能原因在于农村在发展非农产业的过程中，部分耕地转化为建设用地所引起的重新分配土地的需要。

表9-7　水稻种植与地权稳定性

变量	地权稳定性	
	模型1-1（OLS）	模型1-2（Probit）
水稻种植	−0.206***	−0.203***
	(0.068)	(0.061)
户均耕地面积（对数）	0.047**	0.051**
	(0.023)	(0.045)
姓氏个数（对数）	−0.057	−0.056
	(0.036)	(0.035)
务农劳动力占比（对数）	−0.025	−0.023
	(0.035)	(0.034)
是否有非农产业	−0.191**	−0.183***
	(0.074)	(0.066)
农户数（对数）	0.061	0.060
	(0.044)	(0.043)
观测值	201	201
R^2	0.096	

注：*** $p<0.01$，** $p<0.05$，* $p<0.1$，括号内是稳健标准误。模型1-2汇报的是平均边际效应及其标准误。下同。

（二）内生性讨论

1. 遗漏变量1：基于已有文献的讨论

相关文献认为饥荒严重程度、民主选举以及非正式势力等变量会影响农地调整的发生，威胁到地权的稳定性（洪炜杰和罗必良，2020；Brandt等，2004），如果这些变量会影响到村庄对粮食作物的选择，那么水稻种植可能并不是村庄地权不稳定的深层原因，即表9-7的估计结果可能因为遗漏重要变量而出现偏误。为此，表9-8中模型2-1至模型2-3分别控制村庄的饥荒程度、民主选举和非正式势力对农地调整的影响，模型2-4则在控制上述三个变量的基础上，进一步观察水稻种植对地权稳定性是否具有显著的影响。结果显示，饥荒程度越严重的地方，在后期进行农地调整的概率越高，地权稳定性越低；最近一次选举的年份越接近，地权稳定性显著越低，上述两个结论和已有研究是类似的，即村庄所经历的饥荒程度和民主选举都会影响村庄的农地产权制度选择，不过第一大姓人数占比对村庄农地稳定性并不具有显著的影响。模型 2-4 显示，在控制上述三个变量之后，水稻种植的系数为 -0.195，且在 1% 的水平上显著，说明在考虑已有文献所讨论的关于农地稳定性的其他因素之后，水稻种植对地权稳定性依旧具有高度显著的影响。

表 9-8　相关遗漏变量的进一步讨论

变量	地权稳定性			
	模型 2-1	模型 2-2	模型 2-3	模型 2-4
水稻种植				-0.195***
				(0.071)
饥荒程度	-0.130*			-0.061
	(0.075)			(0.083)
民主选举		-0.048***		-0.041**
		(0.016)		(0.016)
非正式势力			-0.001	-0.001
			(0.002)	(0.002)
其他控制变量	控制	控制	控制	控制
观测值	201	197	200	196
R^2	0.067	0.077	0.050	0.125

注：其中饥荒程度用村庄所处地级市饥荒（1959—1561 年三年困难时期）程度衡量，即（饥荒前后各三年均出生人数）/（饥荒期间年均出生人数），比值越大饥荒程度越严重；民主选举以村庄最近一次民主选举的年份值进行测度，数字越小意味着村干部班子任职时间越长；非正式势力则以村庄第一大姓人数占全村总人数的比例来衡量。

2. 遗漏变量 2：政策执行强度的影响

水稻种植集中在南方，南方离政治中心较远，如果南方对于土地分配"生不增、死不减"政策的执行情况更加宽松的话，也可能会出现水稻种植和地权稳定性之间呈现负相关的关系。为了降低这类遗漏变量的影响，表 9-9 在模型 3-1 和模型 3-2 中控制各村庄所在市到北京的距离，在模型 3-3 和模型 3-4 中控制各村庄所在市到所在省省会的距离，在模型 3-5 到模型 3-6 中控制该村庄位于南方还是北方，且分别用 OLS 和 Probit 模型进行估计。结果表明，在考虑遗漏变量之后，水稻种植对地权稳定性依旧具有显著的负向影响，即排除一些政策执行层面和地理层面可能存在的因素之后，水稻种植的村庄，地权更不稳定的结论是稳健的。此外，在考虑水稻种植之后，到北京距离、到省会距离以及是否在南方，地权稳定程度不存在显著差异。

3. 工具变量法的估计结果

村庄的粮食种植选择和村庄很多因素有密切关系，除了上文所讨论的遗漏变量，仍可能存在遗漏其他重要变量的内生性问题。考虑到水稻种植对光热具有很高的要求，因此，温度和降水量会影响到该地区的水稻种植情况。由于本研究讨论的地权不稳定是由农地调整引起的，农地调整往往在短时间内就能够完成，受到自然天气状况影响的可能性较低，因而温度和降水量符合相关性和排他性假设，是合适的工具变量（丁从明等，2020）。

本研究利用 2003—2013 年该村庄所在市年均温度和年均降水量作为水稻种植的工具变量，估计结果如表 9 - 10 所示。表 9 - 10 中模型 4 - 1 和模型 4 - 2 分别是两阶段最小二乘法的第一阶段和第二阶段，模型 4 - 3 和模型 4 - 4 分别是 IV-Probit 模型的第一阶段和第二阶段。第一阶段的结果显示，总体上，年均降水量越多的地方越可能种植水稻，而年均温度过高则反而越可能会降低村庄种植水稻的可能性。第二阶段显示，在考虑内生性问题之后，2SLS 模型中水稻种植的系数为 -0.453，在 1% 的水平上显著，而 IV - Probit 模型中水稻种植的系数为 -1.352，同样在 1% 的水平上显著。考虑内生性后，水稻种植的回归系数是 OLS 和 Probit 模型回归结果的 2 倍，方向相同，且高度显著。2SLS 的相关检验显示，第一阶段 F 值为 27.016，大于经验值 10，因此工具变量是弱工具变量的可能比较低。内生性检验的 p 值为 0.044，说明存在一定程度的内生性，过度识别检验的 p 值为 0.393，不拒绝工具变量是外生的原假设。因此，本研究所使用的工具变量是有效的，从而说明水稻种植的村庄地权稳定性会更低。

表 9 - 9　政治强度、水稻种植与地权稳定性

变量	地权稳定性					
	模型 3 - 1	模型 3 - 2	模型 3 - 3	模型 3 - 4	模型 3 - 5	模型 3 - 6
水稻种植	-0.182**	-0.552***	-0.210***	-0.644***	-0.169**	-0.515**
	(0.072)	(0.207)	(0.068)	(0.199)	(0.077)	(0.226)
到北京距离（对数）	-0.071	-0.203				
	(0.050)	(0.157)				

（续）

变量	地权稳定性					
	模型 3-1	模型 3-2	模型 3-3	模型 3-4	模型 3-5	模型 3-6
到省会时间（对数）			0.020	0.064		
			(0.021)	(0.057)		
南北方（南方＝1）					−0.080	−0.220
					(0.077)	(0.243)
其他控制变量	控制	控制	控制	控制	控制	控制
观测值	201	201	201	201	201	201
R^2	0.103		0.101		0.100	
估计方法	OLS	Probit	OLS	Probit	OLS	Probit

表 9-10　工具变量法回归结果

变量	水稻种植	地权稳定性	水稻种植	地权稳定性
	模型 4-1（第一阶段）	模型 4-2（第二阶段）	模型 4-3（第一阶段）	模型 4-4（第二阶段）
水稻种植		−0.453***		−1.352***
		(0.138)		(0.376)
年均降水量（对数）	0.740***		0.773***	
	(0.171)		(0.154)	
年均温度（对数）	−0.359		−0.421*	
	(0.251)		(0.227)	
其他控制变量	控制	控制	控制	控制
第一阶段 F 值		27.016		
内生性检验		$p=0.044$		$p=0.0546$
过度识别检验		$p=0.393$		
观测值	201	201	201	201
R^2	0.202	0.032		

4. 测量误差问题

以村庄第一或者第二主产粮食是否为水稻作为核心解释变量可能存在的问题是，如果个别村庄的主要粮食作物发生了改变，则本研究的核心解释变量可能存在测量误差，因此进一步利用《中国统计年鉴》2003—2013 年均水稻占总播种面积的比例以及占粮食播种面积的比例作为本研究的核心解释变量[1]，

---

[1]　由于部分市只记录粮食作物的播种面积而没有水稻的播种面积，所以本研究选择省级层面的数据。

估计结果如表 9-11 所示，其中模型 5-1 和模型 5-3 利用 OLS 进行回归，模型 5-2 和模型 5-4 利用 2SLS 进行回归。表 9-11 利用的工具变量是省级层面 2003—2013 年均的降水量和年均温度。OLS 估计结果显示，水稻占总播种面积比例的系数为 -0.079，在 1% 的水平上显著，水稻占粮食播种面积比例的系数为 -0.075，同样在 1% 的水平上显著，说明水稻种植比例越高，则村庄的地权稳定性越低。

考虑工具变量之后，模型 5-2 和模型 5-4 中的水稻占总播种面积比例和水稻占粮食播种面积比例的系数分别是 -0.072 和 -0.067，都在 1% 的水平上显著，和 OLS 估计结果非常接近。第一阶段工具变量的系数都高度显著，说明温度和降水会影响该省的水稻种植比例，且第一阶段 F 值都超过经验值 10，说明存在弱工具变量问题的可能性比较低，过度识别检验显示这两个工具变量是外生的可能性比较高，因此，工具变量符合相关性和外生性假设，是合适的工具变量。内生性检验的 p 值都大于 0.1，说明村庄层面的农地调整和省级层面的水稻种植情况不存在明显的内生性问题，因此 OLS 的估计结果是可信的。即考虑水稻种植的测量误差之后，水稻种植对地权稳定性仍旧具有显著的负向影响。

表 9-11　考虑测量误差的估计结果

变量	地权稳定性			
	模型 5-1	模型 5-2	模型 5-3	模型 5-4
水稻占播种面积比（对数）	-0.079***	-0.072***		
	(0.013)	(0.018)		
水稻占粮食面积比（对数）			-0.075***	-0.067***
			(0.013)	(0.017)
其他控制变量	控制	控制	控制	控制
第一阶段 F 值		56.513		67.243
内生性检验		$p=0.449$		$p=0.416$
过度识别检验		$p=0.275$		$p=0.217$
观测值	201	201	201	201
R^2	0.134	0.134	0.132	0.131
估计方法	OLS	2SLS	OLS	2SLS

注：模型 5-2 第一阶段中工具变量省年均降水量（对数）和年均温度（对数）的系数分别是 5.541***（0.876）和 -0.266***（0.738）、模型 5-4 第一阶段中工具变量省年均降水量（对数）和年均温度（对数）的系数分别是 5.741***（0.959）和 -2.223***（0.802）。

（三）安慰剂检验：是"地理"在起作用吗？

值得注意的是，基于南稻北麦的种植格局，水稻种植主要分布在南方，因此本研究可能面临的另一个挑战是，水稻种植这个变量和南方这个变量存在一定的重叠性，这可能会导致水稻种植这个变量衡量的是南方的其他特性，而不是水稻种植本身。值得说明的是，从表9-9模型3-5和模型3-6可以发现，在加入南北方虚拟变量之后，水稻种植依旧非常显著地影响着地权稳定性，而南北方虚拟变量却不显著，这两个模型在一定程度上说明对地权稳定性起作用的是水稻种植本身，而非其刚好处于南方。为进一步排除地理因素带来的困惑，本研究选择一个替代性的分析策略，即选择同样是南方地区，但其种植方式不需要集体协作的作物，以此对水稻种植进行安慰剂检验。显然，如果这类作物对地权稳定性不存在显著的影响，则可以在一定程度上说明，作用于地权稳定的是水稻的种植特性，即水稻种植使得农户之间的利益关联更加紧密，而不是因为水稻刚好主要生长在南方。

根据这一思路，本研究在模型中加入甘蔗种植这一变量。和水稻类似，甘蔗主要种植在南方，但是不同的是，甘蔗对灌溉设施的需求没有水稻高，甘蔗在村庄中的种植也没有水稻那么普遍，且更多的是通过雇用工人，而不是农户之间的相互帮助解决农忙时的劳工短缺问题。因此，不同于水稻，甘蔗种植并没有强化农户之间利益的相互依赖性。表9-12中模型6-1分析各省甘蔗种植面积对地权稳定性的影响，模型6-2同时加入水稻种植和甘蔗种植面积，模型6-3则是考虑到这两种作物种植可能存在内生性，以年均温度和降水量作为工具变量，并利用2SLS进行回归。模型6-4到模型6-6和模型6-1到模型6-3类似，主要是将甘蔗种植面积替换为各省甘蔗种植的百分比。结果显示，从模型6-1到模型6-6中，甘蔗种植面积和甘蔗种植百分比的系数都不显著，因此甘蔗种植对地权稳定性并没有显著的影响。此外，考虑甘蔗种植之后，水稻种植对地权稳定性依旧具有显著的影响。因此，对地权稳定性起作用的主要是水稻种植本身，而不是水稻种植恰好处于南方地区。

表9-12 安慰剂检验结果

变量	地权稳定性					
	模型6-1	模型6-2	模型6-3	模型6-4	模型6-5	模型6-6
水稻种植		-0.209***	-0.633**		-0.210***	-0.651**
		(0.069)	(0.277)		(0.069)	(0.298)
甘蔗种植面积	0.000	0.000	0.001			
	(0.000)	(0.000)	(0.001)			
甘蔗种植百分比				0.005	0.007	0.036
				(0.008)	(0.008)	(0.046)
其他控制变量	控制	控制	控制	控制	控制	控制
观测值	201	201	201	201	201	201
R^2	0.053	0.099		0.053	0.099	
估计方法	OLS	OLS	2SLS	OLS	OLS	2SLS

（四）进一步的稳健性检验

本研究分别从替换被解释变量、替换解释变量、替换工具变量以及替换估计模型等不同的方面进行稳健性检验。结果见表9-13。

表9-13 稳健性检验估计结果

变量	村庄确权比例 模型7-1	地权稳定性		
		模型7-2 （第一主产水稻）	模型7-3 （替换工具变量）	模型7-4 （处理效应模型）
水稻种植	-0.271***	-0.414***	-0.334*	-0.465**
	(0.099)	(0.123)	(0.174)	(0.182)
其他控制变量	控制	控制	控制	控制
lambda				-0.186
				(0.120)
观测值	201	201	201	201
R^2	0.054	0.040	0.079	
估计方法	2SLS	2SLS	2SLS	TEM

注：模型7-3第一阶段中工具变量［年均降水量（对数）×年均温度（对数）］的系数为0.048***（0.010）；第一阶段 F 值为23.807；内生性检验的 p 值为0.438。

1. 替换被解释变量

如果种植水稻的村庄更偏好不稳定的地权，那么该村庄对旨在固化产权的农地确权制度的需求会更低，在种植水稻的村庄农地确权的进度应该会更慢。模型 7-1 的被解释变量为村庄已经获得确权证书的农户比例，并利用 2SLS 进行估计，从估计结果看，水稻种植的系数为－0.271，且在 1% 的水平上显著，说明水稻种植的村庄，农地确权的进度是相对较慢的，这从另一个角度验证了本研究的逻辑。

2. 替换解释变量

模型 7-2 中第一主产粮食是水稻则将水稻种植赋值为 1，否则赋值为 0。利用 2SLS 进行回归的估计结果显示，水稻种植的系数为－0.414，在 1% 的水平上显著，该估计结果和前文模型 2-2 是类似的，即第一主产粮食是水稻的村庄地权稳定性会更低。

3. 替换工具变量

温度和降水对水稻种植的作用可能是相互影响的，模型 7-3 将工具变量替换成这两个变量的交互项［年均降水量（对数）×年均温度（对数）］。估计结果显示，第一阶段工具的系数为 0.048，在 1% 的水平显著，且第一阶段 F 值为 23.807，因此该工具变量是弱工具变量的可能性比较低；内生性检验的 p 值为 0.438，说明不存在明显的内生性问题，因此 OLS 的估计结果是可靠的。第二阶段中水稻种植的系数为－0.334，在 10% 的水平上显著，同样显示水稻种植能够显著降低村庄的地权稳定性。

4. 替换估计模型

由于水稻种植和地权稳定性之间主要存在的内生性问题是遗漏重要变量，因此进一步利用处理效应模型进行稳健性检验，估计结果如模型 7-4 所示。水稻种植的系数为－0.465，在 5% 的水平上显著。*lambda* 值为－0.186，但不显著，因此 OLS 的估计结果是可靠的。

（五）基于秦岭-淮河分界线样本的再估计

中国地域辽阔，为了尽可能地降低遗漏重要变量的影响，文章进一步考虑分布在秦岭-淮河分界线两边的样本。秦岭-淮河分界线附近的村庄，除了种植结构有所不同之外，在气候、地理、人文各方面的相似度比较高，有利于构造类似自然实验的数据结构，得到更加可靠的估计结果。具体地，本研究只保留秦岭-淮河线穿过的 7 个省份的样本。这 7 个省份分别是：四川、甘肃、陕西、湖北、河南、安徽、江苏。并利用 OLS 和 2SLS 进行估计，结果如表 9 - 14 所示。估计结果和前文是类似的，即水稻种植会显著降低地权稳定性。

（六）机制检验

1. 水稻种植、集体行动与地权稳定性

本研究的逻辑前提是水稻种植对集体行动的需求更高。传统农村社会具有"差序格局"的秩序特点，具有血缘亲缘的同宗族农户之间的利益更加紧密相关（王文涛，2006），天然地更容易形成集体行动（赵沛，2008）。基于此，以是否有宗族组织衡量农村社会的集体行动（Peng，2004；Peng，2010），估计结果见表 9 - 15。模型 9 - 1 估计结果显示，水稻种植的系数为 0.129，在 5% 的水平上显著，即以水稻为第一或者第二主产粮食的村庄，形成宗族组织的可能性更大。模型 9 - 2 估计结果显示，宗族组织的系数为 -0.151，在 10% 的水平上显著，说明具有宗族组织的村庄，农地调整发生的可能性更高，地权稳定性越低。由此，种植水稻的村庄，进行集体活动的可能性更高，农地调整发生的概率也更高，地权相对更加不稳定。

2. 农业机械化对地权稳定性的影响

如果说农地调整源于水稻种植的集体协作，那么，随着机械化水平的提高将有可能弱化农户集体协作的必要性，从而降低农地调整发生的可能性，提高地权的稳定性。为了验证这种机制，表 9 - 15 在模型 9 - 3 中加入村庄农业机械化变量（如果村庄存在农业机械服务即赋值为 1，否则赋值为 0）。考虑到水稻种植可能存在内生性，因此利用年均降水量和年均温度作为水稻种植的工具变量，并结合两阶段最小二乘法进行回归。估计结果显示，水稻种植的系数和前文的估计结果（模型 4 - 2）相近，而农业机械化的系数为 0.202，在 1% 的水平上显著，表明在其他条件不变的情况下，具有农业机械服务的村庄，其地权稳定性程度更高。模型 9 - 4 则在模型 9 - 3 的基础上加入水稻种植和农业机械化的交互项①。结果显

---

① 考虑到水稻种植可能存在内生性而导致该交互项同样存在内生性问题，因此工具变量法中通过利用农业机械化分布和年均降水量、年均温度相乘，生成另外两个工具变量。

示，水稻种植的系数依旧显著为负，而交互项的系数为正，尽管不显著但系数的绝对值较大（实际上，工具变量法在一定程度上会降低估计的精确性，使得标准误变大），但在一定程度上说明，农业机械化在水稻种植区对于地权稳定的强化作用更大。这从另一个角度说明，农户之间协作的需要内生了农地调整，农地调整是协调农户集体行动的工具性手段，从而说明地权不稳定是集体行动的结果。

表 9 - 14　稳健性检验：基于南北分界线的估计结果

变量	地权稳定性	
	模型 8 - 1	模型 8 - 2
水稻种植	−0.359***	−0.535***
	(0.116)	(0.145)
其他控制变量	控制	控制
观测值	68	68
R^2	0.251	0.221
估计方法	OLS	2SLS

表 9 - 15　机制检验的估计结果

变量	宗族组织	地权稳定性		
	模型 9 - 1	模型 9 - 2	模型 9 - 3	模型 9 - 4
水稻种植	0.129**		−0.470***	−0.650***
	(0.059)		(0.136)	(0.240)
宗族组织		−0.151*		
		(0.086)		
农业机械化			0.202***	0.068
			(0.066)	(0.117)
水稻种植×农业机械化				0.336
				(0.296)
其他控制变量	控制	控制	控制	控制
观测值	201	201	199	199
R^2	0.099	0.067	0.072	0.019
估计方法	OLS	OLS	2SLS	2SLS

五、结论与讨论

制度安排或制度变迁的时空差异及其根源，一直是学界关注的重要话题。中国的农村土地制度无疑提供了重要的观察样本。众所周知，农地调整是中国农地制度安排中的重要现象，也是中国农村土地产权不稳定的主要表现。即使在中央政府反复强调稳定农村土地承包关系、强调在承包期内实施"增人不增地，减人不减地"政策之后，农地调整依然普遍存在。学界对此予以持续而广泛的关注，其中，维护地权的公平性所导致的农地调整，是主流文献的基本共识。但已有文献忽视的一个重要现象是，为什么在"土地集体所有、家庭承包经营"的统一制度安排中，中国南方地区的农地调整频率要显著高于北方，南方的地权稳定程度要低于北方？为此，本研究试图从水稻种植的角度为地权稳定性的南北差异提供一个一致性的逻辑解释，从而揭示农地制度安排是"种"出来的理论假说。

利用 CLDS 的村庄样本数据，结合相关计量模型进行实证检验，在考虑各种可能存在的内生性问题之后，研究结果表明：①水稻种植能够显著提高村庄农地调整发生的概率，以水稻为第一或者第二主产粮食的村庄，其地权稳定性会更低；类似地，水稻种植会降低农地确权推进的速度，水稻种植村庄获得农地确权证书的农户比例相较于其他类型的村庄少约27.1％。②水稻种植村庄的宗族文化更加活跃，相应地，宗族文化活跃村庄的地权稳定程度会相对更低。③机械化发展会提高地权的稳定性，农业机械对农业劳动力的替代，弱化了集体行动的必要性，降低了农地调整发生的可能性，提高了农地产权的稳定性。

本研究的发现意义：在农地产权制度安排中，通常认为地权稳定性能够改善经济效率，而地权调整则有助于改善公平，但已有文献普遍忽视了土地利用尤其是农作物种植特性所发挥的内生性作用。一项制度能否得以延续，关键取决于该制度是否具备有用性和利益协调性两个方面。本研究发现，农地调整的发生与农作物种植方式密切相关。在南方，人地关系的紧张和水稻种植所要求的协助互助决定了农地调整的有用性，而水稻种植所衍生的集体协作决定了农地调整的利益协调性。因此，农地调整机制和水稻种植是紧密关联的，这也是相较于北方而言，南方农地调整现象更为普遍的重要根源。可以认为，农地制度特性是"种"出来的，是特定的农业种植方式及其约束条件下，村庄社会维持农户集体协作的制度性工具。

本研究的现实意义：农地调整的延续内生于村庄的农业经济基础，是农民集体博弈协调后的选择结果，具有其情景依赖性与存在的合理性。农地调整可能随着村庄种植结构或种植方式的改变而发生变化，尤其是随着农业机械化水平的不断提高，农地调整将可能逐渐式微，农地产权将日渐趋于稳定。由此可以认为，农地调整具有历史阶段性。因此，充分利用农地确权的制度红利，大力开展农田整治，强化农业基础设施（尤其是灌溉）等公共物品的供给，鼓励农地经营的连片种植，提升农业的机械化水平，应该是抑制农地调整并改善地权稳定性的重要政策选择。

第 10 章　南稻北麦、文化分野与农民生存策略

内容提要：稻谷和小麦是中国最重要的粮食作物，其千百年的种植传统在村庄文化构建与社会治理中发挥着重要的制度功能。农业自然属性与稻麦生产属性的交织，既诱发了古老中国食物丰裕与饥荒的频繁交替，也形塑了稻区和麦区农民不同的生存策略。文章认为，稻麦种植所形成的集体主义文化和个人主义文化，蕴含着不同的风险规避机制，从而使农民在饥荒威胁中选择了不同的"逃避艺术"，即稻区农民相对强调"齐心互助"，麦区农民则倾向于"读书改变命运"。利用中国劳动力动态调查数据（CLDS）的研究结果表明，相比于水稻种植村庄，小麦种植村庄的农户具有更高的教育投资水平，并且更加不认同"读书无用论"。机理分析表明，麦区农户之间的邻里互助水平显著低于稻区，而较低的邻里互助水平将提高农户的教育支出水平。对于麦区农民来说，教育具有重要的体制性生存的工具性功能。因此，稻麦种植特性及其文化意蕴，决定了农民规避饥荒的不同生存策略。本研究不仅揭示了稻麦种植丰富的政治经济学含义，而且对现实政策选择具有启迪价值。

一、引言

饥饿与粮食安全风险是人类社会发展过程中长期面临的严峻挑战。中国一直将保障粮食安全作为国家战略安全的重要组成部分。2021 年中央 1 号文件指出，要提高粮食和重要农产品供给保障能力，各级地方党委和政府要切实扛起粮食安全的政治责任，实行粮食安全党政同责。《中华人民共和国乡村振兴促进法》更是将提高粮食综合生产能力、确保谷物基本自给和口粮绝对安全列为核心目标，体现了党和政府对粮食安全问题的高度

重视。

中国历来都是一个农业大国，稻麦是中国传统农业社会最为重要的粮食种类，但粮食生产与自然灾害具有高度关联性。事实上，自殷商至民国的3 000多年间，史料记载的自然灾害就达5 200余次，中国甚至一度被西方学者称为"饥荒国度"（邓云特，2011）。因此，如何面对粮食短缺引致的饥饿风险成为农民能否生存的关键。部分农民依靠风险分担机制，通过集体成员之间相互帮助度过饥荒；另一类农民则可能会选择逃离，以回避自然灾害造成的饥饿风险（Scott，1976）。互助和自救成为农民面对饥荒时的两种重要策略。

千百年稻麦种植传统决定了其在村庄文化构建与行为治理中扮演着重要角色，同时也进一步形塑了稻麦区农民不同的生存艺术（李军，2011）。Talhelm等（2014）揭示了稻麦种植方式差异诱发的稻区集体主义文化与麦区个人主义文化。作为劳动力密集型作物，水稻种植及其灌溉需要的大量劳动力、邻里互助与集体协作，塑造了稻区的集体主义文化倾向（Bray，1986）。小麦抗旱性更好且主要依赖自然降水并辅之以较小规模的水井，整个生产过程无需过多的协作，形成了北方麦区的个人主义文化倾向。南方集体主义文化构筑了稻区家族与村社内相互依存的生产关系与风险共担、利益共享的生存共识（张博和范辰辰，2021），使"齐心协力"的社会关系网络成为稻区农民逃避饥荒的"艺术"。而麦区较弱的生产关联意味着农民之间难以形成生存共识，也就无法构筑与稻区同样强度的以应对灾害及饥饿的集体生存救助机制。由此，在中国封建社会"重农抑商"的政治态度与社会背景下，崇尚个人主义文化的麦区农民更偏向于通过追寻阶层的向上流动以实现"饥荒逃离"。对普通百姓而言，通过科举考试升为品官是进入特权阶层的重要途径（龙登高，1998）。中国文学故事中所推崇的"学而优则仕""地瘦栽松柏，家贫子读书""朝为田舍郎，暮登天子堂"等，无不表达着"读书改变命运"的生存逻辑。

按照中国的地理分区，南方的水稻种植区与北方的小麦种植区一般以秦岭—淮河为界。张相文（2013）在《新撰地文学》中记载了这一分界，"北带：南界北岭淮水，北抵阴山长城。动物多驯驴良马、山羊；西部多麋鹿犀牛。植物多枳、榆、檀、梨、栗、柿、葡萄等"，既描绘了中国北方气象，也明确了中国南北的分界。通常认为，秦岭—淮河以北的北方地区是以旱地、小麦种植为主，多两年三熟或一年一熟；秦岭—淮河以南地区以水田、水稻为主，一年两熟或三熟。正是由于千百年稻麦种植的生产方式与分工模式形成了中国南北方应对灾害、饥荒与贫困不同的逃避策略。本研究认为"读书改变命运""万般皆下品，唯有读书高"的思想观念在北方强于南方。这种迥异的观念与中国传统的农耕文明和种植文化密不可分。

为此，本研究试图以稻麦所处的政治环境与种植方式所形成的文化差异为线索，通过 2016 年中国劳动力动态调查（CLDS）数据进行实证考察，揭示中国稻麦种植区域农民形成不同的风险应对与饥荒规避的策略机理。尽管"南稻北麦"受到学界关注，但与以往研究不同，本研究以稻麦的种植特性及其文化意蕴为切入点，关注农民生存策略的选择逻辑。中国北方具有浓厚的"重权轻商""重官轻民"的价值取向以及与之关联的"官本位""铁饭碗"情结，而南方则具有重商的创业开拓精神。尽管中国南北存在明显的文化差异，但少有文献对其给予有证据的严谨解释。本研究试图基于中国的种植历史与现实证据对其进行政治经济学阐释。尽管历史上就存在市场发育的南北差异（颜色和刘丛，2011），但中国改革开放以来南北经济差距不断扩大。从学理上来说，尤具个人主义文化基因的北方理应更适宜于一般信任的市场逻辑，但事实上却成为南方经济增长的"追赶者"。这一现象无疑是个悖论。本研究揭示了"学而优则仕"的教育工具性功能，有助于增进对该悖论的理解。

二、稻麦种植、饥荒威胁与逃避策略

（一）稻麦种植与饥荒发生：天灾与人祸

农业经济一直是中国的主要经济形式（黄宗智，2000）。农业经济发展的根本特征是自然再生产与经济再生产的交织，深受自然条件与社会因素的影响，而表现出明显的季节性、区域性与阶段性特征。自然条件的异常与灾害天气的出现常常是农业生产受损、粮食减产和饥荒发生的重要诱因。特别是在中国封建社会，自给自足的小农经济由于尚不具备发达的生产力和先进的科学技术，农业产量往往较低且生产安全性普遍脆弱（吴宾和党晓虹，2008），以至于粮食产量经常性地不能满足人们的基本需求，更不能实现粮食的充裕供给。一旦发生自然灾害将诱发饥荒，甚至引发社会动乱与农民起义（Kung and Ma，2014）。

中国幅员辽阔，多样的地域类型与丰富的气候条件使国内作物种植呈现多样化，其中稻麦是最重要的粮食品类并广泛分布于南北方。稻麦的生产特性与种植区不同的气候特征、政治经济环境决定了中国灾害与饥饿威胁的发生程度具有显著的南北差异。

第一，稻麦种植的生产特性诱发不同的生存威胁。中国是一个水旱灾害频发的国度，但灾害发生的南北分布极不均衡。北方地区自然灾害频发，或是"田谷旱伤""田谷枯槁"，或是"漂流庐舍，淹没田稼"①。公元1—19世纪，中国北方发生水旱灾害的省均频次比南方多出近一倍②，北方农民的生存环境更为恶劣。黄河流域是小麦种植的发源地与主要集中地，但黄河流域的气候条件较干燥，降水量不足，极易诱发严重的干旱灾害。小麦属于耗地力的作物，干旱的环境进一步加剧水分蒸发并诱发土地盐碱化与贫瘠化，年复一年以至于不能耕种。小麦原本产量就不高，加之灾害频发与土壤贫瘠，因此，小麦种植区在中国历史上极易发生饥荒（张博文，2007）。长江中下游和珠江三角洲地区湿热的自然气候与丰富的水源条件决定了水稻种植遍布于此。水稻相比于小麦有着单位面积产量的巨大优越性（费尔南·布罗代尔，1992）。不仅如此，长江以南温暖湿润的气候条件使得水稻种植可以实现一年两熟甚至一年三熟，这意味着同等面积的土地，种植水稻的产量远高于小麦。更重要的是，水稻种植对土壤损坏较小，无需休耕，无形中也延长了水稻农业的生命周期与生产活力。由此，中国历史上的粮食平衡供给发生了从"北粮南运"到"南粮北运"的转变③。

第二，距离政治中心远近决定了不同赋役压力与"监管逃避"方式。

---

① 《明实录》记载，明代北方地区自然灾害频发，特别是北方五省，每年均会发生灾害，甚至一个月内在多个地方发生多次灾害，而且造成的后果也很严重。

② 数据来源：邓云特. 中国救荒史［M］. 北京：商务印书馆，2011：50。其中，北方6省份为河北、山东、山西、河南、陕西和甘肃；南方12省份为江苏、安徽、江西、浙江、福建、湖北、湖南、四川、广东、广西、云南和贵州。

③ 水稻约在公元前2150至公元前2000年传至中国。水稻对中国"北粮南运"到"南粮北运"的历史转变发挥了重要作用。《新唐书·食货》《旧唐书·玄宗本纪》对此均有记载。当然，中国的改革开放又再次引发了新的"北粮南运"转换。

主要粮食作物因具有"征税单位"的特征而属于"政治作物"并关系着王朝的存续（Scott，2017）。中国北方地区特别是中原地区和黄河流域一直是政治统治的核心区，农民的财物、家庭劳力更加易于被观测与监督，隐匿财富、力役与节收余粮的难度更高。南方远离政治中心且跨隔长江，政治统治的基础相对薄弱，南方农民在粮食和力役征缴中更可能存在隐匿行为（刘文文，2021），从而实现"政治逃离"（詹姆斯·斯科特，2016）。不仅如此，封建王朝各地的赋税要汇集到国库以拱卫都城这一"四方之腹心、国家之根本"。运输难度与成本的桎梏使接近政治中心的百姓背负沉重的赋役压力（王雪绒，2020）。从中国封建王朝"古者，天子地方千里，中之而为都"的建都纳税半径、《尚书·禹贡》的"五服"、《周礼·秋官·司寇·大行人》的朝贡，再到《（嘉靖）河间府志·驿递》的记载，无不描述了古代中国北方近政治中心地区沉重的赋役压力。虽然水稻种植的优越性及中唐后兵祸波及较少，使得东南成为封建王朝的财赋重地并担负"供应经济"，即有江南"赋重而役轻"、北方"赋轻而役重"的说法，但事实上北方钱粮劳役负担皆重（王培华，2010）。麦区即便自然条件与经济条件更恶劣，依然担负封建王朝的"国防经济"（张帆，2020）。"河淮以南，以四百万石供京师；河淮以北，以八百万石供边境"[①] 的赋税缴纳格局意味着北方麦区农民极易陷入生存风险与饥荒威胁。

（二）稻麦种植与不同的互助程度：互助与自救

稻麦种植方式分别决定的生产分工模式形塑了中国南北村落社会的不同组织方式与文化特性，并且在社会治理中发挥着重要的制度功能。由于水稻种植需要大量的灌溉用水以及建设和修葺灌溉设施，水源上下游的生产小农之间需要维系密切的关系与人情往来以保障水源的分配和使用，而且精耕细作的水稻种植需要农业劳动力的"过密化"和集体生产协作化，由此形成了稻区农户之间密切的人情往来与互助合作（冀朝鼎，2014）。Talhelm 等（2014）提出的稻麦理论认为，中国南北方稻麦的不同种植方式形成了明显的文化差异。水稻种植区构筑了互助协作的生产生活系统与集体主义文化。而小麦相对粗放的种植方式形成了北方较独立的农业生产

---

① 记载于《明经世文编》第 298 卷《马恭敏公奏疏》。

体系和相对自由的个人主义文化。

中国水稻区村社内部小农间较多的邻里互助和帮扶协作形成了南方稻区更浓厚的集体主义文化，并因此形成了风险共担与利益共享的生存观念。虽然小麦种植在播种期和收割期也同样面临农事活动强度突破小农家庭劳动力约束的情况，但北方麦区更多出现了协作半径更长的异地劳动雇佣关系，形成了一般性的信任模式（史建云，1998）。这种脱离血缘和地缘的生产关系是一种不包含人情关联的短期市场逻辑（黄宗智，2014），难以形成扶危救济的逃避灾荒和饥饿的机制。显然，具有较强社会关联与人情往来的水稻区村社中将更可能通过邻里互助、扶危济困以缓解饥荒，小麦区则往往更多地依靠自救来逃避潜在的饥荒威胁。

（三）逃避饥荒的策略：民齐者强与学而优则仕

中国农业文明实际上是稻麦文明，但隐含着不同的经济与政治含义及其生存策略。

1. 水稻种植与民齐者强

中国乡村是"差序格局"社会，村社内的个体依亲疏远近不同由内而外形成层层关联的社会关系网络（费孝通，2013）。其中，邻里关系是农民重要的社会资本，也是中国乡村生产关系与经济联系的重要载体。特别是水稻种植必须依靠大量集中的劳动力以及结构牢靠并且监督严密的灌溉体系（Payen，1964），这意味着农事活动以及获得收成需要村社成员共同协作，实现风险共担、利益共享，以规避灾荒和饥饿。而村内成员共同修建灌溉系统和水稻耕作邻里互助也客观上形成了村社农户之间互惠互利的社会交往，这成为小农应对灾荒与饥饿的重要屏障。中国乡村的邻里关系是极其重要的，若干"家"的联合形成了较大的地域群体并组成利益共同体。当面临水、旱等自然灾害以及异族侵略的威胁时，他们将共同行动。"如果经济拮据，也可以向邻居借到少量贷款，不需利息"（费孝通，2010）。不仅如此，长期远离统治中心的南方稻区农民结成利益联盟的"土围子"在调整种植结构、合作利用土地中也发挥着"群策群力"的功用。由此，维系邻里关系、构筑村社关系网络、强化集体生存能力是稻作村落"民齐者强"以逃避饥荒的重要策略。

2. 小麦种植与学而优则仕

阿马蒂亚·森（2002）强调，饥荒发生与否不仅由食物收成的丰缺所决定，更多与获得食物的权利分配紧密关联。在等级森严的中国封建社会，统治阶层享有经济分配的特权是普遍的社会形态。相对来说，南方稻作村落的农民可以通过邻里互助与"民齐者强"来维护较为公平的食物分配制度，集体主义的文化基因能够规避饥荒风险带来的生存威胁。但对于北方麦区农民而言，在缺乏社会救济体系的生存中减轻赋役压力、规避自然风险、逃避饥饿威胁，就需要改变自身的社会阶层，获得更多的食物分配与经济特权。由此，除了逃荒与移民之外，通过读书、受教育以实现"学而优则仕"并吃上"皇粮"成为他们改变命运的重要途径。"学而优则仕"成为北方麦区农民实现"饥荒逃离"的重要"艺术"。

在封建官僚体制中，皇帝之下即为官僚特权阶层，不仅身份尊贵、俸禄优厚，而且享有政治、经济等方面的特权。唐代"品官皆不课户"、宋代官户"免役、免科敷"（龙登高，1998）。由此使"朝为田舍郎，暮登天子堂"[①] 成为试图摆脱农事与饥荒、进入特权阶层以改变命运的乡村士子梦寐以求的理想。然而，封建社会底层百姓具有身份固化特征，不能僭越进入特权阶层，通过科举考试上升为品官是底层学子进入特权阶层最重要的途径。因此，在封建社会，通过读书、受教育以获得学识，一直是普遍的社会价值偏好，士大夫官僚阶层的特殊政治地位和经济特权对于中国乡村教育具有极大的利益诱导作用（萧公权，2014），而"日日应举亦不累"[②] 也成了古老中国乡村学子的人生状态。特别是中国北方长期作为封建王朝的政治中心和统治核心区，制度完善、信息完备、文化健全，对培养人才有极大的便利（韩茂莉和胡兆量，1998）。科举成功者往往被吸收进入官僚集团，在国都所在地任职。文化精英构成的文化氛围使得北方"学而优则仕"的观念往往比较浓厚（Chang，1953）。

3. 科举教育的工具性作用

一个辨析。虽有学者根据两宋及明清以来的科举取士结果来判断中国南方教育水平更高（靳润成，1982），但在科举制兴盛的隋唐时期，北方

---

① 出自宋代汪洙的《神童诗》，全句为"朝为田舍郎，暮登天子堂。将相本无种，男儿当自强"。

② 出自清乾隆皇帝的《训诫士子谕》。

更具科举竞争力，"学而优则仕"的人生理念也盛行于北方。唐宋两代北方籍状元数量占明显优势，但元明清三代状元籍贯的地理分布发生了"南重北轻"的转变。原因在于唐后期战乱频繁，摧残了北方的教育事业，同时经济中心南移带来了地域格局变化。不仅如此，中国的科举也出现了阶层固化的现象。苏浙地区科举仕进呈现大家族聚集现象，"状元，或父子、叔侄承，或以兄弟相接"（韩茂莉和胡兆量，1998）。到了明清，越来越多的富商子弟获得了士子身份，甚至一些州县规定取得"入籍"的必备财产条件（萧公权，2014），科举制度日渐呈现"精英化"趋势。占据经济中心地位的南方更是呈现"精英教育"或"富人教育"的特点。

与之不同，科举对于北方学子则具有重要的生存工具性作用，科举背后的政治地位和经济特权对于频繁面临灾荒与饥饿的北方士子极具诱导性。虽然宋朝时期中国经济中心移向南方，但北方士子气质、学风更有利于中央集权，南方士子活跃求新、不拘祖法的特点使得统治者多信奉"南方下土，不宜多冠士""南方士大夫沉沦者多"（张帆，2020）。虽然明清时期呈现了士子集团上的"南重北轻"的格局，但封建王朝为了收揽北方文人士子人心，依然给予北方士子更多登科进士的机会，"科举当兼取南、北士……北人学问远不逮南人……长才大器，俱出北方，南人虽有才华，多轻浮"[①]，反映出了统治者通过南北兼而取士以加强对北方的控制并巩固北部边疆的意图，明朝施行的南北卷制度也促进了北方文化教育事业的兴盛（靳润成，1982）。极大鼓舞了试图通过"学而优则仕"进入特权阶层的北方士子。尽管科举取士的通道狭窄，"学而优则仕"的思想观念却在北方广为普及。南方则因移民而兴，商贸立业，敢于创业，热衷于商海。由此，读书、教育对于北方麦区农民而言更具逃离饥荒的生存工具性作用。

三、数据、变量与模型

（一）数据来源

本研究使用的数据来自中山大学国家治理研究院社会科学调查中心

---

① 记载于《明史纪事本末》卷二十八。

2016 年的中国劳动力动态调查（China Labor-force Dynamics Survey，
CLDS）。CLDS 数据覆盖了中国 29 个省份（不含港澳台、西藏、海南，
下同）。2016 年 CLDS 数据集共包括 401 份村居社区问卷，14 226 份家庭
问卷，21 086 份 15～64 岁劳动力人口个体问卷。鉴于本研究关注种植方
式的政治经济学含义，故截取农村样本数据。对于"南稻北麦"的刻画，
本研究根据 CLDS 村庄问卷中"本村的第一主产粮"的问项结果，区分主
产水稻与主产小麦的村庄样本，从村庄层面界定稻麦种植文化的基本空
间。本研究共得到 127 个村庄的 4 429 个农户样本，其中小麦主产村庄占
比 38.58%，水稻主产村庄占比 61.42%。在实证分析中，由于存在部分
变量数据缺失，因此，最终各模型的观测样本会有所不同。

（二）描述性证据：宏观层面与微观层面

1. 宏观证据

根据国家统计局公布的数据，图 10 - 1 描述了 2019 年全国农村以及
不同作物主产区居民的人均教育文化娱乐消费水平[①]。可以发现，该支出
无论是占人均总消费的比重，还是占人均可支配收入的比重，旱地种植区
农民水平均高于全国农民平均水平，水田种植区农民则相对较低。图 10 - 2
描述了 2019 年全国非私营单位就业人数规模与私营及个体就业人数规模。
其中，旱地种植区非私营单位就业人数占比高于全国平均水平，水田种植
区居民的这一数据低于全国水平。但水田种植区私营及个体就业人数占比

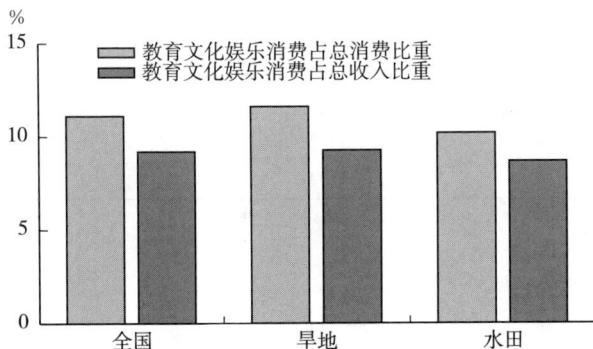

图 10 - 1　全国农村居民人均教育文化娱乐消费占比

---

① 《中国统计年鉴》（2020）将教育文化与娱乐消费支出合并统计，并未清晰区分。

最高，高于全国平均水平。这表明旱地种植区的居民就业更加倾向于选择体制内的工作。

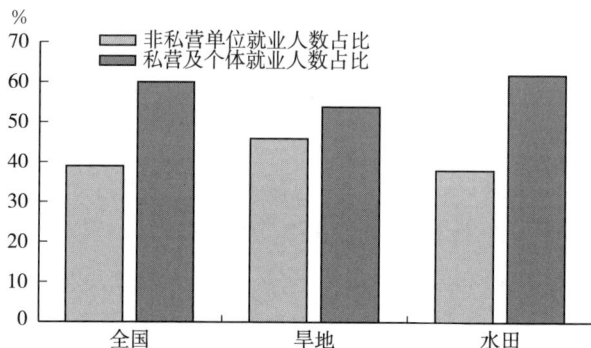

图 10-2　全国非私营、私营及个体就业人数占比

2. 微观证据

根据 CLDS 2016 年数据，由表 10-1 可见，相比于水稻村庄，小麦村庄农户的平均教育支出额和平均教育支出占家庭收入的比重都更高；小麦村庄的农户家庭平均人情世故礼金支出低于水稻村庄农户的平均水平，表明稻作村庄有着更密切的人情往来与村落社会网络关系；水稻村庄内的邻里互助更多，明显高于麦区村庄，说明稻作村庄存在更明显的相互协作的村社集体主义文化。

表 10-1　不同作物主产村的经济社会特征

稻麦产区	占样本比重（%）	教育支出（元）	教育支出占比（%）	礼金支出（元）	礼金支出占比（%）	邻里互助（1～5 赋值）
小麦主产村	38.58	4 509.04	31.47	2 845.05	12.74	3.03
水稻主产村	61.42	4 247.59	21.42	3 259.83	15.89	3.57

注：数据来源于 2016 年中国劳动力动态调查。

3. 数据处理策略

为了便于深化对"南稻北麦"种植传统、文化意蕴及饥荒规避策略的讨论，本研究除了按照南北地理分界进行省区层面的考察，还分别对水田与旱地、稻麦主产村庄进行分类处理。表 10-2 的数据表明，本研究三种形式的分类处理具有高度一致性。

表 10 - 2 地理划分、水旱分区与稻麦主产村分布

标准		北方	南方
地理分区		北京、天津、河北、山西、辽宁、吉林、黑龙江、山东、河南、陕西、甘肃、新疆、青海、内蒙古、宁夏	上海、江苏、浙江、安徽、福建、江西、湖北、湖南、广东、广西、海南、重庆、四川、贵州、云南、西藏
土地特性	水田为主（省份数）	0	17
	旱地为主（省份数）	12	0
	地理契合度（%）	100.00	100.00
村庄特性	小麦主产村（样本数）	49	0
	水稻主产村（样本数）	5	73
	地理契合度（%）	90.74	100.00

注：表中的区域划分将在后文做进一步说明。

（三）变量设置及说明

1. 被解释变量

分别使用"去年全家的教育支出"与"去年全家教育支出占家庭年收入的比重"作为被解释变量，以测度农民对"学而优则仕"的策略选择。同时，使用村庄层面的"村庄前三大财政支出是否包含教育支出"和个体层面的"受教育年限""对'上大学越来越没用'观点的看法"，分别替换被解释变量进行稳健性检验。此外，通过稻麦区高学历群体在体制内外的择业选择，进一步刻画北方麦区农民"学而优则仕"逃避饥荒的策略。本研究还分别使用"去年全家礼品与礼金支出"与"去年全家礼品与礼金支出占家庭年收入的比重"作为被解释变量，以刻画种植方式诱发的相异的集体社会网络关系维护行为。

2. 主要解释变量

主要的解释变量为种植方式，参照丁从明等（2020）、袁益（2020）的研究，根据 CLDS 村庄问卷中"本村的第一主产粮是什么"的问项结果，将第一主产粮为小麦的村庄赋值为 1，将第一主产粮为水稻的村庄赋值为 0。村庄主产粮为其他作物的样本作为缺失值处理。此外，本研究根据新中国成立之前的稻麦种植分区和现代水田与旱地的种植省级分区划分旱地省份与水田省份（旱地＝1；水田＝0），以替换核心解释变量进行稳健性检验。

3. 控制变量

家庭教育支出是人力资本投资的重要组成部分，且受到父母人力资本水平的影响。同时，家庭规模、父母的社会阶层与家庭社会资本也对教育支出有影响。教育支出同属于家庭支出范畴，中国家庭传统的家长制特征决定了户主在家庭内部决策时发挥主导作用。因此，控制变量主要包括：户主年龄、受教育程度、健康状况和政治背景；家庭规模、人均收入、家中上学人数和人均耕地面积；村庄人均收入、非农经济、村庄外出劳动力和宗族。此外，本研究还控制了省份虚拟变量。

（四）模型选择

为了估计稻麦不同种植方式对农户教育支出的影响，本研究建立以下基准模型：

$$Y_i = \alpha_0 + \alpha_1 X_i + \alpha_2 D_i + \varepsilon_i$$

上式识别了两组方程，其中 Y_i 为农户家庭教育支出额的对数和家庭教育支出占家庭年收入的比重。X_i 表示种植方式，D_i 表示由控制变量组成的矩阵，包括户主特征、家庭特征、村庄特征等变量。α_0 为常数项，α_1 和 α_2 为待估计系数，ε_i 表示误差项，并假设满足标准正态分布。

需要指出的是，为了解决内生性问题，本研究通过替换被解释变量、替换解释变量等方式进行稳健性检验。此外，借鉴丁从明等（2020）、袁益（2020）的研究，将水稻种植温度适宜度和农业用水充沛度作为"种植方式"的工具变量，对基准模型的因果关系进行再检验。本研究还在稳健性检验中进一步通过倾向得分匹配法（PSM）构建"反事实"情境，以有效降低样本选择偏误问题。

四、模型结果与分析

（一）"学而优则仕"：种植方式与农户家庭教育支出

表10-3中第（1）和第（3）列是未控制其他控制变量的基准回归结果，结果显示，小麦村庄农户的教育支出和教育支出占比均显著高于水稻

村庄的农户，分别高出 37.1% 和 10%。第（2）列和第（4）列是加入控制变量和省份固定效应后的估计结果。第（2）列显示，相比于水稻村庄，小麦村庄农户的家庭教育支出高出 26.2%。第（4）列显示，小麦村庄农户的家庭教育支出占比高出 8.6%。

表 10-3 种植方式与农户家庭教育支出

变量	教育支出		教育支出占比	
	(1)	(2)	(3)	(4)
种植方式	0.371***	0.262***	0.100***	0.086**
	(0.099)	(0.089)	(0.022)	(0.033)
户主年龄		−0.068***		−0.006***
		(0.004)		(0.001)
户主受教育水平		−0.006		0.000
		(0.008)		(0.001)
户主健康状况		0.012		0.012
		(0.040)		(0.009)
户主政治背景		−0.142		0.009
		(0.144)		(0.031)
家庭规模		−0.022		−0.043***
		(0.024)		(0.006)
家庭人均收入		0.333***		−0.224***
		(0.022)		(0.023)
上学人数		2.194***		0.170***
		(0.055)		(0.016)
人均耕地面积		−0.014**		0.001
		(0.007)		(0.001)
村庄人均年收入		0.018		0.036*
		(0.041)		(0.021)
村庄非农经济		0.430***		0.033
		(0.108)		(0.033)
村庄外出劳动力		0.005		0.003***
		(0.004)		(0.001)
宗族		0.268**		−0.025
		(0.108)		(0.030)
省份虚拟变量	未控制	控制	未控制	控制
观测值	4 429	4 293	4 170	4 043
R^2	0.002	0.321	0.003	0.115

注：* 代表 10% 的显著性，** 代表 5% 的显著性，*** 代表 1% 的显著性，下同。

（二）稳健性检验 1：稻麦种植的省份分区

中国农业种植大体呈现为"南稻北麦"格局，与水田旱地的分布契合。一般将北京、天津、河北、山西、辽宁、吉林、黑龙江、山东、河南、陕西、甘肃和新疆列为旱地为主的种植区，将上海、江苏、浙江、安徽、福建、江西、湖北、湖南、广东、广西、海南、重庆、四川、贵州、云南和西藏归为水田为主的种植区（内蒙古、青海和宁夏主要以牧场为主）。进一步基于《中国近代农业生产及贸易统计资料》（许道夫，1983），根据 1947 年中国各省份水稻与小麦种植总面积刻画新中国成立之前稻麦种植的分布区域，以考察近代中国农业种植方式对教育的影响。

表 10-4 的估计结果显示，无论是现在还是民国时期，相比于水田，旱地种植区的农户均具有更高的教育支出和家庭教育支出占比。这一估计结果与表 10-3 的估计结果一致，说明本研究的基准回归结果具有较好的稳健性。表 10-4 第 4 列和第 5 列的估计结果显示，核心解释变量的估计系数增大。这表明，一方面新中国成立之前麦区农民逃避饥荒的选择空间不足，不得不通过"教育改变命运"；另一方面新中国成立以来农产品品种不断改良、种植技术不断改进，使水稻种植能够大范围推广，弱化了南北的种植差距。

表 10-4　稳健性检验：水田旱地省份分区与农户家庭教育支出

变量	当代种植分区		民国种植分区	
	教育支出	教育支出占比	教育支出	教育支出占比
种植方式	0.244***	0.152**	0.848***	0.533**
	(0.068)	(0.075)	(0.217)	(0.216)
其他控制变量	控制	控制	控制	控制
省份虚拟变量	控制	控制	控制	控制
观测值	7 412	6 982	6 778	6 378
R^2	0.322	0.034	0.336	0.045

（三）稳健性检验 2：个体与村庄层面的证据

本研究基准回归考察的是稻麦村庄内农户家庭层面的教育支出差

异。逻辑上而言，由种植文化差异所形成的"逃避饥荒的策略"，应该在村社层面和家庭成员个体层面具有同样的表达。本节分别选取 CLDS 个体层面问卷中的"受教育年限""对'读大学越来越没用'观点的看法"的问项结果和村庄层面问卷中"村庄前三大财政支出中是否包含教育支出"的问项结果作为被解释变量。表 10 - 5 的估计结果显示，相比于水稻村庄，小麦村庄的农民不赞同"读书无用论"，受教育年限更长，更加重视教育财政支出。这验证了本研究基准估计结果的稳健性。

表 10 - 5　稳健性检验：种植文化与"学而优则仕"

变量	个人受教育年限	读书无用论	村庄教育财政支出
种植方式	0.404*	−0.511***	0.096***
	(0.236)	(0.128)	(0.008)
户主特征	控制	控制	—
家庭特征	控制	控制	—
村庄特征	控制	控制	控制
观测值	1 742	5 286	127
R^2	0.154	0.047	0.244

(四) 稳健性检验 3：学而优"则仕"吗?

本节进一步检验相比于水稻区，麦区城乡居民是否具有更强烈的"仕途"观念，进一步加入 CLDS 数据中的城市居民样本，按照"受访者的最高学历"的问项结果，分别选择高中以上学历人群和本科及以上学历人群，并按照"受访者从事职业的类型"的问项结果，拟合出体制内和体制外的择业变量（体制内工作＝1；非体制内工作＝0）。体制内工作因其社会地位高、稳定性强、福利保障好等优势而深受青睐，以此表征个体的"致仕""铁饭碗"思想。表 10 - 6 的估计结果显示，麦区内无论是高中以上还是大学以上学历群体均具有选择体制内工作的明显倾向，这证明北方麦区的高学历群体有着更强烈的"学而优则仕"观念。

表 10 - 6　稳健性检验：种植方式与高学历群体的职业选择（体制内）

变量	高中以上学历群体			大学以上学历群体		
	全部样本	城市样本	农村样本	全部样本	城市样本	农村样本
种植方式	0.406**	0.375**	0.708*	0.406**	0.378**	0.855**
	(0.174)	(0.160)	(0.390)	(0.168)	(0.153)	(0.380)
其他控制变量	控制	控制	控制	控制	控制	控制
村庄虚拟变量	控制	控制	控制	控制	控制	控制
观测值	989	845	144	900	787	113
R^2	0.412	0.367	0.691	0.403	0.368	0.734

五、内生性问题与机制检验

（一）内生性问题的讨论

1. 遗漏重要变量问题

作物的适种性通常被视为外生于种植行为的合适工具变量。相比于小麦，水稻种植对立地条件的依赖更明显，且对气候条件的要求更加标准化。本研究将年均气温 18～25℃之间的地级市定义为水稻种植温度适宜区（适宜＝1；不适宜＝0），并作为自变量的工具变量，同时参照袁益（2020）的设置方式，使用"村庄农业用水充沛度"作为稻麦种植的另一个工具变量（村庄水域面积占村庄农业用地面积的比重）。表 10 - 7 使用工具变量法的估计结果显示，稻麦种植方式依然对农户教育支出有显著促进作用。

表 10 - 7　工具变量法检验

变量	二阶段回归结果	
	教育支出	教育支出占比
种植方式	0.870***	0.121***
	(0.225)	(0.019)
其他控制变量及省份虚拟变量	控制	控制
观测值	4 162	3 926
R^2	0.147	0.117

（续）

变量	二阶段回归结果	
	教育支出	教育支出占比
	一阶段回归结果	
水稻种植温度适宜区	−0.354*** (0.010)	−0.356*** (0.011)
村庄农业用水充沛度	−0.573*** (0.014)	−0.568*** (0.014)
其他控制变量及省份虚拟变量	控制	控制
观测值	4 162	3 926
R^2	0.316	0.331
第一阶段 F 值	25.612	25.315

2. 自选择问题

进一步使用倾向得分匹配法（PSM）重新估计稻麦种植方式对农户家庭教育支出的影响。为此，将小麦村庄农户设定为实验组，稻谷村庄农户设定为控制组。同时采用最近邻匹配、半径匹配和核匹配三种匹配策略估计稻麦种植差异的平均处理效应（ATT）。表 10 - 8 的估计结果显示，在三种匹配方式之下，小麦村庄中的农户家庭教育支出均高于水稻村庄。这一结果与上文基准检验结果具有一致性。

表 10 - 8　基于倾向匹配得分法的再估计

变量	匹配方式	ATT	t
教育支出	最近邻匹配	0.459***	4.20
	半径匹配	0.467***	4.43
	核匹配	0.448***	4.30
教育支出占比	最近邻匹配	0.079***	2.69
	半径匹配	0.150***	4.56
	核匹配	0.124***	3.63

（二）机制检验：邻里互助的传导作用

本研究的基本逻辑是小麦种植的个人主义文化和水稻种植的集体主义文化造就了不同的逃避饥荒的策略。其中，邻里互助水平在稻麦种植区对教育不同的重视程度影响中发挥着重要的传导作用。为此，本节使用CLDS问卷中"本村邻里、街坊及其他居民互相之间有互助吗"的问项结果（非常少＝1；比较少＝2；一般＝3；比较多＝4；非常多＝5）表征邻里互助水平。表10-9中，第2列的估计结果显示，小麦村庄农户的邻里互助水平显著低于水稻村庄农户约15.6％。第3列和第4列的估计结果显示，村庄内更高的邻里互助水平将显著降低农户家庭的教育支出和教育支出占比。小麦区农户较弱的邻里互助水平将强化其通过读书逃离饥荒的策略选择。

表 10-9　机制检验：邻里互助程度

变量	邻里互助程度	教育支出	教育支出占比
种植方式	－0.156**	—	—
	(0.073)		
邻里互助程度	—	－0.012**	－0.046**
		(0.005)	(0.018)
其他控制变量及省份虚拟变量	控制	控制	控制
观测值	3 606	6 158	5 947
R^2	0.094	0.322	0.049

六、进一步分析

（一）主产水稻农户"逃避饥荒的艺术"

小麦种植区的个人主义文化使农户家庭成为一个相对独立的生产主体和活动主体，邻里之间较弱的互助机制显然难以应对风险冲击，因此，在封建社会重农抑商的环境中，通过读书步入仕途以吃上"皇粮"成为逃避饥荒并改变家庭命运的重要策略。水稻种植区因互帮互助的村落文化及其社会网络关系有助于农民应对饥荒风险。一般来说，从防范风险的角度来看，人情交换越多，就意味着保险系数越大，风险防范能力越强（冯必扬，2011）。本节选取"人情世故礼金支出"作为被解释变量，以刻画村庄人情往来的差异。表10-10的估计结果显示，与小麦村庄农户的显著负相关不同，水稻村庄的农户更加重视人情往来的社会网络投资，表现出明显的"民齐者强"策略。这验证了以上的逻辑推论。

表 10 - 10　种植文化与"民齐者强"程度

变量	人情世故礼金支出		人情世故礼金支出占比	
种植方式	−0.374***	−0.430***	−0.031***	−0.091***
	(0.081)	(0.088)	(0.009)	(0.011)
其他控制变量及省份虚拟变量	未控制	控制	未控制	控制
观测值	4 435	4 301	4 242	4 113
R^2	0.003	0.061	0.002	0.157

（二）饥荒经历的情境分析

1. 稻麦种植方式、饥荒经历与教育支出

本研究是基于饥荒规避的行为动机进行分析的。中国农村传统的家长制特征决定了户主在家庭内部决策时发挥主导作用（徐勇，2013），户主的经历在一定程度上代表了家庭的经历并影响家庭的支出选择。因此，本研究利用家庭户主是否经历过 1959—1961 年三年困难时期的饥荒来进行讨论。将 1961 年后出生的农户家庭定义为未经历过饥荒，1961 年之前出生的农户家庭定义为经历过饥荒，以进一步刻画饥荒经历是否强化了农民饥荒规避的行为策略。

表 10 - 11 的估计结果显示，对于经历过饥荒的农户，小麦区农户比水稻区农户具有更高的教育支出水平，教育支出和教育支出占比分别高155.7％和 16.2％，这一结果也明显高于表 10 - 3 的估计结果，说明饥荒经历进一步加强了小麦种植区农民通过"学而优则仕"以逃避饥荒的观念，更进一步说明了饥荒发生与教育之间的逻辑关联性。

表 10 - 11　饥荒经历分组检验

变量	经历过饥荒		未经历过饥荒	
	教育支出	教育支出占比	教育支出	教育支出占比
种植方式	1.557***	0.162***	0.283**	0.072**
	(0.418)	(0.050)	(0.122)	(0.035)
其他控制变量及省份虚拟变量	控制	控制	控制	控制
观测值	2 163	1 981	2 130	2 062
R^2	0.261	0.069	0.334	0.164

2. 稻麦种植方式、自然灾害经历与教育支出

为验证以上估计结果的稳健性，采用 CLDS 问卷中"本村是否发生过严重的自然灾害"的问项来刻画村庄层面的灾害经历状况（有＝1；没有＝0）。表 10－12 的结果显示，在发生过严重自然灾害的村庄中，小麦区农户比水稻区农户具有更高的教育支出水平，教育支出和教育支出占比分别高 142.5％和 8.7％。在没有发生过严重自然灾害的村庄中，小麦区农户的教育支出和教育支出占比均低于表 10－3 的估计结果。由此可见，读书、受教育、增加教育支出与是否经历饥荒灾害之间存在强关联性。

表 10－12　自然灾害经历分组检验

变量	经历过自然灾害		未经历过自然灾害	
	教育支出	教育支出占比	教育支出	教育支出占比
种植方式	1.425***	0.087**	0.169*	0.082**
	(0.303)	(0.036)	(0.094)	(0.034)
其他控制变量及省份虚拟变量	控制	控制	控制	控制
观测值	548	515	881	824
R^2	0.336	0.116	0.334	0.119

（三）农业种植"监管逃离"的政治经济学解释

1. 种植结构、"监管逃离"与逃避饥荒

Scott（2017）按照"政治"标准将粮食作物分类为"无政府主义作物"和"集权主义作物"。作为"集权主义作物"的稻麦，具有看得见、可分割、可估算、可储存、可运输等技术特性，且其季节性特征与财政需求的可计划性高度契合，使其便于作为"征税单位"而受到国家的青睐。而"无政府主义作物"的马铃薯、树薯等，既不利于产量监督，也不便于运输储存，隐含着作为税收单位的高昂征收成本。因此，逻辑上可以推断，选择种植结构的非粮化与"无政府主义作物"可以视为一种"监管逃离"的策略。基于此，本研究利用 CLDS 问卷中村庄非粮农用地面积的占比来进一步考察"监管逃离"的行为选择。表 10－13 交互项的估计结果显示，对于麦区农户而言，村庄非粮食作物经营面积越大，越会弱化农户的家庭教育支出。以上结果证明了种植行为的"监管逃离"具有应对饥荒

威胁而替代"学而优则仕"的功能。

表 10 - 13　"监管逃离""饥荒逃避"与"学而优则仕"

变量	教育支出		教育支出占比	
种植方式	0.452***	0.301***	0.111***	0.007
	(0.103)	(0.091)	(0.022)	(0.022)
非粮经营面积占比	0.002	0.003	0.002**	0.001*
	(0.004)	(0.004)	(0.001)	(0.001)
种植方式×非粮经营面积占比	−0.010**	−0.008*	−0.002**	−0.003***
	(0.005)	(0.004)	(0.001)	(0.001)
其他控制变量及省份虚拟变量	未控制	控制	未控制	控制
观测值	4 429	4 293	4 170	4 043
R^2	0.003	0.322	0.004	0.107

　　进一步采用 CLDS 村庄问卷中"本村的第二主产粮食"的问项结果，识别"无政府主义作物"与"集权主义作物"的种植行为（"无政府主义作物"＝1；"集权主义作物"＝0）。表 10 - 14 中第 3 列和第 5 列的估计结果显示，村庄"无政府主义作物"的种植将显著降低农户的家庭教育支出水平。并且在控制"无政府主义作物"种植变量之后，核心解释变量的估计系数变小且不显著。这表明，"无政府主义作物"种植将实现"饥荒逃离"以弱化麦区农民通过读书改变命运的策略选择。

表 10 - 14　"无政府主义作物""逃离监管"与逃避饥荒

变量	教育支出		教育支出占比	
种植方式	0.262***	0.139	0.086**	0.002
	(0.089)	(0.147)	(0.033)	(0.033)
无政府主义作物		−0.424**		−0.208***
		(0.208)		(0.066)
其他控制变量及省份虚拟变量	控制	控制	控制	控制
观测值	4 293	2 348	4 043	2 250
R^2	0.321	0.344	0.115	0.122

2. "监管逃离"的制度与文化约束

自古以来中国就是一个人多地少，粮食供给缺乏弹性的国家。尤其是元代之后灾害频繁[①]（李军，2011），寻找适合恶劣环境生存的多产作物成为增加粮食产量以强化防灾救灾能力的迫切需求。鉴于美洲作物适应能力极强，适合作为救荒物种，所以明清时期美洲块根类作物（马铃薯、番薯等）的引进与发展在中国农史上占据重要地位。然而，非主粮的"杂粮"作物并非总是统治者所喜闻乐见的。封建赋税是王朝存续的根本，相比于稻麦，通过种植"无政府主义作物"实施"监管逃离"，在北方麦区个人主义文化和政治统治高压之下往往会受到抑制。南方相对宽松的政治环境特别是"民齐者强"的集体行动决定了稻区农民拥有更多的作物种类选择。由此形塑的种植文化持久地影响了一代又一代在水稻区和小麦区成长的个体。表 10-15 的数据表明，无论是民国还是现代中国，南方的经济作物、"无政府主义作物"种植面积均高于北方。正是由于古老中国北方麦区难以通过逃离监管以应对饥荒威胁，强化了北方农民"读书改变命运"的信念。

表 10-15 非粮食作物种植与"无政府主义作物"种植的南北差异

调查省份	南北分区	经济作物种植面积占比（%）	"无政府主义作物"[c] 种植面积占比（%）
全国 31 省[a]（2019）	北方 15 省	27.58	13.50
	南方 16 省	42.47	17.11
全国 22 省[b]（1947）	北方 10 省	9.64	13.93
	南方 12 省	16.97	16.17

注：a 数据来源于《中国统计年鉴》（2020）；b 数据来源于：许道夫. 中国近代农业生产及贸易统计资料［M］. 上海：上海人民出版社，1983；其中数据较为完整的有 22 个省份，北方 10 省包括晋、冀、鲁、豫、察哈尔、绥远、宁、青、甘和陕，南方 12 省包括皖、苏、浙、湘、鄂、赣、闽、粤、桂、川、滇和黔；c "无政府主义作物"主要包括薯类和豆类。

七、结论与讨论

饥荒问题一直与中国历史相伴相生。中国广阔的地理空间与稻麦种植

---

① 元明清三朝灾害年均发生 5.4 次、3.7 次和 3.8 次，远高于以往朝代。

文化决定了不同地域的农民形成了不同的逃避饥荒的"艺术"。本研究认为，由稻麦种植形成的集体主义文化与个人主义文化，决定了风险共担与邻里互助水平的差异。为此，小麦区更多依赖自救，并通过读书改变命运，谋求"学而优则仕"以实现生存阶层的向上流动而摆脱饥荒威胁；水稻区农户则通过强化村社内关系网络，构筑生产互助、风险共担的避荒体系，以化解潜在的生存风险。利用 CLDS 数据的实证分析表明，稻麦种植形成的文化差异塑造了不同的风险规避机制，使农民在饥荒威胁中选择了不同的逃避策略，即稻区农民强调"民齐者强"，麦区则倾向于"读书改变命运"。

相比于水稻村庄，小麦村庄农户具有更高的教育支出水平，更不认同"读书无用论"，其人情世故的礼金支出显著低于水稻村庄。机理分析表明，麦区农户之间的邻里互助水平显著低于稻区农户，而较高的邻里互助水平将弱化农户的教育支出水平，以上表明稻麦种植形成的相异的邻里互助文化是农民选择"学而优则仕"与"民齐者强"不同"逃避饥荒的策略"的重要中间机制。灾害经历与饥荒经历将提高小麦村庄农户的教育支出水平，这进一步表明了饥荒与教育支出之间的强关联性；与南方稻作区不同，北方麦区的农民难以通过种植结构的多样化来化解饥荒威胁。本研究强调，历史上长期处于饥荒威胁中的麦区农民更加重视教育的生存工具性功能，即通过教育进入体制以实现身份变迁，从而形成了不同于南方的饥荒防范机制。

本研究隐含着重要的理论含义。第一，"稻米理论"认为中国南北文化差异源于"南稻北麦"，是耕种方式的不同导致了南北文化的不同。事实上，中国南北方农民的行为差异不仅源于长期以来稻麦生产方式的农耕文化基因，而且南北的气候差异、灾害风险威胁、生存选择空间与"饥荒逃离"机会，也进一步形塑了中国南北方农民不同的教育观念。本研究有助于修正和完善"稻米理论"的内涵。第二，现代经济学开创的人力资本理论突破了传统理论中的资本只是物质资本的束缚，揭示了教育对经济增长的内生性促进作用。但事实上，教育投资并非单纯的经济性行为。对于农民而言，教育是拓展生存空间的选择性策略，是参与社会流动并提升社会地位的工具性手段。本研究有助于深化对教育及人力资本性质的认识。第三，新经济增长模型通常从人力资本积累角度来解释经济发展差异及其根源。但由作物种植传统形成的制度文化有可能决定着人们对教育的信念差异。不同的教育信念形成不同的人力资本。中国传统的"学而优则仕"观念、北方相对浓厚的"官本位"与"铁饭碗"的择业偏好，意味着区域经济的差距并非完全由人力资本积累的差异所产生，而且进一步由人力资本形成的信念差异所决定。本研究有助于深化对区域经济差异生成根源的理解。

虽然中国已经彻底解决了饥荒问题，脱贫攻坚战也取得了全面胜利，但农民面临的相对贫困问题可能是长期存在的。本研究表明，饱经沧桑的中国农民在谋求生存的抗争中，不仅留下了饥饿记忆的历史基因，而且使得风险规避的"艺术"成为重要的文化符号。今天，中国粮食连年丰收且稳超国际粮食安全线，广大农民拥有更多的机会与空间，甚至能够彻底退出农业以谋求更高质量的生活，但"离农化""非粮化"的选择策略不利于中国的粮食安全保障。因此，本研究的政策含义在于：第一，强化农业保险，化解农民的农业经营风险。农业风险及其饥荒威胁是农民"逃离"农业的重要根源。因此，有必要建立健全多层次农业保险体系，包括完善政策性农业保险制度，鼓励商业性保险公司开展农业保险业务，支持农民和农业经营主体依法开展互助合作保险，不断增加保险品种，扩大农业保险覆盖面。其中，强化稻谷、小麦、玉米三大粮食作物完全成本保险和收入保险，健全农业再保险制度，应该纳入国家优先支持的行动议程。第二，保障粮食安全，调动农民的种粮积极性。粮食安全是实现经济发展、社会稳定和国家安全的重要基础。解决好 14 亿人的吃饭问题，始终是治国理政的头等大事。粮食安全的重要性决定了对农业生产与供给保障进行适度监管的必要性。问题是，有监管就有"逃离"。因此，基本的政策导向应该是保障国家粮食安全，动员农民的行为响应，诱导政策目标的激励相容，提高粮食生产效益，增加种粮人收入。第三，改变教育观念，增进农民的市场化人力资本。以教育改变命运、以读书逃离饥荒是小麦种植文化赋予北方农民的历史遗产；小麦种植决定的生产关系的松散性与行为独立性也造就了北方农民相对独立的个人主义文化积淀。但需要重视的是：其一，"学而优则仕"的价值取向是一把双刃剑，一方面诱导农民重视教育，另一方面又造成了"官本位"倾向与"铁饭碗"情结；其二，北方个人主义文化表达的是一种逃避、挣脱，是应对饥荒以进入"体制内"的被动策略，而不是通过合作博弈采用协作方式应对风险的主动选择。"逃离"
与"应对"的差异或许有助于解释为什么"包产到户""包干到户"首先
发生于南方，而不是发生在更具有"个人主义"文化特征的北方，这也显
然有助于增进对中国南北经济差距不断扩大的重要历史根源的认识。本研
究证明，激励农民的营利动机，通过种植结构调整而改善生计空间，具有
替代"学而优则仕"的重要功能。因此，必须关注北方重视教育以及个人
主义文化的传统，将教育作为逃避饥荒的工具性策略转换为谋求市场竞争
优势的人力资本积累；将个人主义文化蕴含的一般信任机制、非人情关
联、突破血缘地缘的交易基因转换为市场化的契约交易秩序。为此，开放
市场机会、鼓励创新创业、弘扬企业家精神将有着重要的政治经济学
意义。

第 11 章　作物性质、市场发育与南北经济差距

内容提要：中国经济发展的区域差异及其根源，一直备受学界关注。其中，市场化发育的区域差异是解释经济发展差距的重要线索。然而，市场发育区域差异的生成根源却未能得到恰当的处理与阐释。本研究试图从作物性质的政治经济学维度，构建"政府监管—作物性质—逃避策略"的逻辑框架，探讨区域经济发展差距背后市场发育的决定机理。文章认为，如果将市场化进程视为政府监管放松的过程，那么监管放松就可以区分为主动监管放松与被动监管放松。由可实施逃避策略所决定的被动监管放松及其所触发的市场化进程往往具有不可逆性。由此，逃避策略选择的区域差异性，将导致区域市场化发育程度的不同进而带来经济增长的差异。基于全国 1997—2016 年面板数据的实证分析表明：由"无政府主义作物"种植所表达的监管逃避策略，能够显著促进市场化的发育程度；作物种植差异及其所蕴含的种植文化特性，共同决定了南北市场化差异；源于 2013 年全面开展的农地确权，进一步强化了"南强北弱"的监管逃避，导致南北经济差异不断扩大。本研究有助于为中国区域经济增长差异提供新的洞见，从而为缓解不平衡不充分发展问题并推进中国区域经济的协调发展提供政策依据。

一、引言

探寻经济增长及其差异的根源，是经济学界长盛不衰的话题。从国别的贫富差距（Acemoglu and Robinson，2012），到地区之间的经济差异（Lee et al.，2012），均受到广泛关注。党的十九大报告明确提出，我国社会主要矛盾已经转化为"人民日益增长的美好生活需要和不平衡不充分

的发展之间的矛盾"。其中，区域经济差距是发展不平衡最为突出的问题
之一（孙志燕和侯永志，2019）。尽管东西部经济发展差距近年来趋于收
敛，但南北区域差距自 2013 年以来越发突出（盛来运等，2018），已成为
中国区域经济发展中值得关注的新情况、新问题。

对于我国区域经济发展分化的态势，已有大量文献分别从资源禀赋、
要素流动、资本积累、技术进步、产业结构及管理者才能等多个维度进行
了讨论（邓仲良和张可云，2020）。关于中国南北经济差距形成与扩大的
原因，主流文献大体分为三类：一是"系统论"，认为南北经济差距是多
种因素共同作用的结果。主要包括所有制结构、工业产业结构、固定资产
投资、市场发育程度、地理位置、国家政策、经济体制、思想观念、意识
形态、技术创新、资源配置、金融体系、商业文化和新兴经济发展水平等
多方面因素（郭妍和张立光，2018）。二是"主因论"，认为影响南北差距
的因素具有层次性，并从影响区域经济增长的因素中筛选出要素、结构、
制度等关键性因素（盛来运等，2018）。三是"匹配论"，认为要素结构与
产业关联、城市规模与产业结构、市场规模与产业选择三个方面的匹配机
制，是决定经济增长空间分异的根源（邓仲良和张可云，2020）。杨明洪
等（2021）的最新研究则认为，南北地区在区域政策环境、贸易开放环
境、人居生态环境、产业载体、投资载体和科技载体等方面的异质性与动
能转换的差异，是南北差距的重要根源。上述研究有助于我们从不同方面
深入理解南北经济差距问题。

事实上，上述关于所有制结构、产业结构、市场规模及政策环境等因
素的分析，与其说是决定区域经济差距的根源，还不如说是市场化不同发
育水平的结果（樊纲等，2011）。关于市场化改革在经济发展及区域差距
形成中所发挥的关键性作用，不仅成为主流文献讨论的核心话题，而且达
成了较为一致的共识。研究表明，市场化改革通过改善资源配置效率有效
促进了经济增长（樊纲等，2011；赵恢林，2019）。但是，从计划经济向
市场经济的体制转型，一方面为我国经济快速增长提供了重要的推动力
（Brandt and Rawski，2008），但另一方面也带来了区域经济增长不平衡的
重要反差。从这个层面来说，可以认为市场化发育是一把双刃剑（钱金
保，2020）。卢现祥和王素素（2021）的研究表明，2005—2018 年东部与
西部市场化指数的差距从 0.055 扩大到 0.130，增幅为 136.36%；南方和

北方市场化指数的差距则由 0.012 扩大到 0.031，增幅为 158.33%。与之对应，东部地区占全国 GDP 比重由 54.81% 下降为 52.41%，西部由 17.08% 上升至 20.05%；南方地区占全国 GDP 的比重由 57.35% 提高到 61.52%，北方则从 42.65% 下降为 38.48%。可见，无论是市场化水平还是经济发展水平，东西差距均有所收敛，而南北差距则有扩大的趋势，成为我国经济发展不平衡的新的现象[①]。

本研究关注的问题是，如果说区域经济发展差异是市场化发育不平衡的结果，那么，是什么因素决定了市场化发育的区域差异？或者说，在国家宏观体制一致的背景下，导致区域市场化发育差异的根源是什么？因此，理解我国南北经济差距尤其是 2013 年之后差距扩大的新问题，必须进一步寻找市场化发育不平衡的内生性根源。

市场化进程在本质上是政府监管的逐步放松（张曙光和赵农，2000），对于从计划经济体制转向市场经济体制的转型国家来说更是如此。如同市场化的双刃剑效应，政府监管也存在类似特征。一方面，促进市场化发育并不意味着监管的彻底消除。在转型经济中，垄断、负外部性、信息不对称等市场失灵现象始终存在，需要通过政府监管予以矫正（陈富良，2001）。另一方面，政府监管也并非永久有效。随着产业间替代竞争加剧、技术创新、经济条件的变化，固有的政府监管也会导致政府失灵，需要通过放松监管来解决上述问题。对经济发展而言，市场和政府两个部分都是必不可缺的。

不同的监管放松将导致市场化发育的不同路径。监管放松存在两种不同的逻辑：一是主动放松。由于监管是有成本的，因此政府监管策略的选择，也遵循成本效益的核算逻辑（陈富良，2001）。假定不存在监管制度的路径依赖与可能受到的阻挠（North，1990），当监管放松增加的净收益大于监管实施的直接成本与间接成本（寻租活动及租金耗散），政府就具

---

① 按照国家统计局的区域划分（不含港澳台，下同），东部地区包括北京、天津、河北、山东、上海、浙江、江苏、广东、福建、海南，西部地区包括广西、重庆、四川、贵州、云南、西藏、内蒙古、陕西、甘肃、宁夏、青海、新疆。另外，参考有关文献（杨明洪等，2021），南方地区包括江苏、浙江、上海、安徽、湖北、湖南、江西、四川、重庆、贵州、云南、广西、福建、广东、海南、西藏16 省份，北方地区则包括黑龙江、吉林、辽宁、河北、北京、天津、内蒙古、新疆、甘肃、宁夏、山西、陕西、青海、山东、河南 15 省份。本研究后文的区域划分均以此为据。

有放松监管的积极性与主动性，市场化程度将由此提升；二是被动放松。如果主动放松没有发生，当被管理者能够发现其潜在收益机会时，管理者和被管理者的博弈就出现了。一旦被管理者选择并实施逃避监管的策略，而管理者不仅因过高的监督成本及实施成本，而且因为监管的不可实施而难以抑制其逃避行为时，管理者将不得不放松监管。这类被动的监管放松，也将提升市场化程度。对于第一类情形，政府监管的主动放松，是基于监管实施的经济有效性而言的，存在监管强化与放松的可逆性，由此带来的预期不确定性并不足以保证市场化的稳定发育。与之不同，第二类情形的监管放松不仅是政府基于经济核算的结果，更是因为监管的不可实施性所决定的，由此所诱发的市场化进程则是不可逆的，从而能够表达市场化的内生逻辑。

以谷物等实物的形式征收农业税赋是历史上众多国家维护统治的核心手段，而监督作物种植及其产出物则往往是政府进行监管的重要方式[①]。Scott（2017）开创性地从作物种植的角度讨论了农民逃避监管的"艺术"。他按照"政治"标准将作物分类为"无政府主义作物"和"集权主义作物"。作为"集权主义作物"的稻麦，具有看得见、可分割、可估算、可储存、可运输等技术特性，且其季节性特征与财政需求的可计划性高度契合，使其便于作为"征税单位"而受到国家的青睐；而作为"无政府主义作物"的马铃薯、树薯等，既不利于产量监督，也不便于运输储存，隐含着作为税收单位的高昂征收成本。因此，逻辑上可以推断，选择种植结构的"非谷物化"或"无政府主义作物"可以视为一种"监管逃避"的策略。显然，地域与环境的不同、资源及农艺禀赋的不同，尤其是商业意识的不同，一定会导致逃避策略的选择性差异。

鉴于作物的性质差异能够表达监管、逃避及其市场化的不同的政治经济学含义，本研究试图通过构建"政府监管—作物性质—逃避策略"的分析框架，揭示市场化发育及其区域经济发展差异的生成根源。本研究可能的边际贡献在于：第一，将政府监管、市场化发育与区域经济差距结合，

---

① 联合国粮食及农业组织（FAO）对作物分别使用"谷物""块根类（主要是薯类）""豆类（不含大豆）"以及"油料作物"等分类指标。中国官方统计的粮食作物则包括谷物、豆类（主要是大豆）、薯类（甘薯和马铃薯，不包含木薯和芋头）。本研究使用的"谷物"（"集权主义的作物"）主要指稻谷、小麦、玉米三类作物。

有助于深化对经济增长根源的机理认识，并丰富相关的研究文献；第二，鉴于市场化与经济发展的相互关联性，从市场化发育程度来揭示区域经济差距的成因，往往存在严重的互为因果的内生性问题。因此，借助作物种植因素能够有助于识别因果关系；第三，阐明农耕文化在经济发展中的重要作用。农业的种植结构不仅表达了气候、地理与技术的含义，而且能够表达广泛的政治经济学意义。其中，作物品种的种植选择隐含着重要的"政治"意蕴，由地理条件及其种植文化所表达的制度遗产，对经济发展有着路径依赖的基础性意义。

本研究分为六个部分。除引言外，第二部分是理论分析，重点是基于谷物种植的国家理论，通过主动监管放松与被动监管放松两类路径的识别，阐明作物性质差异与监管逃避策略所决定的市场化发育的内在机理，提出中国作物种植的区域差异及其逻辑推论；第三部分是数据来源、变量设置以及计量模型选择；第四部分是实证分析，集中讨论谷物种植对市场化发育差异的影响；第五部分进一步讨论"无政府主义作物"种植及南北文化差异将如何决定南北经济差距，并对 2013 年以来南北经济差距加剧扩大的原因从产权角度做出可能性解释；第六部分是结论与讨论。

二、作物种植、监管放松与市场化发育机理

（一）作物种植的国家理论

众所周知，在农业革命之前，智人部落过着被称为"原始的富足"狩猎采集生活。当时的大部分人都生活在小部落里，部落则会随着环境和资源的变化而不断迁徙。而这一切在大约 1 万年前全然改观，智人开始投入全部的心力，操纵着几种动植物的生命，由此发生了一场关于人类生活方式的农业革命。

值得重视的是源于农业革命的国家理论。著名人类学家 Scott（2009，2017）的"农庄效应"模型，从谷物种植的视角为人们提供一个新的关于国家理论的历史认知。由第一次农业革命带来的谷物栽培与家畜驯养，农业与定居社群的结合促成了国家的形成，并进一步加剧了"相互强化过程"。一方面，农耕模式为国家聚集人口与剩余物提供支持，另一方面，国家也凭借其强制与暴力推广农耕与定居。由于谷物构成了国家财政的基

础，所以 Scott 认为"谷物造就国家"。其中，因谷物作为征税单位不仅与国家财政的可计划性高度契合，而且与国家边界高度吻合。事实上，早期的国家空间，大多与谷物的种植空间重合，中国如此，罗马亦然，肥沃新月地区也是这样。国家疆域的边界往往也就是谷物种植的边界。正因为如此，国家疆域的税赋管制"围墙"导致了双向驯化的"农庄效应"：围墙内的农耕国家，相当于一个封闭的农庄系统。在这个系统中，定居农民驯化谷物、牲畜，从而驯化城墙内的自然生态；国家则驯化农民、农作，并从根本上驯化整个社会生态。与之对应，反向驯化程序也就随之而来，即被驯化的植物动物通过国家的"征税偏好"反作用于人类社会，从而导致人类社会适用于这些被驯化的动植物，由此走向"双向驯化"的历史进程。

Nunn 和 Puga（2012）的研究表明，在奴隶与殖民贸易盛行的年代，那些崎岖的地域对于抵抗外部掠夺具有自我保护的优势，因为殖民统治者难以在这些地方大肆攫取。相反，Cherniwchan 和 Moreno-Cruz（2019）发现，16 世纪之后，尽管多种美洲作物被欧洲人引入非洲，但玉米却得到了最为快速的传播。因为玉米所具有的税赋管制性质，能够满足殖民统治者进行"营养产出—所需劳力"的权衡，因为在当时可选择的各类粮食作物中，种植玉米所需的劳力是最少的。由此，在 1600—1900 年间，玉米引种不仅带来非洲人口密度的上升，而且加剧了殖民者的奴隶贸易扩张。玉米隐含的管制工具性导致了非洲的历史性"劫难"。

不同作物隐含着不同的征税含义。通过成本收益的筛选机制，谷物脱颖而出，并成为早期国家进行组织控制的工具性手段。历史上著名的文明，都建立在谷物生产基础之上，如稷之于古老中国，玉米之于南美洲。"历史纪录中没有以木薯、西谷米、山药、芋头、大蕉、面包果或地瓜立国的国家。"（Scott，2017）。Mayshar 等（2019）基于谷物与土豆种植的历史研究证明，政治组织的发展程度与是否种植谷物具有密切的相关性。在主要作物为谷物的地区，政治组织多为国家（state）或大国（large state），而在以土豆或其他植物为主要作物乃至于不种植作物的地区，政治组织的发展程度大多不超过大酋邦（large chiefdom）。可见，谷物为政治组织提供了物质保障，是谷物而不是根茎作物决定了国家的起源与人类早期文明的生成。

（二）政府监管及其放松路径

政府监管的核心目标是要通过对社会经济主体施加限制和约束，为市场运行及行为主体建立相应的规则。但众多经济学家强调，政府监管并不必然有利于公众利益，往往需要付出很高的实施成本与效率损失。一方面，政府对资源产权与经济行为的宏观监管易于引发资源配置和权利分配的扭曲，诱致寻租和游说所导致的效率与公平损伤；另一方面，国家监管实际上将分散决策的权力集中于政府，从而因信息不完全与不对称内生出高昂的交易成本。事实上，政府监管不仅改变了产权结构，还引起经济当事人常常不能预见的复杂经济后果，从而影响整个社会的财富分配及整体福利水平（Alston et al.，1996）。因此，监管放松的本质是产权结构的重新调整，是一个租金耗散不断减少的过程，也是最小化交易成本的理性选择结果（Barzel，1989）。所以，政府监管强化抑或放松，遵循着成本收益的核算逻辑。当然，如果政府存在特殊的目标偏好或者能够在监管中获得特殊利益，监管放松亦是可以逆转的。

"社会风险论"认为，维护社会安定与政权稳定是国家治理的首要目标，但由于国家行政指令与基层诉求并不总是相一致的，从而决定了基层单位往往会基于自身利益而实施监管逃避行为。管理者如若发现监管背后的潜在收益，将产生监管与逃避监管的博弈局面直至达成博弈均衡。一个基本事实是，监管逃避的行为将加剧政府监管的监督成本和组织成本（斯皮格尔和张明，2012），国家自上而下的监管也将面临很高的治理风险。由此，国家在一定的范围内会通过对基层行为的"默许"，放松一定程度的自主权利从而形成政府与民众事务处理之间的"润滑剂"，以实现国家治理成本的最小化。社会风险论的观点表达了政府监管放松源于化解社会风险的被动选择。制度经济学的研究也表明，在制度竞争的压力之下，通过边缘制度的创新改善效率，能够坚持和维护核心制度的稳定性（曹正汉和罗必良，2003）。一种特别的情形是，一旦被管理者选择并实施逃避监管的策略，而管理者不仅因过高的监督成本及实施成本，更是因为监管的不可实施而难以抑制其逃避行为时，那么管理者将不得不放松监管。所以，这类被动的监管放松具有不可逆性。可见，前述的国家理论与本节讨论的监管放松路径具有对应性。

（三）逃避策略、被动监管放松与市场化发育

在农耕社会，统治者能够采取的切实有效的监管措施主要是监督作物种植及其产出物，因为以实物形式征收农业税赋是历史上众多国家维护统治的核心手段（Carneiro，1970）。但是，谷物仅仅是作物种植的一部分。不同的作物，对国家治理有着不同的政治经济学含义。

一是作物分类的"政治"标准。Scott（2017）按照"政治"标准将作物分类为"集权主义作物"和"无政府主义作物"。谷物作为"集权主义作物"源于其无可比拟的优势（Mann，1986）。第一，谷物的生长情况能够直接观测，有助于据此调整征税时间；第二，谷物果实便于分割、计量和评估，便于征税官进行监督并准确调整赋税额度；第三，谷物生长具有"有限生长"的特点，且成熟时间集中，时序一致，便于征税者一次性征收完毕；第四，其收获物便于运输和储存，征税成本低。正是这些天然的比较优势，使得谷物被赋予了不可替代的政治工具含义。即便是现代社会，谷物种植在维护国家粮食安全与经济社会稳定中依然发挥着不可替代的"政治作用"。

与之不同，根茎类的马铃薯、树薯等则可视为"无政府主义作物"。薯类作物因耐旱、耐瘠，生长期短，适应性强，产量高，许多农民将其作为常规作物种植失败的补种品种。然而，这类"杂粮"作物并非总是管理者所喜闻乐见的。因为它既不利于产量监督，也不便于运输储存，隐含着作为税收单位的高昂征收成本（Scott，2017）。例如木薯块茎，长于地下，无需过多人力且易于隐藏，成熟期近一年，允许地底藏匿的时间长，而收获相对费力且运输不便。事实上，除粮食作物之外，众多经济作物由于生长时序不一致、储运成本高也无法获得管理者的青睐，例如豆类，尽管像谷物一样便于分割和储存，但却种类多样异质性强，而且亦无固定的收获时间节点（大豆从豆芽、鲜荚到干豆均可食用）。无论是空间上还是时间上都无法提供一次性的收获，显然这些作物也不是管理者和税吏首选的限定作物。因此，如果说谷物是政府监管的工具性手段，那么非谷物尤其是根茎类作物的种植则是逃避监管的重要策略。

二是被动监管放松与市场化发育。一般来说，监管放松能够促进市场

化发育，但不同的监管放松逻辑将导致市场化发育的不同路径。如前所述，政府监管的主动放松，是其成本收益权衡的结果，具有相机选择的策略性特征，从而意味着监管强化与放松的可逆性，由此带来的预期不确定性并不利于市场化发育。与之不同，由监管逃避策略所决定的政府监管被动放松，不仅仅是政府监管成本核算的结果，更是因为监管的不可实施性所决定的，从而市场化进程是不可逆的，能够表达市场化的内生逻辑。重要的是，监管的被动放松并不具有全局性与同质性，因为不同区域的被管理者由于自身禀赋、选择空间不同，给管理者带来的影响也不一样。可以认为，"集权主义作物"和"无政府主义作物"表达了国家监管与逃避监管的工具性意义，决定着监管放松的主动性与被动性，从而导致市场化发育不同的生成逻辑。通过"集权主义作物"的行政命令，国家将强化对地方经济自主权与事权的监管，导致基层经济主体无法获得充分的剩余控制权，从而抑制市场化。而作为逃避监管的"无政府主义作物"，则能够带来不可逆的监管放松并诱发市场化发育。可以认为，"无政府主义作物"有着重要的逃离监管的"经济自由主义"基因。

应该强调，尽管监管逃避造成了政府事实上的监管放松，但不应突破政府监管的目标底线，即不能干扰国家宏观方略与危害国家安全。尤为重要的是，"无政府主义作物"的种植并不存在无限的选择空间，而是与地域环境紧密关联。地理生态与资源禀赋、作物种植及经验积累，尤其是商业文化沉淀的不同，不仅决定了"无政府主义作物"种植与监管逃避策略选择的区域性差异，而且导致了被动监管放松的可能性程度及由此所决定的市场化发育的区域性差异。

（四）中国情境：作物种植的区域差异及其推论

2006 年中国彻底废除了农业税。但并不意味着谷物作为"集权主义作物"的政治属性的消失。我国一直将保障粮食安全作为国家安全的重要组成部分，必须始终将"饭碗牢牢端在自己手中"。为此，我国政府制定了一系列的调控措施，包括但不限于：划定 18 亿亩耕地的保障红线、严格控制不同功能区土地的使用、对建设用地指标实行严格的审批制度、强化粮食生产的主体责任，以及国家通过农业补贴、最低收购价等一系列政策，提升农民种粮积极性。既然谷物种植仍具有政府监管的含义，那么，基于作物性质解释市场化发育差异进而解释南北经济发展差异将是一个可能的研究策略。

新中国成立之前，由于没有一个被人民广泛拥护且控制力较强的政治组织，自然无法对国家进行行之有效的干预和宏观调控。本研究将当时各省份的农作物种植视为一种近似无政府情形下的自然分布状态。根据前文逻辑，新中国成立以来各个省份谷物种植的变化幅度是政府调控的结果，而调控又可以表达市场化的程度。利用 1947 年的谷物种植数据（许道夫，1983）作为新中国成立前的基期数据，以 2016 年作为观测时间，对此阶段的谷物种植比重变化与市场化发育程度进行观测。图 11-1 表明，1947—2016 年，谷物种植比重增幅越大的区域，其市场化发育程度越低。

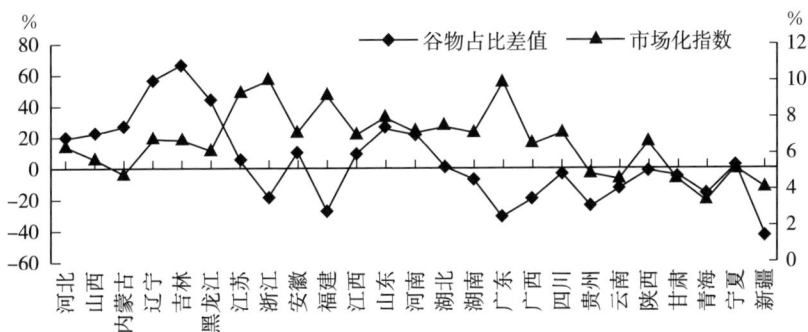

图 11-1　1947—2016 年谷物种植比重变化与市场化发育

注：①2016 年数据来源于《中国统计年鉴》（2017）。②1947 年数据来源于《中国近代农业生产及贸易统计资料》（许道夫，1983）。数据较为完整的省份有 25 个。其中，北方 13 省包括晋、冀、鲁、豫、蒙、黑、吉、辽、新、宁、青、甘和陕，南方 12 省包括皖、苏、浙、湘、鄂、赣、闽、粤、桂、川、滇和黔。③"集权主义作物"包括水稻、小麦和玉米；"无政府主义作物"则包括豆类、薯类、油料、麻类、棉花、糖料、烟叶、蔬菜等。

基于上述，本研究提出的基本命题是：市场化发育过程可视为政府监管放松的过程，而根据政治属性可将农作物细分为"集权主义作物"和"无政府主义作物"，且分别表达着监管和逃避监管的政治经济学含义。不仅如此，作物的政治属性对中国南北经济发展差距具有重要解释力。文章的核心推论是，作物性质及其布局差异，不仅形成了逃避策略选择的区域差异，而且导致了市场化发育的区域差异，从而成为区域经济增长差异的重要根源。

三、数据、变量与模型

（一）数据来源

本研究主要数据来源于北京国民经济研究所编制的"中国分省份市场化指数"（1997—2016 年）（樊纲等，2010；王小鲁等，2019）。鉴于该指数的编制标准在 2008 年做了部分调整，为保证数据口径的一致性，本研究将分为两个时段进行实证。一是在讨论市场化区域差异机理时，以樊纲等（2010）的数据为准（1997—2007 年）；二是在讨论经济增长区域差异根源时则以王小鲁等（2019）的数据为准（2008—2016 年）。其他数据则分别来源于《中国统计年鉴》《中国农村统计年鉴》《中国农村住户调查年鉴》《中国劳动力统计年鉴》《中国区域经济统计年鉴》等官方数据。在此基础上分别构成 1997—2007 年、2008—2016 年的省级面板数据（不含港澳台，下同）。

（二）变量设置

1. 被解释变量

本研究以市场化指数作为被解释变量。数据来源于《中国市场化指数——各地区市场化相对进程 2009 年报告》（樊纲等，2010）。该指数对中国各地区的市场化进行定期测度，力图真实地反映各地区在市场化改革方面的进展。考虑到我国市场化进程的变化，所以在指标体系上存在部分调整，但不影响各年度指数的可比性。

2. 核心解释变量

本研究的核心解释变量为政府监管。我国的三大粮食作物（水稻、小麦和玉米），是典型的不可替代的"集权主义谷物"，能够表达政府监管的程度，因此本研究选用两个代理变量进行刻画。一是"谷物面积省内占比"，即各省农作物播种面积中小麦、水稻和玉米三大粮食作物的占比。二是"谷物面积全国占比"，即在全国谷物总播种面积中各省的占比。其表达的含义是，两类指标的占比越高，表明该省份面临的监管程度越强，反之则意味着监管的被动放松程度提升。

3. 主要控制变量

本研究对可能影响市场化的各类因素进行控制。主要包括：①气温与降雨。采用各省中心城市年均气温及降水量进行测度。②耕地面积。耕地面积能够表达区域内的人地关系。一般来说，人地关系紧张的区域，往往会倒逼非农就业及非农产业的发展，进而影响市场化水平。③总人口数与农业人口占比。由此控制各省份粮食需求情况以及城乡人口结构。④平均受教育水平。引入该变量是为了控制人力资本对市场发育的影响。⑤人均地区生产总值。人均地区生产总值可以控制一个地区的经济发展状况。⑥第二产业占比和第三产业占比。由此控制地区产业结构变化带来的影响。⑦作物种植适宜度。采用徐新良等（2017）估算的中国农田生产潜力数据来测度作物种植适宜度。由于该数据是以栅格为单位，为此本研究利用ArcGIS 工具做进一步处理以求得各省份作物种植适宜度的平均值。⑧海拔和坡度。区域的地形地理特征能够影响土地使用，进而影响市场化程度。采用各省平均海拔和平均坡度来表达地形地理特征。所用数据来源于中国科学院资源环境科学与数据中心提供的高程数据，并利用 ArcGIS 工具对数据进行处理得到各省份海拔与坡度的平均值。⑨各省省会距离大型港口的距离。用以测度经济开放度以及对市场发育的影响，通过谷歌地图中的"距离测量工具"测算各省政府到最近港口的距离（包括宁波舟山港、上海港、广州港、青岛港、天津港、大连港、烟台港、日照港、营口港、湛江港以及福州港和海口港）。主要变量名称、定义以及统计描述见表 11-1。

表 11-1　主要变量、定义及统计描述

变量	定义/单位	均值	标准差
市场化指数	樊纲等（2010）测算的市场化指数（取对数）	1.605	0.437
谷物面积省内占比	本省谷物占本省农作物播种面积比（%）	54.296	10.731
谷物面积全国占比	本省谷物占全国谷物总播种面积比（%）	3.226	2.358
气温	一省平均气温（摄氏度，取对数）	2.602	0.402
降雨	一省平均降雨（毫米，取对数）	6.575	0.633
总人口	各省总人口（万人，取对数）	8.022	0.889
农业人口占比	农业人口占总人口比重（%）	67.663	15.927
耕地面积	省级耕地总面积（千公顷，取对数）	7.715	1.049
教育	平均受教育年限（年，取对数）	1.987	0.211
人均地区生产总值	人均地区生产总值（元，取对数）	9.171	0.657
第二产业占比	第二产业占地区生产总值比重（%）	42.772	8.419

（续）

变量	定义/单位	均值	标准差
第三产业占比	第三产业占地区生产总值比重（%）	40.955	7.357
种植适宜度	作物种植适宜度（取对数）	7.275	1.349
海拔	省平均海拔（米，取对数）	6.011	1.582
坡度	省平均坡度（度，取对数）	0.967	1.120
港口距离	与港口的距离（公里，取对数）	5.954	1.317

（三）实证策略与模型选择

本研究采用的实证模型包括两个：一是双向固定效应模型。该模型既可以控制不随时间变化的个体固定效应，降低遗漏变量对估计结果的影响，还可以控制随时间而不随省份变化的效应，即全国性的冲击。二是随机效应模型。当关键解释变量以及某些控制变量不随时间而变化时，双向固定效应无法进行估计，此时利用随机效应模型进行分析则可以解决上述问题。

双向固定效应模型。本研究采用的宏观数据为面板数据，在基准模型部分，使用双向固定效应模型，通过此模型来估计谷物种植比重对市场发育程度的影响。

$$Y_{it} = \alpha_0 + a_1 X_{it} + \alpha_2 D_{it} + \mu_i + \lambda_t + \varepsilon_{it} \qquad (11-1)$$

式中，下标 i 和 t 分别代表省份和年份。μ_i 是省份固定效应，λ_t 是年度固定效应。ε_{it} 是随机扰动项。X_{it} 是方程的核心解释变量，D_{it} 为控制变量。需要说明的是，由于作物种植适宜度、平均海拔、平均坡度、距最近港口距离四个变量是各个省份的个体固定因素，故只在随机效应模型中进行估计。

随机效应模型。固定效应模型无法估计不随时间而变的变量的影响，而本研究使用的个别变量以个体固定效应存在，因而引入随机效应模型。具体模型为：

$$Y_{it} = \alpha_0 + a_1 X_{it} + \alpha_2 D_{it} + \mu_i + \lambda_t + \varepsilon_{it} \qquad (11-2)$$

式中变量含义同式（11-1）。另外，时间趋势项是从"1997 年＝1"开始依次赋值。

四、实证分析

（一）基准模型分析

表 11 - 2 展示了两个核心解释变量对市场化指数影响的估计结果。结果表明，在省份层面"集权主义作物"的种植比重越大，越抑制其市场化的发育水平。第（1）、第（3）列是双向固定效应模型，通过豪斯曼等检验确定为最优模型。其中，谷物面积省内占比的系数为 -0.012，在 1% 的水平上显著。第（2）、第（4）列展示了随机效应模型结果，两个关键解释变量均呈显著负相关。总体而言，谷物种植强度表达的政府监管对市场化发育呈现出显著负向影响，与理论分析一致。

要强调的是，第（3）列的结果表明，就省份层面来说，降低谷物种植占比以提升市场化发育程度，并不意味着一定要减少谷物播种面积而危及国家粮食安全，相反，在保障粮食种植的前提下，扩大复耕土地面积、增加非谷物类作物播种面积或复种指数，既有助于降低谷物面积省内占比又不会影响全国的谷物分布，又能够有效实现市场化发育与国家粮食安全的目标兼容。

表 11 - 2　种植对市场化指数的影响

变量	(1)	(2)	(3)	(4)
谷物面积省内占比	-0.012***	-0.007***		
	(0.004)	(0.002)		
谷物面积全国占比			-0.053	-0.046***
			(0.036)	(0.012)
气温	0.351	0.102	0.343	0.026
	(0.274)	(0.104)	(0.290)	(0.080)
降雨	0.020	0.007	0.022	0.013
	(0.025)	(0.028)	(0.025)	(0.026)
总人口	-0.602	-2.821**	-0.807	-2.787**
	(1.034)	(1.265)	(1.201)	(1.307)
农业人口占比	0.008**	0.003	0.011**	0.005**
	(0.004)	(0.002)	(0.005)	(0.002)

（续）

变量	(1)	(2)	(3)	(4)
耕地面积	1.700	2.932**	2.172*	3.021**
	(1.070)	(1.262)	(1.267)	(1.317)
教育	0.322	0.132*	0.374	0.164*
	(0.431)	(0.074)	(0.511)	(0.088)
人均地区生产总值	−0.142	0.363***	−0.127	0.308***
	(0.181)	(0.073)	(0.189)	(0.078)
第二产业占比	0.022	0.006	0.018	0.002
	(0.016)	(0.006)	(0.016)	(0.006)
第三产业占比	0.013	0.000	0.014	0.000
	(0.017)	(0.006)	(0.018)	(0.006)
种植适宜度		0.103***		0.108***
		(0.024)		(0.030)
海拔		0.022		0.048
		(0.051)		(0.055)
坡度		0.033		−0.025
		(0.049)		(0.050)
港口距离		−0.069***		−0.083***
		(0.024)		(0.026)
常数项	−8.528*	−2.748**	−11.290*	−3.417**
	(4.555)	(1.215)	(5.836)	(1.269)
时间趋势		控制		控制
年度固定效应	控制		控制	
地区固定效应	控制		控制	
观测值	336	336	336	336
R^2	0.812		0.792	

注：*** $p<0.01$，** $p<0.05$，* $p<0.1$；括号内为稳健标准误。

（二）稳健性检验 1：基于历史数据的估计

历史上作物种植分布所形成的耕作文化遗产，可能会对当前的市场化发育产生影响。为了进一步从历史事实中捕捉谷物种植和市场化之间逻辑关联的经验证据，本研究采用历史数据替换核心解释变量进行重新估计。第一，使用 1947 年各省份作物播种面积数据计算出的谷物面积省内占比（许道夫，1983）。第二，使用 1997—2007 年历年谷物比重与 1947 年谷物比重的差值作为解释变量，来表达监管强化的程度。回归结果见表 11-3。其中，第（1）列表明，新中国成立前谷物播种面积的比重显著负向影响市场化发育程度。第（2）列结果表明，谷物播种面积占比的增幅越大，所表达的监管强度越大，将越发抑制市场化发育水平。

表 11-3　历史数据对市场化指数的影响

变量	(1)	(2)
1947 年谷物比重	−0.002** (0.001)	
谷物比重的变化幅度		−0.008*** (0.002)
控制变量	控制	控制
时间趋势	控制	
年度固定效应		控制
地区固定效应		控制
常数项	−1.016 (1.398)	−9.478** (4.345)
观测值	274	274
R^2		0.888

注：*** $p<0.01$，** $p<0.05$，* $p<0.1$；括号内为稳健标准误。

（三）稳健性检验 2：利用工具变量法的估计

考虑到谷物种植与市场化发育之间可能存在的内生性问题，本研究引入村落规模作为工具变量进行重新估计。其合理性在于：首先，村落规模与作物种植具有相关性。定居农业中的聚集方式在很大程度上由作物的耕作方式做决定。其中，谷物种植农艺的相对标准化与时序一致性，使得农地与农家在空间上具有可分离性，由此形成的居住方式具有"抱团"与聚集性，从而使得村落规模相对较大；而作物种植的多样性及其所要求现场处理的及时性，往往会要求农地与农家的紧密结合，从而导致村落的分散与小规模化（金其铭，1989）。其次，村落规模的形成具有明显的历史性，是农业生产活动中人与人、人与自然长期互动演化的结果，因而对现期的市场化发育具有一定的外生性，从而满足工具变量的选择标准。本研究村庄规模的数据来源于《中国农村聚落地理》（金其铭，1989）和《中国历史的空间结构》（鲁西奇，2014），数据采集年份集中于 1980 年前后。表 11-4 第一阶段回归的结果表明，村落规模显著提高省域范围内的谷物种植占比，满足相关性要求；第二阶段的回归结果表明，谷物面积省内占比的提高将显著抑制其市场化水平。

表 11-4　利用工具变量法的回归结果

变量	一阶段估计结果	二阶段估计结果
	谷物面积省内占比	市场化指数
村落规模	6.975***	
	(1.450)	
谷物面积省内占比		−0.016***
		(0.005)
控制变量	控制	控制
观测值	336	336
F 值	32.152	

注：*** $p<0.01$，** $p<0.05$，* $p<0.1$；括号内为稳健标准误。

（四）稳健性检验 3：基于区域划分的再估计

逻辑上而言，谷物种植与市场化之间的关系不仅表现在全国层面，在地域层面也应该具有类似的因果关系。基于此，本研究进一步做分区比较。一是根据财政部等部门 2004 年联合下发的《关于 2004 年降低农业税税率和在部分粮食主产区进行免征农业税改革试点有关问题的通知》中的划分标准，将我国省份（不含港澳台，下同）划分为粮食主产区（13 个省份）和非粮食主产区（18 个省份）；二是根据前文的界定，将各省份划分为南方和北方产区。

表 11-5 的估计结果显示：①无论是按照粮食主产区划分还是按照南北省份划分，"集权主义作物"种植都能够显著抑制市场化发育；②每降低一单位的谷物面积省内占比，非粮食主产区或南方产区，所获得的市场化提升空间要大于粮食主产区或北方产区；③通过引入是否粮食主产区或南北分区（0～1 赋值）与谷物播种省内占比的交互项进行实证，交互项系数均具有显著性，验证了系数绝对值的统计学差异。

表 11-5 谷物种植对市场化指数的影响（区域对比）

变量	粮食主产区	非粮食主产区	南方产区	北方产区
	(1)	(2)	(3)	(4)
谷物面积省内占比	−0.008**	−0.013**	−0.019*	−0.007**
	(0.003)	(0.005)	(0.009)	(0.003)
控制变量	控制	控制	控制	控制
年度固定效应	控制	控制	控制	控制
地区固定效应	控制	控制	控制	控制
常数项	5.073	−14.300	−9.826	−13.410*
	(4.303)	(8.624)	(7.775)	(7.476)
观测值	142	194	172	164
R^2	0.942	0.789	0.786	0.903

注：*** $p<0.01$，** $p<0.05$，* $p<0.1$；括号内为稳健标准误；限于篇幅，交互项的结果并未报告，留存备索。

（五）机制分析：对市场文化的考察

作物种植作为一种农耕文化，如果说宏观上谷物造就政治组织与国家，那么谷物种植的差异性将造就区域的市场文化差异。其一，政府监管提高了创业成本，而监管放松下的人们更具有创业精神（Branstetter et al.，2014）。其二，"无政府主义作物"种植所隐含的个体文化特质，更有利于激发创新能力（Bukowski and Rudnicki，2018）。为此，本研究使用人们的择业选择（体制内和体制外）和创新能力进行机制分析。其中，利用"无政府主义作物"种植（计算方式为："1−谷物种植占省内农作物播种面积的比例"）表达监管放松；利用体制内与体制外的从业人数占比测度就业的市场化观念；使用地区技术专利受理数和技术专利授权数刻画创新能力。数据来源于历年的《中国统计年鉴》《中国劳动统计年鉴》的省级数据。

表 11-6 的估计结果表明，由"无政府主义作物"所表达的逃避策略诱发了监管放松，显著促进人们的市场化择业。表 11-7 的回归结果则表明，"无政府主义作物"占比的提升，能够促进技术创新并促进市场化水平的提高。

表 11-6 作物种植、择业选择与市场化水平

变量	私营从业人数占比	市场化指数	国营从业人数占比	市场化指数
	(1)	(2)	(3)	(4)
"无政府主义作物"省内占比	0.198**		-0.261***	
	(0.073)		(0.063)	
私营从业人数占比		0.011***		
		(0.003)		
国营从业人数占比				-0.013***
				(0.002)
控制变量	控制	控制	控制	控制
年度固定效应	控制	控制	控制	控制
地区固定效应	控制	控制	控制	控制
常数项	-268.000**	-9.002*	307.400***	-7.182
	(123.900)	(5.154)	(108.600)	(5.469)
观测值	340	336	340	336
R^2	0.810	0.811	0.902	0.813

注：*** $p<0.01$，** $p<0.05$，* $p<0.1$；括号内为稳健标准误。

表 11-7 作物种植、创新精神与市场化水平

变量	专利受理数	市场化指数	专利授权数	市场化指数
	(1)	(2)	(3)	(4)
"无政府主义作物"省内占比	0.010*		0.012**	
	(0.005)		(0.006)	
专利受理数		0.205**		
		(0.077)		
专利授权数				0.244***
				(0.070)
控制变量	控制	控制	控制	控制
年度固定效应	控制	控制	控制	控制
地区固定效应	控制	控制	控制	控制
常数项	-4.243	-12.260**	2.335	-13.870**
	(7.962)	(5.185)	(8.678)	(5.326)
观测值	340	336	340	336
R^2	0.868	0.829	0.856	0.835

注：*** $p<0.01$，** $p<0.05$，* $p<0.1$；括号内为稳健标准误。

五、南北经济差异：作物种植的政治经济学意蕴

（一）南北经济差距的形成机制

1. "无政府主义作物"与南北经济差距

"无政府主义作物"种植选择的空间差异，是导致南北市场化及经济发展差异的原发性根源。地理环境决定了南方"无政府主义作物"的种植更具制度土壤。一是南方山水纵隔的地理形态，使得"无政府主义作物"的种植难以被监管。二是南方湿热的气候条件使得"无政府主义作物"种植可以实现多熟制（翟虎渠，2016），由此所决定的比较经济优势，更易诱发监管的逃避行为。

为验证以上逻辑推论，本研究基于 2008—2016 年的面板数据，分别使用各省份 GDP 增长率和南北方 GDP 增长率的差值作为被解释变量。并在基准模型表 11 - 2 基础上增加了可能影响地区生产总值增长率的控制变量，主要包括：一是资产情况，选用固定资产折旧占地区生产总值比重进行衡量；二是劳动力情况，增加 15～64 岁劳动力占比进行控制；三是经济结构，在原有产业结构基础上增加城镇人口占比、私营企业营收比重进行控制（盛来运等，2018）。

表 11 - 8 中第（1）列的估计结果表明，"无政府主义作物"省内占比对 GDP 增长率呈现显著正效应，表明"无政府主义作物"占比越大的省份经济发展水平越高。第（2）列的估计结果显示，南北方"无政府主义作物"种植占比差距越大，越会显著加剧南北经济发展的差距，从而证明了"无政府主义作物"种植所表达的监管逃避对南北经济差距具有重要的解释力。

表 11 - 8 作物种植与南北经济差距

变量	地区生产总值增长率	地区生产总值增长率差距
	（1）	（2）
"无政府主义作物"省内占比	0.135 *** (0.047)	
"无政府主义作物"占比差距		0.199 *** (0.012)

（续）

变量	地区生产总值增长率	地区生产总值增长率差距
	(1)	(2)
控制变量	控制	控制
常数项	13.807	0.145
	(98.586)	(3.802)
时间趋势		控制
个体固定效应	控制	
时间固定效应	控制	
观测值	279	279
R^2	0.765	

注：*** $p<0.01$，** $p<0.05$，* $p<0.1$；括号内为稳健标准误。

2. "南稻北麦"文化差异与南北经济差距

千百年来，"南稻北麦"一直是我国农业种植的基本格局。水稻和小麦两类主粮作物尽管同属于"集权主义作物"，但地理分布与耕作差异所形成的文化沉淀，造就了不同的制度性"基因"与监管环境（Guiso et al.，2016），从而对于南北经济差距具有重要的机理性作用。一方面，北方麦区长期是中国的政治中心，无论是谷物性质还是地理位置，都使其易于监管；南方稻区远离政治中心而且隔山隔水，其高昂的监督成本意味着稻区具有较为宽松的监管逃避空间。另一方面，相较于小麦，水稻种植更具劳动力密集型特征，且对于耕作条件、灌溉设施及其分工合作具有较高的要求，从而形成了稻作区集体主义文化（Talhelm et al.，2014）。显然，集体主义中的互帮互助、协同维护所形成的"土围子"，对内有助于个体逃避监管，对外有利于在资源及其控制权的竞争中占优。

（1）微观证据。本研究基于 2016 年中国劳动力动态调查的数据（CLDS），使用村庄层面的作物种植状况来刻画稻麦文化（具体赋值：水稻＝1；小麦＝0）。考虑到创业开拓精神和契约精神被视为市场化发育的重要特征，因此本研究使用 CLDS 问卷中"是否创业"和"是否签订书面劳动合同"两类问项（具体赋值为：是＝1，否＝0）作为代理变量进行回归分析。表 11-9 的估计结果显示，相比于小麦种植区，稻作区具有更为明显的市场文化品质，从而进一步验证了上文的基本逻辑。

表 11 - 9 南稻北麦种植文化对市场精神的影响

变量	创业精神		契约精神	
	OLS	Probit	OLS	Probit
稻麦种植文化	0.028***	0.269***	0.370**	1.418**
	(0.009)	(0.096)	(0.184)	(0.624)
控制变量	控制	控制	控制	控制
职业虚拟变量	未控制	未控制	控制	控制
省份虚拟变量	控制	控制	控制	控制
常数项	0.110***	−1.042***	−0.046	−1.149
	(0.024)	(0.202)	(0.305)	(1.032)
观测值	2 270	2 270	322	312
(伪) R^2	0.026	0.063	0.335	0.278

注：*** $p<0.01$，** $p<0.05$，* $p<0.1$；括号内为稳健标准误。

（2）宏观证据。中国作物的"南稻北麦"格局与耕地类型（水田旱地）的分布相契合。为此，按照前文的南北分区进一步设置耕地类型作为作物种植的代理变量（具体赋值：水田＝1；旱地＝0）。其中，南方的水田省份为 16 个，北方的旱地省份为 12 个（不含内蒙古、青海和宁夏以牧场为主的省份）。表 11 - 10 第（1）列结果显示，相比于旱作区，以水田为主的南方地区具有更高的市场化水平。第（2）、（3）列结果表明，以水田为主的省份，更易于实施"无政府主义作物"种植的监管逃避，且能够显著提升其市场化水平。因此，中国"南稻北麦"的种植格局以及南方的监管逃避，是导致南北市场化水平差异的重要诱因，并最终导致南北经济差距。

表 11 - 10 耕地类型、作物种植与市场化水平

变量	市场化指数	"无政府主义作物"省内占比	市场化指数
	（1）	（2）	（3）
耕地类型	0.172***	13.214**	
	(0.057)	(6.141)	

（续）

变量	市场化指数	"无政府主义作物"省内占比	市场化指数
	(1)	(2)	(3)
"无政府主义作物"省内占比			0.007***
			(0.002)
控制变量	控制	控制	控制
常数项	−4.505***	−94.630*	−4.461***
	(1.223)	(52.040)	(1.046)
观测值	304	308	304

注：*** $p<0.01$，** $p<0.05$，* $p<0.1$；括号内为稳健标准误。

（二）南北经济差距扩大的根源

1. 南北经济差距扩大的产权机理

本研究的基本逻辑是，由逃避策略与种植文化所决定的市场化发育逻辑，导致了市场化及经济发展的南北差距。事实上，从20世纪90年代到2010年，中国南北地区生产总值比重一直维持在较为稳定的状态。为什么随后尤其是2013年之后南北经济总量差距呈现不断扩大趋势？"南稻北麦"的种植格局自古有之，显然不能对此做出回答。因此有必要进一步寻求逻辑一致的解释。

两个方面的事实尤其值得重视。第一，我国粮食生产重心不断北移。南方地区粮食作物播种面积从2007年的4 782.2万公顷增加到2013年的5 001.9万公顷，但之后逐步减少到2018年的4 867万公顷；相反，北方地区则从2007年的5 781.7万公顷持续增加到2018年的6 836.9万公顷，且从2013年开始加速增长（杨进和刘新宇，2021）。第二，始于2009年开始试点并于2013年在全国推进的农村承包地确权登记颁证工作（简称"农地确权"），由此所决定的产权安全性与稳定性预期，一方面激励了南方对"无政府主义作物"的逃离，并不断推进市场化进程，另一方面却突显了北方土地、劳动力及机械化种植的比较优势，从而强化了对政府种粮政策支持的路径依赖。可见，粮食种植重心北移与农地确权政策实施具有内在关联性。农地确权能够为种植结构调整或逃避监管策略的实施，进而为南北经济差距扩大提供机理性洞见。

2. 农地确权政策效应的实证检验

我国的农地确权是逐次推进的，2009 年中央 1 号文件首次提出开展农地确权并开始小范围的村庄试点，2011—2013 年以乡镇为单位在数百个县进行试点，2013 年中央 1 号文件明确提出用 5 年的时间基本完成农地确权工作。其中，2014 年农业部首先将山东、四川和安徽作为整体试点省份，2015 年增加江苏、江西、湖北、湖南、甘肃、宁夏、吉林、贵州以及河南 9 个省份整省试点，在 2016 年又增加河北、山西、内蒙古、辽宁、黑龙江、浙江、广东、海南、云南、山西 10 个省份开展整省推进。2017 年则在全国范围内展开。

本研究采取两种方式刻画农地确权。①按照省级层面确权进度赋值（简称为"整省确权"），已经推进及完成确权的省份赋值为 1，未开展确权的省份赋值为 0；②农地确权被视为继土地改革、家庭承包之后的第三次农村土地革命。制度变革的重要性势必带来广泛的社会响应，哪怕是最初的村庄试点也会释放出强烈的政策信号。因此，与前述确权进展相对应，可按照试点工作的推进层级与次序进行赋值（称为"层级确权"），即 2009—2010 年赋值为 0.2（之前赋值为 0），2011—2013 年赋值为 0.5，2014 年及之后赋值为 1。使用 2008—2016 年的面板数据进行实证。

表 11-11 中第（1）列的估计结果显示，农地确权政策所诱导的"无政府主义作物"的布局差异，显著拉大了南北的经济发展差距，第（2）列的估计结果依然支持了这一结论。进一步对比（1）、（2）列两个交互项的系数，可以发现，即使是农地确权政策信号的释放，南方也能够比北方做出更为强烈的行为响应并扩大经济差距。

表 11-11　作物种植、农地确权与南北经济差距

变量	地区生产总值增长率差距	地区生产总值增长率差距
	(1)	(2)
"无政府主义作物"占比差距	0.231*** (0.017)	0.182*** (0.014)
整省确权	−0.053 (0.087)	

（续）

变量	地区生产总值增长率差距	地区生产总值增长率差距
	(1)	(2)
"无政府主义作物"占比差距×整省确权	0.018***	
	(0.003)	
层级确权		−0.062
		(0.201)
"无政府主义作物"占比差距×层级确权		0.065***
		(0.016)
控制变量	控制	控制
常数项	−0.276	0.730
	(3.647)	(3.810)
时间趋势	控制	控制
观测值	279	279

注：*** $p < 0.01$，** $p < 0.05$，* $p < 0.1$；括号内为稳健标准误。

六、结论与讨论

改革开放以来，中国的市场化改革显著促进了经济增长并创造了世界经济史上的增长奇迹。但中国依然面临着发展不平衡的突出问题，市场化水平与经济发展的区域差距明显，特别是南北经济差距呈现出不断拉大的态势。本研究基于作物所蕴含的政治经济学特性，构建"政府监管—作物性质—逃避策略"的分析框架，揭示市场化发育及其区域经济发展差异的生成根源，并逻辑一致地解释中国南北差距形成的内在诱因。

（一）主要结论

由可实施的逃避策略所决定的被动监管放松，以及由此所引发的市场化进程，往往具有不可逆性。从而，逃避策略选择的区域差异性，是导致中国南北区域市场化发育进而引发经济增长差距的重要根源。基于全国1997—2007年、2008—2016年省级面板数据的实证分析表明：①从省际分区看，表达为监管含义的"集权主义作物"（以稻谷、小麦、玉米为代表）的种植面积占比越大，省际层面的市场化水平越低，从而表明，谷物种植所表达的政府监管对市场化发育具有显著抑制作用，也验证了"无政府主义作物"种植的逃避策略诱发被动监管放松的逻辑机理。②机制分析表明，谷物种植对人们的择业偏好与市场文化产生重要影响。谷物种植占比越高的省份更偏好于"体制内"就业，创新精神相对偏低，并抑制市场化水平。③差异化监管强度与"南稻北麦"种植文化所共同构成的"制度基因"，特别是 2013 年全面实施农地确权的"制度信号"所激发的监管逃避策略的"南强北弱"，是中国南北市场化与经济发展差距扩大的原发性根源。

（二）理论意义

①与主流文献对作物的分类标准所不同，本研究基于作物政治属性维度揭示了政府监管与逃避监管、主动监管放松与被动监管放松的政治经济学含义，从而丰富了关于监管理论的研究文献；②从作物种植的视角探索区域市场化发育、经济发展差距的根源，从维护国家粮食安全的视角重新审视作物种植的国家监管含义以及由此带来的"看得见的手"和"看不见的手"的博弈关系，不仅有助于理解国家保障国家粮食安全的制度性功能，还有助于深化对"使市场在资源配置中起决定性作用"的机理认识；③阐明农耕文化在经济发展中的重要作用。农业的种植结构不仅表达了气候、地理等差异，而且能够表达广泛的政治经济学意义。其中，作物品种的选择隐含着"政治"意蕴，种植文化作为制度遗产对中国市场化发育与南北经济差距具有重要的解释力。

（三）政策含义

谷物性质及其监管逃离策略有着重要的现实意蕴。①国家安全与社会稳定是政治底线，必须切实保障国家粮食供给安全。一个基本的策略是，在保障粮食种植的前提下，扩大复耕土地面积、增加非谷物类作物播种面积或复种指数，从而有效实现市场化发育与国家粮食安全的目标兼容。②正确把握政府调控强化与放松的有序调节，宜管则管，宜放则放，不断改善国家宏观调控功能与市场基础性功能的激励相容。尤其是对北方地区来说，放松产业调控，加快市场化改革步伐与对内对外开放力度，推进重化工业价值链的转型升级和新价值链的重构。③"南北差距"本质上是实行市场经济主动性、积极性和自觉性的差距。因此，必须改善营商环境，培育市场文化、契约精神与企业家精神，鼓励多样化的创新创业，广泛支持民营经济发展，促进南北经济在社会主义市场经济基础上一体化健康发展。

第12章 种植文化、水源竞争与南方市场拓展

内容提要： 全面推进乡村振兴必须深刻理解地域文化传统及其决定机理。集体主义和个人主义的文化基因形塑着不同的交易秩序、要素配置方式及增长实现路径。与"稻米理论"不同，中国南方的稻作种植传统隐含着双重文化基因及交易意蕴，一方面表达为因灌溉系统修葺所形成的对内合作基因和短半径交易，另一方面表达为因灌溉水源竞争所催生的对外竞争信念和市场化交易，由此奠定的家族企业文化土壤，成为中国经济增长南北"大分异"的重要文化根源。使用中国县域面板数据的估计结果显示，水稻种植区的家族企业发展更好，且稻作区有着更好的创业氛围。机理分析表明，灌溉水源竞争会强化稻作区的市场拓展，降水不充分、水网密度稀疏和旱灾所加剧的水源竞争，能够激发稻作区的竞争参与和市场发育。进一步的证据表明，政府干预会抑制稻作文化中的创新性，但政府的有为参与和政策包容则能够激励创业活动与市场拓展。全面推进乡村振兴，政府应有效激活商业文化基因，保护私人产权，捍卫市场秩序，维护公平竞争，弘扬企业家精神。

一、引言

2024年中央1号文件指出，"推进中国式现代化，必须坚持不懈夯实农业基础，推进乡村全面振兴"。农村产业振兴是乡村全面振兴的重中之重。中国的乡村（村庄或村落），既可表达为空间上的地理单元、农业生产与产业发展的经济单元、行政力量宗族等级相互交织的政治单元，又可表达为基于血缘、亲缘和地缘长期聚居且具有一致性的社区信念与行动秩序的社会文化单元。中国乡村从来不是单维的农民聚集的生存空间，而是

融合地理、经济、政治、社会、文化复合关系所形成的多元集合体（罗必良和耿鹏鹏，2022）。这意味着，中国乡村经济业态与发展不可避免地深嵌于农村社会的多重结构之中，不仅表达为经济要素与自然禀赋的资源配置与结构性调整，而且还与村落文化紧密关联。作为乡村发展的基础要素，文化在激活乡村资源、赋能乡村经济的同时，具有形塑经济业态的重要基因性功能。由此可见，推进乡村全面振兴，必须深刻认识其背后的文化特性及其决定机理，洞悉经济增长的特征事实及其制度文化根源。

文化作为人类生命过程所镌刻的符号和系统，在人们日常生产生活中有着重要的行为发生学意义，由此所形成的种种社会规则（习惯、惯例、风俗、习俗或法律、法规等），不断规范着人们的决策行动并形成社会秩序。一方面，社会秩序本身隐含和承载着不同的文化基因；另一方面，文化作为社会秩序的精神性基因，又成为社会秩序存续、发展、演化和变迁的引领性标尺（韦森，2003）。长期以来，探寻经济增长的根源一直是经济学家的长久议题。自亚当·斯密以来，不同历史阶段、不同理论范式和不同学术流派的经济学家，对经济增长的动力源奥秘给出了不同答案。在众多解释中，经济史学家发现，文化对市场发育及区域经济增长的不同轨迹发挥着重要的内生性作用（李红和韦永贵，2020）。尤具影响的是，格雷夫从文化信念差异视角对中世纪后期欧洲商业革命的考察，揭示了东西方"大分流"的历史分叉点（阿夫纳·格雷夫，2008）。他认为，由人格化关系型交易向市场化契约型交易转型带来的现代市场范围的大规模拓展，是19世纪初之后"西方世界兴起"的历史根源。普遍的经验证据表明，建立在个体主义文化、产权安全且明晰稳定、市场化契约化交易基础上的经济体，往往是市场发育与经济增长相对成功的经济体。这就是受到学术界广泛认同的"格雷夫假说"。

应该说，"格雷夫假说"并非是孤立的。以韦伯和诺斯为代表的众多社会学家与经济学家，均从文化信念、社会组织与制度安排中寻找到东西方经济"大分流"的证据，并阐明个人主义文化特质是西方世界兴起的先决条件；而在集体主义文化盛行的东方国度，则难以塑造和开拓出具有开放性、契约型特征的现代市场秩序和经济结构（伯杰，1993）。英国学者麦克法兰给出的解释是，集体主义文化和个人主义文化分别代表着不同的市场交易秩序、要素配置效率和经济增长实现方式（艾伦·麦克法兰，

2008)。其中，个人主义文化所决定的非人格化交易及自由竞争，能够衍生出市场规则和契约秩序，从而不断扩展市场规模并引领经济增长。相反，集体主义文化的"短半径"信任及人格化交易，不仅因构筑人情网络的"土围子"而排斥外来主体，而且因构筑熟人社会的裙带关系而禁锢交易活动范围，由此成为现代市场发育和经济增长的重要障碍（韦森，2002）。因此，"格雷夫假说"及主流文献的核心逻辑是，个人主义文化决定着市场化交易，进而促进经济增长；集体主义文化所决定的人格化交易，限制了经济增长的可能性空间。

值得注意的是，由 Talhelm 等提出的"稻米理论"，基于中国自古以来形成的"南稻北麦"种植格局，揭示了南方集体主义和北方个体主义两种文化分野的生成根源（Talhelm et al.，2014）。由于水稻种植依赖于灌溉，而作为村庄俱乐部物品的灌溉设施的建设和修葺依赖于集体行动，由此形成稻作区村落农户之间密切的人情往来和互助合作（韦森，2002）。不同的是，北方小麦相对粗放的种植方式与较为独立的家户耕作体系，形成了典型的个人主义文化。显然，按照"格雷夫假说"及其判断，与南方相比，中国北方应该有着良好的市场发育和经济增长绩效。但基本的事实是，无论是整体经济还是农村经济，中国均呈现"南强北弱"的发展态势。这就意味着，与"格雷夫假说"相对照，由"稻米理论"所揭示的中国南北文化性质及其所表现出的经济绩效，构成理论与事实的重要反差。这一反差无疑是一个悖论。本研究将其称之为"Talhelm 悖论"（罗必良和耿鹏鹏，2022）。

因此，解释"Talhelm 悖论"，对接"格雷夫假说"，进而阐明文化基因与经济绩效的逻辑一致性，有必要重新审视和检讨"稻米理论"所忽略的重要"遗漏变量"。综合稻作种植特性和中国南方市场经济发展实际，我们的判断是，中国南方的集体主义文化可能仅仅是表象，背后或许隐含着个体主义的文化基因。尽管南方集体主义是因为水稻灌溉的设施修葺和用水协调，诱导了农民之间所维系的合作行为和集体行动，但不可忽视的是，灌溉所需的水源恰恰具有竞争性，尤其是村社之间的作物灌溉往往需要通过竞争来获得稀缺水源以支持水稻种植（萧公权，2014）。由此可以推断，南方稻作区可能存在"对内合作、对外竞争"的双重文化特征。进一步地，文化将塑造企业性质，对内合作的文化属性体现为创业者通常以家族为依托从事商业活动，依靠血缘关系创立的企业往往存在"亲属抱团"的治理模式，企业形态多是家族企业和村社集体企业等；对外竞争的文化基因则表达为以血统联合建构的企业能够积极参与现代市场竞争，进而促进经济增长（马德斌，2020）。因此，有必要对"稻米理论"所阐释的文化含义进行重大修正，并由此揭示中国南方稻作文化的双重性及其制度经济学含义。

本研究以水稻种植的灌溉合作和水源竞争双重特征为分析线索，基于中国县域非平衡面板数据的实证考察，揭示稻作种植具有的对内合作和对外竞争的两面性及其形成机理，以此重新审视在乡村全面振兴背景下中国家族企业的生成逻辑，以及在经济参与、政府监管和市场拓展中的定位和功能，从而揭示乡村振兴中市场、企业和政府的互动关系及其协调机理。本研究的边际贡献在于：第一，"稻米理论"从提出就存在巨大争议，尤其是其所揭示的中国南方集体主义文化和北方个人主义文化，并不符合中国南北经济发展实际。本研究以水稻灌溉特性中水源竞争及市场意蕴为切入点，挖掘中国稻作文化所内含的竞争、交易和市场基因，从而刻画出中国南方的双重文化特征，即对内合作、对外竞争。第二，中国南方普遍存在着建构在血缘、亲缘关系上的家族企业，也有着重商重信的市场精神。本研究将揭示家族企业的基本性质，即对内以宗亲骨血为媒介的合作和联合，对外以竞争为主线的现代市场特质和契约精神；第三，本研究构建了市场、企业和政府关系的分析框架，强调在推进乡村全面振兴的发展格局下，要充分发挥好政府维护市场公平竞争、尊重且保护私人产权、有效激发企业家精神的责任，诱导企业有效参与现代市场竞争，加快现代市场经济发展和农业农村现代化。

二、作物种植、文化特征与市场发育

（一）文化、交易与市场：格雷夫假说与东西方"大分流"

近代以来，西方世界因市场经济秩序的不断拓展快速进入现代社会，而有着数千年文明的东方诸国在现代市场发育和经济增长方面出现滞后，由此，东西方的"大分流"及其成因成为历久弥新的热门话题。在长期的学术对话中，东西方迥异的文化及其重要的行为发生学意义逐渐被经济学家所重视。其中，经济史学家发现，文化在诱导市场化发育实现区域经济增长中有着重要的内生性作用，不同的文化导致了贸易和增长的不同经济绩效（Guiso et al.，2003）。斯蒂格利茨甚至强调，发展中国家的经济增长和转型必须与其传统文化相适应，转型的速度在很大程度上取决于技术变革所要求的价值观以及道德准则重建的速度（斯蒂格利茨，2005）。

格雷夫在其名著《大裂变——中世纪贸易制度比较和西方的兴起》中，研究了中世纪后期（1050—1350 年）的"商业革命"如何成为欧洲经济社会发展的历史"大分流"节点（阿夫纳·格雷夫，2008）。格雷夫以地中海热那亚和马格里布两大社会的商人群体为历史范型，分析了群体内部文化的迥异对社会经济组织的塑造以及伴随而来的交易秩序与市场型构的分野。不同的交易秩序表达在商业组织的信息传递规则、自我实施的约束策略和惩戒机制以及合约缔结和履约机制之中。其比较分析的基本结论是，个人主义文化及突破人格化的交易模式，是近现代欧洲市场经济发育和西方世界经济崛起的重要原因，而同时期马格里布商人讲诚信、美德和良善的集体主义或社群主义社会，往往维持一种人格化经济而难以构建出现代商业体系，由此揭示了以集体主义文化为精神主脉的东亚诸社会在近现代难以开拓出现代市场经济秩序的原因。他认为，不同的社会经济秩序来自不同的文化传统，个人主义文化是现代市场经济发展的文化土壤，非人格化交易是市场经济拓展的有效基础。

从麦克法兰、伯杰到格雷夫，主流文献的基本共识是，个人主义文化是西方世界经济崛起的重要诱因。众所周知，人区别于其他生物体的最根本特征是其目的性。社会是建立在个体行动的目的性基础之上的。从交易秩序和规则建构的角度审视，个人主义文化表达的是独立的个体都可以拥有着独立的人格和自我实现、个体满足甚至是自私自利的秉性特征，但正是单一的行为主体有着附着于自身的自主性和独立性，构成了自由市场交换的存续土壤，才能生发出现代交易规则和市场经济秩序。热那亚商人的个人主义文化中潜藏的"自私自利""尔虞我诈""唯利是图"正是因为自由的市场竞争和反复的博弈与学习，才催生出不断完善的法律法规和契约规则，维系并保障陌生人彼此之间的"个人"交易。由于广泛的契约关系明确界定了人们在交换与社会博弈中的权利和义务，从而推进了现代市场经济秩序的制度化进程，并最终极大地扩展了交易半径和市场范围。英国法学家梅因强调，"所有社会进步均是一个从身份到契约的运动"（梅因，1999）。在个人主义文化中，独立个体之间的关系被简单抽象，市场交换走向"非个人化"，交易半径和市场范围随之扩大，跨地区、城市、社会、国家的商品和劳务的交换与贸易也变得普遍起来。人际交往和交换中的契约关系的普遍性，决定了在现代市场经济秩序型构和扩展的过程中，社会成员主要靠产权和契约关系来调整其经济行为和社会活动。

与此形成鲜明对照的是集体主义文化。虽然在集体主义文化中也存在着广泛的交易，但这些交易往往半径短，且具有鲜明的"对象歧视性""主体熟人化"特性。习俗和惯例经济中有限的市场交换基本上是局域性或本土化的，且多发生在族内人、亲朋、邻里和熟人网络中间。在这种短半径的地方性交换中，个人信誉、熟人关系、亲朋网络、私人友谊以及个人关系的知识和经验往往发挥着主导性作用。Miller 和 Bersoff 基于印度与美国的比较研究发现，集体主义文化下的个体更会将助人行为看作是一种责任和道德义务（Miller and Bersoff，1994）。帮扶互助作为一种社会美德本无可厚非，但集体意识实际上模糊了人与人之间的财产、权利和交易界限，从而难以形成尊重个人和他人独立权利的文化精神，难以建构开放自由的市场化交易秩序。集体主义文化中的"短半径"信任及其人格化交易，不仅因构筑人情网络的"土围子"而排斥外来主体，而且因构筑熟人社会的裙带关系而禁锢交易范围，由此成为现代市场发育和经济增长的重要障碍。

因此，建立在个体主义文化、产权明晰稳定、契约化交易基础之上的经济体，往往是经济增长相对成功的经济体。"格雷夫假说"所表达的重要理论洞见及其历史逻辑就在于，个人主义文化往往能够型构突破人格化范畴的市场交易秩序，使得市场规模得以不断拓展，而基于熟人交易的关系契约和人格化交换则难以企及，并成为禁锢市场拓展和阻碍交易范围扩大的重要原因。

（二）作物种植、文化特征与市场发育：稻米理论与中国南北"大分异"

中国历史蕴含着丰富的区域性制度含义。从经济发展维度来看，中国各地区经济社会发展与市场化发育水平并非单一的演化轨迹，而是有着发展早晚、快慢与水平高低之异。最为典型的是中国南北方的经济社会发展"大分异"。自北宋完成经济中心南移至今，尤其是改革开放之后，中国南北区域发展差距越发突出，呈现明显的区域"大分异"现象（鲁西奇，2014）。进入 21 世纪以来，中国南方地区经济体量占全国 GDP 的比重已经从 2000 年的 58.63% 提高到 2022 年的 64.58%，北方则从 41.37% 下降为 35.42%。《中国分省份市场化指数报告（2021）》的数据显示（王小鲁，2021），中国南方地区的市场化水平整体高于北方地区，其中，2005—2018 年中国南北市场化指数的差距由 0.012 扩大到 0.031（卢现祥和王素素，2021）。《2019 胡润中国 500 强民营企业》显示，中国南方 500 强民营企业是北方的 2.4 倍。无论是经济总量，还是市场发育程度或民营企业发展水平，中国南方地区均处于领先位置并不断扩大其优势（丛胜美等，2022）。如何解释中国南北区域发展的"大分异"？将"西方世界的崛起"和"大分流"的文化研究置换到中国南北区域间的"非均衡"发展问题，是否具有事实和逻辑的一致性？

中国是以农立国的文明大国，只有读懂中国大地上的农业才能真正读懂中国的传统文化（波音，2023）。稻麦是中国最为重要的粮食品类，千百年的稻麦种植传统在文化积淀和行动秩序型构中发挥着重要的制度性功能。由 Talhelm 等提出的"稻米理论"，从中国"南稻北麦"的空间种植格局和作物种植特性，揭示了南方集体主义和北方个体主义两种文化分野的生成根源（Talhelm et al.，2014）。由于水稻种植依赖于灌溉，而作为村庄俱乐部物品的灌溉设施，其建设与修葺依赖于集体行动，由此形成中国南方稻区村落农户之间密切的人情往来、互助合作和集体主义文化。不同的是，北方小麦相对粗放的种植方式与较为独立的家户耕作体系，推动形成不同于南方的个人主义文化。显然，如果按照"西方世界的崛起"和"大分流"的文化逻辑，与南方相比，中国北方地区因具有个人主义文化特质应该有着良好的市场发育和经济增长绩效。可见，"稻米理论"的文化推断未能得到与经济增长事实的一致性检验。本研究认为，中国南方稻作区呈现的集体主义文化可能仅仅是一种表象，其背后可能隐含着个体主义的文化基因。

1. 水稻种植、灌溉合作与企业特性

很长时间以来，中国就形成南北相异的种植格局。按照地理分区，以秦岭—淮河为界可以将中国划分为南方和北方，北方多种植以小麦为主的旱地作物，南方则以种植水稻为主。总体上，中国呈现"南稻北麦"的种植格局。

与北方广布的小麦种植相比，水稻种植有两大基本特点：一是水稻属于劳动力密集型作物，需要的劳力约为小麦的两倍。在传统小农生产条件下，单个农业家庭并不足以应对农忙季节水稻种植的劳动强度，因此，精耕细作的水稻种植与"过密"的劳动投入，需要亲戚熟人与邻里之间的劳动互助和生产协作（黄宗智，2014），由此形成稻作区的集体主义文化基因（冀朝鼎，2014）。二是水稻种植依赖于具有俱乐部物品性质的灌溉系统，从灌溉设施的建造、利用、修葺，到灌溉用水的协调，需要村社成员之间的合作互助，由此构筑了稻作区短半径的熟人关系、信任交换和集体联动，从而产生了更明显的集体主义文化（丁从明等，2018）。正是水稻种植的此类合作特性，进一步延伸到商业活动，诱导了稻作区家户个体间短半径合作关系的形成。事实上，稻作区的企业形态大多呈现为对内合作和联动的合伙制企业和以血缘稳定力量为基础的家族企业（黄玖立等，2023；于晓东等，2022）。家族企业天然地具有集体主义文化的内生性优势和基因。第一，家族企业对于激励和监督家族劳动力而言，只需要付出较低的成本，所有者分配酬金是相对容易的（埃里克·琼斯，2019）。第二，家族企业构建在血统基础上的小范围集体协助能够通过社会网络力量有效抵御市场风险，强化企业生存韧性和稳定性，且有助于降低金融借贷交易成本、获得社会网络融资，缓解信贷约束（马光荣和杨恩艳，2011）。第三，企业的家族性和集体性能够畅通内部成员间的沟通互动和信息交换，为企业提供有价值的市场信息，拓展新的经济交易机会（Burchardi and Hassan，2013）。可以认为，水稻的种植特性所生成的集体主义文化构成家族企业形态生成的内在逻辑。

2. 水稻种植、水源竞争和市场拓展

实际上，已有学者对集体主义文化和个人主义文化截然二分的观点提出了质疑。Boerner 和 Ritschl 对格雷夫假说的追踪观察发现，中世纪西欧契约执行和市场参与同样是以大家庭内部的共同责任形式呈现，其中，血缘关系和集体主义仍然占据着大家庭的主导地位（Boerner and Ritschl，

2009)。而且，集体主义盛行的东方国家实际上也构建起了市场经济形态并推动了现代经济增长。文化"二分论"并非历史事实的全部。两类文化的相互交织，或许是更为普遍的真实现象。这意味着，集体主义文化中也可能隐含着个人主义的文化基因，正是由于文化基因可能存在的双重性特征，中国南方才可能呈现家族企业良序成长且现代市场化、契约化经济同向存续的经济特征。

水利灌溉是中国南方集体主义文化生成的重要根源。但问题是，水稻种植的灌溉保障依赖于水源，而灌溉水源的稀缺性恰恰决定其具有竞争性。一方面，相较于小麦种植，水稻生产更需要集体行动和合作行为，这促使稻作区形成更为强大的以"差序格局"为基础的宗族文化及社会秩序（洪炜杰和罗必良，2023）；另一方面，水稻耕作依赖水源，水就成为生存的命脉，在有限水源和技术不发达的传统生产时期，水源地至关紧要。南方稻作区的农事生产与水源竞争往往依托于宗族或集体，其中，水源竞争也多是以宗族械斗的形式发生。由于水资源具有公共产权性质，地域内的农户均可享益。中国南方雨水充沛，河泽广布，在正常年份，公共产权的水资源的竞争性比较弱，但时常发生的少雨或旱灾会导致水源的稀缺，地处同一流域或"公共水源"的地区之间就会因用水问题而发生矛盾、冲突和竞争（王加华，2010）。

水源竞争是市场化基因孕育的基础，并呈现出与马格里布人相类似的市场发育逻辑。韦伯强调了资源享益权利的斗争和冲突之于市场形成的重要意义（韦伯，2004）。资源不被满足往往会带来野蛮的掠夺和争斗，进一步造就了市场竞争和经济运转，并最终演化形成文明的现代市场秩序。"经济人"和"稀缺"的概念是经济市场的基础法条，一方面，经济人的利己特征决定其具备了趋利避害的内在主观因素；另一方面，普遍存在的稀缺性为经济人的趋利避害提供了外在的客观条件。由于竞争可以决定一类稀缺资源应该分配给谁或如何优化配置，因而有了自私和稀缺从主客观两方面的加持，经济人不得不接受通过竞争的方式来获得稀缺资源的享益权和决定权。而竞争恰恰是现代市场生成和发展的核心要素之一，竞争的过程往往能够生成准则和秩序，并明确了经济主体获得稀缺性资源需要满足的条件和基础，通过有效的竞争可良序地提高供给，拓展市场边界并推进市场的发展，由此成为现代市场体系和良性秩序形成的根源。就中国稻作区的小农而言，经济理性和水源稀缺往往构成水稻生产中的频繁的争斗并形成种植文化中的竞争基因，千百年来的种植传统之下的竞争活动奠定了中国南方发展市场经济的文化基础。显然，无论是水源竞争的特征事实还是理论机理，均揭示了中国南方稻作区由于生产范式中存在的竞争性基因所决定的市场化发育优势和文化动因。

正是稻作区对内合作、对外竞争的双重文化特征，造就了中国南方独特的企业形态与发展模式。一方面，"合作文化基因"决定了中国南方多出现家族企业、村社集体企业等企业形态；另一方面，"竞争文化基因"又使得家族企业等往往积极投入市场竞争，形成开放性、竞争性、契约化的现代型企业。但是需要重视的是，现代市场条件下要处理好政府与市场的关系。一方面，竞争市场并不完美，竞争需要多个条件协调并在政府干预下才能更好地发挥作用；另一方面，应该看到，政府和市场是经济运行不可或缺的重要力量，要正确看待政府的作用和"有为政府"的边界性。

（三）家族企业、市场规模与政府作用：一个观测维度

灌溉合作与水源竞争，造就了中国南方家族企业的双重文化基因。正是对内合作以强化生存韧性、对外竞争以拓展发展机会，才造就了中国南方市场经济的特色发展路径。现阶段，我国民营企业的营商环境有待优化，所从事的行业也有局限性，面临着诸多行政性管制。民营经济的发展源于家庭（族）力量。家庭或家族一向是中国人对抗外在不稳定环境的避风港。这一点尤其体现在中国进入 20 世纪 80 年代以后农村家庭联产承包责任制推行和私营企业蓬勃发展之中。当时中国社会正处于转型时期，计划经济体制渐渐松动，市场经济规则逐步建立，家庭与家族规则自然就成为在夹缝中发展起来的私营企业创建和发展的社会资本和组织资源（陈凌等，2011）。对内合作的文化特性正是家族企业生成、存续与发展的重要基础，通过对内的合作和帮扶互助强化自身生存韧性并延伸发展空间，同时也依靠其家族和泛家族的社会关系来拓展自己的经营活动。通过家族和泛家族的社会关系，企业家又将其家族企业置于一个更加庞大的社会网络之中，并且在家族和同乡等社会网络中建立起自己的商业王国（Burchardi and Hassan，2013）。

民营企业对外竞争的文化特征决定了企业运作多具有开放性、竞争

性、契约化特征。从经营效率来看，中国家族企业的各项经营指标，如销售净利润、资产利润率、人均营业收入、人均利润等都相对较高（陈凌等，2011）。Tsai 等针对中国民营企业的研究也指出，当企业家面临一个压抑性的甚至有敌意的制度环境时，会采取多种应对策略来规避不利制度，或者减少其所带来的影响（Tsai and Kellee，2007）。在私有产权保护不足、政府经济干预较强并控制大量经济资源的情况下，家族企业主积极谋求政治参与以密切其与政府的关系，其中既有谋求政治合法性和规避侵害的需求，又有谋求政治租金和趋利的目的（陈凌等，2011）。可见，南方个体主义的对外竞争"基因"，决定了其策略性选择。

　　由水稻种植所决定的灌溉及其物品特性，会形成对内集体主义与对外个体主义的双重文化"基因"，由此生成的家族企业，能够自发地参与市场竞争而不断扩大市场规模，促进经济增长，并成为中国经济社会发展的强大推动力量和中国式现代化的强力建设者。在推进统一大市场格局下，在推进乡村全面振兴的大背景下，政府的责任应该是维护现代市场公平竞争、捍卫市场运行秩序、尊重并保护私人产权、提供政策支持和行为规范、激发企业家精神和创造活力（图 12-1）。

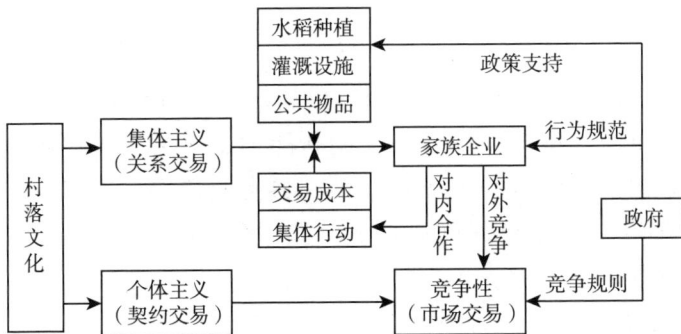

图 12-1　基于文化维度的企业、市场、政府关系的分析框架

三、数据、变量与计量模型

（一）数据来源

本研究使用的数据为中国县域面板数据。考虑到县域数据的统计完整

性和可获得性，本研究收集整理了 2001—2020 年中国 31 个省份（不含港澳台，下同）2 043 个县（市、区）的非平衡面板数据。其中，县域经济社会数据来自《中国县域统计年鉴》；家族企业数据来自中国研究数据服务平台（CNRDS）数据库；农作物种植面积数据来自中国土地覆盖数据集（CLCD）。年均降水量来自国家气象科学数据共享平台，河流水网密度数据使用县级行政区划矢量数据。由于本研究关注的是区域种植传统，使用当前的种植数据并不恰当，因此本研究使用许道夫的《中国近代农业生产及贸易统计资料》中统计的中国 1946 年区域稻麦种植数据，根据区域稻麦种植比是否高于全国平均水平确定传统的水稻种植区，再根据当前种植数据是否与传统种植分布具有一致性来对数据进行清洗，从而获得本研究所需的研究样本。

（二）变量设置

1. 被解释变量

本研究考察水稻种植的双重文化基因对家族企业发展的影响。一方面，本研究引入"家族企业发展"作为被解释变量，参考 Jeong 等（2022）的研究，使用县域家族企业平均净利润率刻画地区的家族企业发展状况，以表征对内合作文化和基于血缘基础、关系联合的市场参与形态；另一方面，"创业活跃度"可以提供有关市场经济发展的重要信息，通过测度创业活跃度可识别出区域的市场经济潜力和对外竞争力。该指标不仅能够反映区域的创业环境、创新能力、市场活力等方面的情况，更能够反映出一个区域的市场竞争性。参考赵涛等（2020）、白俊红等（2022）的研究，创业活跃度通过 ln（1＋当年新注册企业数/年末总人口数）来测度。

2. 核心解释变量

本研究的核心解释变量之一为稻麦种植比。参照黄玖立等（2023）、张博和孙涛（2023）的研究，采用县域层面的水稻种植面积占比来刻画。鉴于"南稻北麦"种植格局及其文化基因，在基准回归中，本研究采用县域的水稻种植面积占稻麦种植总面积的比重来度量稻麦种植比，识别县域的水稻种植情况。在稳健性检验中，本研究进一步使用水稻种植面积占三大主粮种植面积的比重来衡量县域的水稻种植情况。需特别说明的是，本研究根据许道夫统计的 1946 年中国历史种植数据对这一变量进行清洗。其合理性在于，1946 年中国现代农业发展尚未起步，因而这一时期的种植数据可以基本排除农业机械化等现代技术因素的影响，能够更好地还原历史上各地区的稻麦种植传统。

3. 控制变量

本研究控制了县域层面的社会经济特征等其他可能影响地区现代经济社会发展和企业发展的控制变量。首先，县域经济发展会影响企业发展和创业活跃度。因此，本研究控制了人均国内生产总值和国内生产总值。其次，政府对社会建设的支持力度也会对市场经济发展产生影响，因而本研究进一步控制了公共支出总额。最后，社会经济发展潜力也会对市场发展产生影响，因而本研究进一步控制了存款余额总额和贷款总金额。此外，本研究还控制了县固定效应、年份固定效应以及县域特征不同地区可能存在的时间趋势差异。变量的定义与描述见表 12 - 1。

表 12 - 1　变量定义及描述性统计

变量名称	变量定义	样本量	均值	标准差	最小值	最大值
被解释变量						
家族企业发展	县域内家族企业平均净利润率	4 315	0.067	0.082	−0.149	0.277
创业活跃度	ln(1＋当年新注册企业数/年末总人口数)	33 650	3.658	1.094	0.000	7.450
核心解释变量						
稻麦种植比	水稻种植面积/水稻与小麦种植面积	29 581	0.557	0.459	0.000	1.000
水稻占主粮种植比	水稻种植面积/三大主粮种植面积	31 371	0.415	0.430	0.000	1.000
控制变量						
人均国内生产总值	人均国内生产总值（对数）	25 133	9.562	0.997	6.094	12.800
国内生产总值	国内生产总值（对数）	33 789	13.150	1.386	8.040	17.520
公共支出总额	公共支出总额（对数）	34 991	11.340	1.302	0.148	15.170
存款余额总额	存款余额总额（对数）	34 582	12.570	1.589	0.000	17.190
贷款总金额	贷款总金额（对数）	34 736	12.400	1.583	0.247	18.310

（三）模型选择

为估计水稻种植对家族企业发展和创业活跃度的影响，建立以下基准模型：

$$Innovate_{ct} = \alpha + \beta_1 Riceratio_{ct} + \beta_2 X_{ct} + X_{ct} \times \tau_t + \tau_t + p_c + \varepsilon_{it}$$

$$(12-1)$$

式中，$Innovate_{ct}$ 表示 c 县在第 t 年的家族企业发展情况和创业活跃度。$Riceratio_{ct}$ 表示 c 县第 t 年水稻种植情况。X_{ct} 表示由控制变量组成的矩阵，本研究引入 $X_{ct} \times \tau_t$ 以控制县域特征不同地区可能存在的时间趋势差异。τ_t 表示年份固定效应，p_c 表示县固定效应，α 为常数项，β_1 和 β_2 为待估计系数，ε_{it} 表示误差项，使用县域层面的聚类稳健标准误。

为了进一步检验水源竞争问题导致的市场化发育问题，本研究分别引入稻麦种植比与降水量、河流水网密度、灾害情况的交互项来测量降水量、河流水网密度和旱灾对水稻种植区创业活跃度的调节作用。

$$Innovate_{ct} = \delta + \delta_1 Riceratio_{ct} + \delta_2 R_{ct} + \delta_3 Riceratio_{ct} \times$$
$$R_{ct} + \delta_4 X_{ct} + X_{ct} \times \tau_t + \tau_t + p_c + \varepsilon_{it} \qquad (12-2)$$

式中，R_{ct} 为降水量、河流水网密度和灾害情况。δ 为常数项，δ_1、δ_2、δ_3、δ_4 为待估计参数。其余变量与系数设定与式（12-1）保持一致。

四、模型结果与分析

（一）对内合作：水稻种植对家族企业发展的影响

表 12-2 展示了式（12-1）的估计结果。列（1）是控制了县固定效应和时间固定效应的模型，结果显示稻麦种植比在 5% 的水平上显著促进了家族企业发展；列（2）是同时控制县固定效应和时间固定效应的模型，结果表明，稻麦种植比越高，越有利于家族企业发展；列（3）是同时控制多个效应后的最为严格的模型，结果显示稻麦种植比正向促进家族企业发展。由此可见，稻作区的家族企业发展水平更高，支持了"稻米理论"的一般性发现，即稻作区盛行集体主义文化，以血缘、亲

缘关系为媒介开展合作行为与集体行动，能够促进家族企业的有效发展。这一发现与黄玖立等（2023）和于晓东等（2022）的研究结论相一致。

表 12－2 水稻种植与家族企业发展

变量	家族企业发展		
	（1）	（2）	（3）
稻麦种植比	0.059**	0.042*	0.040
	(0.027)	(0.023)	(0.024)
人均地区生产总值		0.040	
		(0.030)	
地区生产总值		−0.006	
		(0.031)	
公共支出总额		−0.029	
		(0.020)	
存款余额总额		−0.039	
		(0.034)	
贷款总金额		0.003	
		(0.019)	
县固定效应	控制	控制	控制
年份固定效应	控制	控制	控制
控制变量×时间固定效应	未控制	未控制	控制
观测值	1 813	1 221	1 221
R^2	0.358	0.376	0.440

注：*、**、*** 分别代表在 10%、5%、1% 的统计水平上显著；括号内为聚类到县域的稳健标准误；下同。

（二）对外竞争：水稻种植对创业活跃度的影响

表 12-3 估计了稻麦种植占比对创业活跃度的影响。列（1）是未引入控制变量的回归结果，稻麦种植比在 1% 的水平上显著提升创业活跃度；纳入控制变量的列（2）回归结果依然稳健地支持这一结论；进一步严格引入控制变量的时间趋势项列（3）的回归结果显示，稻麦种植比依然在 1% 的显著性水平上正向促进创业活跃度提升，从而一致地证明了水

稻种植会带来地区创业活跃度的提升，经济主体参与市场竞争的积极性越高，市场化发育水平越高。由此证明，水稻种植文化中隐含着现代市场经济秩序和市场竞争基因，水稻种植具有双重文化属性，既表达了对内合作的集体文化基因，又隐含着积极参与市场竞争、融入现代经济秩序的行动品格。

表 12-3　水稻种植与创业活跃度

变量	创业活跃度		
	(1)	(2)	(3)
稻麦种植比	0.144***	0.298***	0.274***
	(0.053)	(0.066)	(0.066)
人均地区生产总值		0.340***	
		(0.091)	
地区生产总值		0.036***	
		(0.103)	
公共支出总额		0.280***	
		(0.042)	
存款余额总额		0.230***	
		(0.048)	
贷款总金额		−0.239***	
		(0.034)	
县固定效应	控制	控制	控制
年份固定效应	控制	控制	控制
控制变量×时间固定效应	未控制	未控制	控制
观测值	28 396	21 188	21 188
R^2	0.764	0.773	0.785

（三）稳健性检验：重新刻画核心解释变量的再估计

为了进一步识别地区水稻种植的分布比重，这里使用水稻种植面积占三大主粮种植总面积的比重来替换核心解释变量，重新刻画水稻种植情况。表 12-4 的估计结果均一致性地显示，水稻占主粮种植比重越高，创业活跃度越高。本研究基准回归估计结果稳健可信。

表 12 - 4 稳健性检验：水稻种植与创业活跃度

变量	创业活跃度		
	(1)	(2)	(3)
水稻占主粮种植比	0.130 **	0.266 ***	0.266 ***
	(0.052)	(0.065)	(0.064)
控制变量	未控制	控制	未控制
县固定效应	控制	控制	控制
年份固定效应	控制	控制	控制
控制变量×时间固定效应	未控制	未控制	控制
观测值	30 181	22 493	22 493
R^2	0.768	0.775	0.787

五、机制分析与进一步检验

(一) 机制检验：基于灌溉用水竞争的检验

本研究的基本逻辑是：水稻种植严重依赖于灌溉，而灌溉水源具有竞争性，由此水稻种植文化中隐含着市场竞争基因。灌溉用水一般依赖于两种方式：一是自然降水，二是河流水网（布罗代尔，1992）。从逻辑上讲：第一，当自然降水不充分时，水稻种植的水源竞争将会更为激烈（王加华，2010）；第二，在河流水网密度越是稀疏的地区，水稻种植也会面临着水源相对稀缺的困局（萧公权，2014）；第三，自然灾害的频繁发生或遭遇干旱将进一步加剧水源的稀缺，从而强化稻作区的水源争夺。显然，从实证估计的角度可以判断，县域降水量减少、河流水网稀疏或受灾面积广的地区将会强化竞争并形成更为良好的市场化秩序和更高的经济发展水平。

1. 基于降水量的分析

表 12 - 5 的估计结果显示，无论是否纳入控制变量，还是控制最为严格的列（3），稻麦种植比与降水量的交互项均在 1‰的水平上显著降低创业活跃度。这表明，降水量增加会显著抑制创业活跃度，换言之，降水不足将提升水稻种植区的创业活跃度。这意味着，降水量不足加剧的水源竞争将会强化地区现代市场竞争文化，并形成有利于市场发展和市场参与的

经济环境和文化特征。

表 12 - 5　机制分析一：基于自然降水引致水源竞争的检验

变量	县域创业活跃度		
	(1)	(2)	(3)
稻麦种植比	0.195 ***	0.352 ***	0.370 ***
	(0.053)	(0.067)	(0.120)
降水量	0.026 **	0.052 ***	0.029 ***
	(0.011)	(0.014)	(0.009)
稻麦种植比×降水量	−0.095 ***	−0.100 ***	−0.358 ***
	(0.015)	(0.017)	(0.063)
控制变量	未控制	控制	未控制
县固定效应	控制	控制	控制
年份固定效应	控制	控制	控制
控制变量×时间固定效应	未控制	未控制	控制
观测值	28 396	21 188	21 188
R^2	0.770	0.775	0.784

2. 基于河流水网密度的分析

表 12 - 6 的估计结果显示，无论是否纳入控制变量，还是控制最为严格的列（3），稻麦种植比与河流水网密度的交互项均负向降低创业活跃度，这表明，河流水网密度提升会显著抑制创业活跃度，换言之，河流水网密度不足将会促进水稻种植区的创业活跃度提升，这意味着，河流水源的不足将会强化水稻种植的水源竞争，并会进一步形塑其竞争性文化，形成有利于市场发展和市场参与的经济环境和文化特征。

表 12 - 6　机制分析二：基于河流密度引致水源竞争的检验

变量	县域创业活跃度		
	(1)	(2)	(3)
稻麦种植比	0.052	0.668 ***	0.569 ***
	(0.059)	(0.138)	(0.143)
河流水网密度	0.000	−0.000 ***	−0.000 ***
	(0.000)	(0.000)	(0.000)

（续）

变量	县域创业活跃度		
	(1)	(2)	(3)
稻麦种植比×河流水网密度	-0.000^{**}	-0.000^{*}	-0.000
	(0.000)	(0.000)	(0.000)
控制变量	未控制	控制	未控制
县固定效应	控制	控制	控制
年份固定效应	控制	控制	控制
控制变量×时间固定效应	未控制	未控制	控制
观测值	28 396	21 188	21 188
R^2	0.764	0.773	0.785

3. 基于区域受灾情况的分析

降水量和河流水网密度均表达的是一种自然状态，无法刻画出是否风调雨顺的情况。逻辑上而言，在遭遇严重旱灾时往往会加剧灌溉用水的约束，并强化地区的水源竞争，由此积淀市场化的区域文化根基。历史数据显示，公元 1 世纪至 19 世纪，中国南方稻作区发生过 624 次旱灾，省均旱灾次数达 52 次[①]。在此，采用两种方式来识别灾情的影响。第一，使用受灾面积占耕地总面积的比重刻画地区受灾情况。表 12 - 7 的估计结果显示，无论是否未纳入控制变量，还是控制最为严格的列（3），稻麦种植比与受灾面积的交互项均在 1% 的水平上显著提高创业活跃度，这表明受灾面积的增加会加剧区域生产过程中的用水紧张，强化地区的水源争夺和资源竞争，从而形成以竞争为基础的市场化行为，显著提高创业活跃度。第二，基于 1949—2016 年中国各个省份的平均旱灾受灾面积来刻画地区历史上的旱灾情况并进一步识别对市场发育的影响。表 12 - 7 中列（4）～（6）的回归结果显示，旱灾受灾面积的扩大，将会显著提高稻作区的创业活跃度。由此表明，旱灾将会通过加剧水源竞争促进市场化的发育。这一结果进一步支持了本研究的逻辑判断。

---

① 数据来源于《中国救荒史》。其中，统计了南方 12 省份的灾害情况。南方 12 省为江苏、安徽、江西、浙江、福建、湖北、湖南、四川、广东、广西、云南和贵州。

表 12 - 7　机制分析三：基于区域受灾情况的分析

变量	创业活跃度					
	(1)	(2)	(3)	(4)	(5)	(6)
稻麦种植比	−0.233***	−0.134**	−0.233***	−0.460***	−0.591***	−0.654***
	(0.048)	(0.053)	(0.048)	(0.088)	(0.097)	(0.099)
受灾面积	−0.765***	−0.876***	−0.765***			
	(0.057)	(0.062)	(0.057)			
稻麦种植比×受灾面积	0.842***	0.934***	0.842***			
	(0.067)	(0.074)	(0.067)			
旱灾受灾面积				−1.509***	−2.824***	−2.932***
				(0.264)	(0.321)	(0.343)
稻麦种植比×旱灾受灾面积				2.161***	3.504***	3.738***
				(0.322)	(0.385)	(0.402)
控制变量	未控制	控制	未控制	未控制	控制	未控制
县固定效应	控制	控制	控制	控制	控制	控制
年份固定效应	控制	控制	控制	控制	控制	控制
控制变量×时间固定效应	未控制	未控制	控制	未控制	未控制	控制
观测值	33 218	25 478	33 218	33 218	25 478	25 478
R^2	0.772	0.779	0.772	0.768	0.775	0.785

（二）政府的作用

前文分析表明，水稻种植有着对外竞争的文化基因。但必须承认，中国市场经济的发育与民营企业发展往往面临着政府干预的可能性影响。本节引入政府干预因素，实证检验政府干预对稻作区创业活跃度和市场竞争的影响。本研究参考周国富和陈菡彬的研究（周国富和陈菡彬，2021），选取地方政府财政支出占县域 GDP 的比重作为地方政府干预程度的代理变量。财政支出占国内生产总值的比重，反映了政府干预经济的程度，该比重越大，意味着政府对经济活动的干预力度越大。表 12 - 8 列（1）～（3）列的结果显示，政府干预经济的程度会显著抑制稻作区的创业活跃度。这意味着，政府的过度干预并不利于地区的现代市场竞争和经济参与。因此，政府的职责并不在于市场参与，而是扮演好市场监管者和秩序维护者的角色，基于政府公信力来维护市场的公平竞争，保护好私人产权及其红利享益，有效激发市场精神、契约理念和现代企业家能力。

列（4）～（6）使用财政收入占比重新刻画政府干预的检验结果，再次证明了政府在市场经济发展中应当具备的功能和职责。

表 12 - 8　基于政府干预、企业发展与市场环境三者关系的检验

变量	创业活跃度					
	(1)	(2)	(3)	(4)	(5)	(6)
稻麦种植比	1.855***	1.713***	1.808***	0.969***	0.808***	0.870***
	(0.201)	(0.214)	(0.219)	(0.174)	(0.176)	(0.185)
政府干预（财政支出）	0.316***	0.005	0.001			
	(0.076)	(0.131)	(0.115)			
稻麦种植比×政府干预（财政支出）	−9.542***	−9.638***	−10.323***			
	(1.031)	(1.153)	(1.139)			
政府干预（财政收入）				0.878***	1.291***	1.718***
				(0.269)	(0.368)	(0.374)
稻麦种植比×政府干预（财政收入）				−10.856***	−12.139***	−13.352***
				(2.340)	(2.843)	(2.924)
控制变量	未控制	控制	未控制	未控制	控制	未控制
县固定效应	控制	控制	控制	控制	控制	控制
年份固定效应	控制	控制	控制	控制	控制	控制
控制变量×时间固定效应	未控制	未控制	控制	未控制	未控制	控制
观测值	30 389	23 168	23 168	30 375	23 167	23 167
R^2	0.773	0.778	0.790	0.769	0.775	0.787

从逻辑上讲，政府的过度干预不利于创新和市场化发展，但是在市场化发展的过程中也需要政府提供支持。为了进一步检验政府支持和服务在提高稻作区创业活跃度和市场化拓展中的作用，使用商业服务业等事务支出占地区生产总值的比重来衡量政府支持以进行实证检验。表 12 - 9 的估计结果显示，无论是仅控制区域和年份固定效应的模型，还是加入控制变量的模型，抑或进一步引入控制变量时间趋势最为严格的模型，均一致地显示，稻麦种植比和政府支持的交互项均在 1% 的水平上显著正向影响创业活跃度，从而表明，政府支持能够显著强化稻作区的创业和市场拓展。由此证明，政府的服务参与和有效支持能够完善市场体制，有助于夯实市场经济发展根基。

表 12-9　基于商业服务业等事务支出、企业发展与市场环境三者关系的检验

变量	创业活跃度		
	(1)	(2)	(3)
稻麦种植比	−0.347**	−0.435**	−0.481**
	(0.155)	(0.183)	(0.192)
政府支持	−46.303***	4.892	8.842
（商业服务业等事务支出占比）	(4.398)	(8.768)	(9.094)
稻麦种植比×政府支持	134.253***	127.938***	143.108***
	(20.279)	(25.601)	(28.556)
控制变量	未控制	控制	未控制
县固定效应	控制	控制	控制
年份固定效应	控制	控制	控制
控制变量×时间固定效应	未控制	未控制	控制
观测值	31 301	23 170	23 170
R^2	0.776	0.779	0.790

六、结论与讨论

参照"格雷夫假说"，可以认为由"稻米理论"所揭示的中国南方稻作区的集体主义文化基因，与中国南北经济"大分异"的基本事实是相悖的。"Talhelm 悖论"意味着"稻米理论"可能存在重要缺陷。本研究认为，中国南方的集体主义文化仅仅是表象特征，背后隐含着个体主义的文化基因。水稻种植需要灌溉，引致对内的家族合作，但灌溉水源的稀缺属性则会产生对外的竞争属性。由此可见，南方稻作区存在着"对内合作、对外竞争"的双重文化特征。本研究试图挖掘南方文化的双重基因，重新审视中国家族企业的生成逻辑，从而揭示乡村振兴中市场、企业和政府的互动关系及其协调机理。

使用县域面板数据的估计表明，水稻种植比重越大的地区其家族企业发展越好，且市场化发展、地区市场竞争和创业环境更优。机理分析表明，由降水量相对不足和河流水网密度越小所加剧的水源竞争，会激励稻作区的创业和市场发育；旱灾导致的用水竞争也会进一步引致地区的市场拓展。由此证明，水稻种植的水源竞争将会激励南方种植文化中生成现代

市场精神和竞争基因。进一步的证据发现，政府干预会抑制稻作文化蕴含的创新性和市场性，但是政府的有序参与和支持能够激励创业活动和市场拓展。中国南方的稻作文化，不仅表达为因灌溉所产生的合作基因和短半径交易，而且表达为因水源竞争所隐含的竞争观念和开放性交易，即对内合作、对外竞争。对内集体主义与对外个体主义的双重文化"基因"，促进了家族企业的发育和经济增长。在此过程中，政府的责任是动员商业文化基因，维护公平竞争、保护私人产权、激活企业家市场。因此，在推进乡村全面振兴的进程中，要充分发掘传统文化的市场基因和契约秩序，有效发挥政府在捍卫市场秩序、制定市场规范、提供发展支持中的"有为"作用。

党的二十届三中全会指出，处理好政府和市场关系是经济体制改革的核心问题。当前，中国式现代化发展进入攻坚期、深水期，乡村振兴战略也进入全面推进期，迫切需要市场主体的积极参与和有效竞争，发挥企业市场参与的能动性和政府服务的有效性。因此，本研究的重要启示如下。

第一，中国历来被视为集体主义文化浓厚的国家，而集体主义也往往被学者们认为是低效率、封闭性的，从而漠视中国经济社会发展所取得的成绩。本研究证明了中国稻作文化的双重文化基因，即对内合作、对外竞争，这不仅是应对环境不确定性和发展不稳定性的生存智慧，更是中国人民积极进取、敢于竞争的精神特质。集体主义历来被视为中华民族文化特征的典型表现。一方面，集体主义文化带来的社会互助、雪中送炭等传统美德，编织了生存兜底机制和风险化解机制，构筑了中华民族浓厚的集体意识和坚强的生存韧性。另一方面，集体主义文化隐含的市场精神、规则意识，将驱动中国现代经济社会快速发展。兼具包容性与竞争性的集体主义精神，是中华民族崛起于世界民族之林的重要文化遗产。

第二，经济增长来源于现代契约关系下的市场竞争。基于理性化的个人之间所缔结的契约，可以排除人情纠葛和关系垄断以节省交易费用，并通过各方协作的力量以保障效率。市场竞争所激励的行为努力、要素配置与开放性交易，是改善经济效率的核心线索。个人主义文化是小麦种植赋予北方农民的历史遗产，旱作农业所决定的生产关系的松散性和行为选择的独立性，造就了北方农民相对独立的个人主义的文化积淀。因此，必须挖掘北方个人主义文化的精神特质，将个人主义文化所蕴含的一般信任机制、非人情关联、突破血缘地缘的交易基因，转换为市场化契约交易的扩展秩序，并进一步开放市场机会，鼓励创新创业，弘扬企业家精神，从而激发中国北方的经济活力，不断缩小南北经济发展差距。

第三，民营经济是中国特色社会主义市场经济的重要组成部分。民营经济的存续形态与中国传统种植文化"对内合作、对外竞争"的特征相契合。一方面，家族内合作有助于强化家族企业的生存韧性和发展空间，另一方面，积极开拓市场，参与市场竞争，有助于形成现代市场经济体系和发展基础。但是，在社会主义国家，家族企业的生存空间面临着一些限制，也面临着政府的监管。这导致家族企业参与市场竞争、拓展经济发展空间需花费更多资源。在推进构建全国统一大市场的格局下，政府的责任是开放市场机会，鼓励创新创业，弘扬企业家精神，维护公平竞争、保护私人产权、激发企业家能力。企业的责任是积极参与市场竞争，提升企业家现代管理能力，坚守法律底线和市场红线，公平维护现代市场秩序。从而实现市场、企业与政府关系的协调和互动。

参 考 文 献

阿德莱德·布赖，1987. 行为心理学入门 [M]. 陈维正，龙葵，译. 成都：四川人民出版社.

阿夫纳·格雷夫，2008. 大裂变：中世纪贸易制度比较和西方的兴起 [M]. 郑江淮，译. 北京：中信出版社.

阿马蒂亚·森，2002. 以自由看待发展 [M]. 任赜，于真，译. 北京：中国人民大学出版社.

阿维纳什·迪克西特，2007. 法律缺失与经济学：可供选择的经济治理方式 [M]. 郑江淮，李艳东，张杭辉，江静，译. 北京：中国人民大学出版社.

埃格特森，1996. 新制度经济学 [M]. 北京：商务印书馆.

埃莉诺·奥斯特罗姆，2000. 公共事务的治理之道 [M]. 余逊达，陈旭东，译. 上海：三联书店.

埃里克·琼斯，2019. 文化融合：基于历史学和经济学的文化批判 [M]. 王志标，译. 杭州：浙江大学出版社.

艾伦·麦克法兰，2008. 英国个人主义的起源 [M]. 管可秾，译. 北京：商务印书馆.

白俊红，张艺璇，卞元超，2022. 创新驱动政策是否提升城市创业活跃度：来自国家创新型城市试点政策的经验证据 [J]. 中国工业经济（6）.

本尼迪克特，1988. 文化模式 [M]. 上海：三联书店.

波音，2023. 粮食，运河与白银：从经济学角度看中国历史 [M]. 北京：中国工人出版社.

伯杰，1993. 资本主义革命 [M]. 吴支深，等，译. 北京：经济日报出版社.

布赖，1987. 行为心理学入门 [M]. 陈维正，龙葵，译. 成都：四川人民出版社.

布劳，1964. 社会生活中的交换与权力 [M]. 李国武，译. 北京：商务印书馆.

布罗代尔，1992. 十五至十八世纪的物质文明、经济和资本主义：第一卷 [M]. 顾良，施康强，译. 上海：生活·读书·新知三联书店.

蔡键，郭欣琪，2022. 农地转出对象熟人化："乡土社会的情感依赖"还是"不完全信息的有限理性"[J]. 中国农业大学学报（3）.

蔡颖萍，杜志雄，2020. 玉米临时收储政策调整对家庭农场土地流转租金的影响分析 [J]. 中国农村观察（3）.

曹树基，2005. 1959—1961 年中国的人口死亡及其成因 [J]. 中国人口科学（1）.

曹正汉，罗必良，2003. 一套低效率制度为什么能够长期生存下来：广东省中山市崖口村公社体制个案 [J]. 经济学家 (6).

曹正汉，2005. 观念如何塑造制度 [M]. 上海：上海人民出版社.

陈斌开，陈思宇，2018. 流动的社会资本：传统宗族文化是否影响移民就业 [J]. 经济研究（3）.

陈昌文，1992. 人情与契约 [J]. 四川大学学报（哲学社会科学版）(3).

陈富良，2001. 放松规制与强化规制 [M]. 上海：上海三联书店.

陈凌，李新春，储小平，2011. 中国家族企业的社会角色：过去、现在和未来 [M]. 杭州：浙江大学出版社.

陈强，2010. 高级计量经济学及 Stata 应用 [M]. 北京：高等教育出版社.

陈锡文，赵阳，陈剑波，罗丹，2009. 中国农村制度变迁 60 年 [M]. 北京：人民出版社.

陈义媛，甘颖，2009. 土地调整的政治逻辑：对土地集体所有权的再思考 [J]. 南京农业大学学报（社会科学版）(2).

程令国，张晔，2011. 早年的饥荒经历影响了人们的储蓄行为吗：对我国居民高储蓄率的一个新解释 [J]. 经济研究（8）.

程令国，张晔，刘志彪，2016. 农地确权促进了中国农村土地的流转吗 [J]. 管理世界 (1).

仇童伟，罗必良，2017. 农地调整会抑制农村劳动力非农转移吗 [J]. 中国农村观察 (4).

仇童伟，罗必良，2019. "好"的代理人抑或"坏"的合谋者：宗族如何影响农地调整 [J]. 管理世界（8）.

仇童伟，罗必良，2021. 宗族结构、农地重要性与地权不平等：基于权力悖论的分析 [J]. 江海学刊（4）.

丛胜美，耿鹏鹏，罗必良，2022. 市场化、南北差距及其根源：基于作物性质的政治经济学考察 [J]. 南方经济（1）.

道格拉斯·诺斯，2013. 理解经济变迁过程 [M]. 北京：中国人民大学出版社.

德姆塞茨，1999. 所有权、控制与企业 [M]. 北京：经济科学出版社.

邓云特，2011. 中国救荒史 [M]. 北京：商务印书馆.

邓忠奇，高廷帆，朱峰，2020. 地区差距与供给侧结构性改革："三期叠加"下的内生增长 [J]. 经济研究（10）.

邓仲良，张可云，2020. 中国经济增长的空间分异为何存在：一个空间经济学的解释 [J]. 经济研究（4）.

丁从明，董诗涵，杨悦瑶，2020. 南稻北麦、家庭分工与女性社会地位 [J]. 世界经济 (7).

丁从明，周颖，梁甄桥，2018. 南稻北麦、协作与信任的经验研究 [J]. 经济学（季刊）(2).

董莹，穆月英，2019. 合作社对小农户生产要素配置与管理能力的作用：基于 PSM-SFA 模型的实证 [J]. 农业技术经济 (10).

董志强，李伟成，2019. 禀赋效应和自然产权的演化：一个主体基模型 [J]. 经济研究
（1）.

都田秀佳，梁银鹤，2018. 大饥荒与宗教信仰：基于 CGSS 数据的微观分析 [J]. 南方经
济（4）.

杜挺，朱道林，2018. 中国土地流转价格时空演化与宏观机制研究 [J]. 资源科学（11）.

凡勃伦，1997. 有闲阶级论 [M]. 蔡受百，译. 北京：商务印书馆.

樊纲，王小鲁，马光荣，2011. 中国市场化进程对经济增长的贡献 [J]. 经济研究（9）.

樊纲，王小鲁，朱恒鹏，2010. 中国市场化指数：各地区市场化相对进程 2009 年报告
[M]. 北京：经济科学出版社.

范子英，孟令杰，石慧，2009. 为何 1959—1961 年大饥荒终结于 1962 年 [J]. 经济学
（季刊）（1）.

菲尔南·布罗代尔，1992. 十五至十八世纪的物质文明、经济和资本主义 [M]. 顾良，
施康强，译. 上海；生活·读书·新知三联书店.

费孝通，2007. 江村经济 [M]. 上海：上海人民出版社.

费孝通，2010. 江村经济：中国农民的生活 [M]. 戴可景，译. 北京：外语教学与研究
出版社.

费孝通，2013. 乡土中国 [M]. 上海：上海人民出版社.

费孝通，2019. 乡土中国 [M]. 北京：作家出版社.

丰雷，蒋妍，叶剑平，等，2013. 中国农村土地调整制度变迁中的农户态度：基于 1999—
2010 年 17 省份调查的实证分析 [J]. 管理世界（1）.

冯必扬，2011. 人情社会与契约社会：基于社会交换理论的视角 [J]. 社会科学（9）.

冯华超，卢扬，钟涨宝，2018. 土地调整的合理性与必要性：兼论土地制度改革的方向
[J]. 西北农林科技大学学报（社会科学版）（1）.

冯筱才，2015. 一九五八年至一九六三年中共自由市场政策研究 [J]. 中共党史研究（2）.

弗里德利希·冯·哈耶克，1999. 自由秩序原理 [M]. 邓正来，译. 北京：三联书店.

弗洛伊德，1986. 弗洛伊德论创造力与无意识 [M]. 孙恺祥，译. 北京：中国展望出版社.

福山，2016. 信任：社会美德与创造经济繁荣 [M]. 郭华，译. 桂林：广西师范大学出
版社.

耿鹏鹏，罗必良，2021. "竞争" 抑或 "继承"：农地产权如何影响农民生育性别偏好
[J]. 经济评论（6）.

耿鹏鹏，罗必良，2022. 农地确权是否推进了乡村治理的现代化 [J]. 管理世界（12）.

龚启圣，1998. 近年来之 1958—61 年中国大饥荒起因研究的综述 [J]. 二十一世纪（4）.

郭妍，张立光，2018. 我国区域经济的南北分化及其成因 [J]. 山东社会科学（11）.

郭云南，姚洋，2013. 宗族网络与农村劳动力流动 [J]. 管理世界（3）.

郭忠兴，汪险生，2018. 早年饥荒经历对农户土地租出行为的影响 [J]. 南京农业大学学

报（社会科学版）(3).

哈罗德·德姆塞茨，1999. 所有权、控制与企业 [M]. 段毅才，译. 北京：经济科学出版社.

哈特，1998. 企业、合同与财务结构 [M]. 上海：上海三联书店.

哈耶克，2000. 法律、立法与自由 [M]. 邓正来，译. 北京：中国大百科全书出版社.

韩长赋，2015. 明确总体要求　确保工作质量　积极稳妥开展农村土地承包经营权确权登记颁证工作 [J]. 农村经营管理 (3).

韩茂莉，2012. 中国历史农业地理 [M]. 北京：北京大学出版社.

韩茂莉，胡兆量，1998. 中国古代状元分布的文化背景 [J]. 地理学报 (6).

何军，宁满秀，史清华，2005. 农户民间借贷需求及影响因素实证研究：基于江苏省 390 户农户调查数据分析 [J]. 南京农业大学学报（社会科学版）(4).

贺雪峰，2006. 公私观念与农民行动的逻辑 [J]. 广东社会科学 (1).

贺雪峰，仝志辉，2002. 论村庄社会关联：兼论村庄秩序的社会基础 [J]. 中国社会科学 (3).

洪炜杰，胡新艳，2018. 非正式、短期化农地流转契约与自我执行：基于关联博弈强度的分析 [J]. 农业技术经济 (11).

洪炜杰，罗必良，2018. 地权稳定能激励农户对农地的长期投资吗 [J]. 学术研究 (9).

洪炜杰，罗必良，2019. 制度约束、农地调整和劳动力非农转移 [J]. 江海学刊 (2).

洪炜杰，罗必良，2020. 饥荒经历、地权偏好与农地调整 [J]. 中国农村观察 (2).

洪炜杰，罗必良，2023. 种出来的制度：水稻种植、集体行动与地权稳定性 [J]. 南方经济 (7).

洪炜杰，王梦婷，胡新艳，2018. 农地确权、土地调整对农地转出要价的作用机制 [J]. 农林经济管理学报 (3).

胡洁，2020. 市场化与当代中国民众的人际信任 [J]. 社会学评论 (3).

胡荣，李静雅，2006. 城市居民信任的构成及影响因素 [J]. 社会 (6).

胡新艳，罗必良，2016. 新一轮农地确权与促进流转：粤赣证据 [J]. 改革 (4).

黄季焜，陶然，徐志刚，2008. 制度变迁和可持续发展：30 年中国农业与农村 [M]. 上海：格致出版社.

黄玖立，张玉书，吴敏，等，2023. 种植结构与短半径合作：来自合伙制企业的经验证据 [J]. 中国农村经济 (11).

黄宗智，2000. 华北的小农经济与社会变迁 [M]. 北京：中华书局.

黄宗智，2014. 明清以来的乡村社会经济变迁 [M]. 北京：法律出版社.

冀朝鼎，2014. 中国历史上的基本经济区 [M]. 北京：商务印书馆.

金其铭，1989. 中国农村聚落地理 [M]. 南京：江苏科学技术出版社.

靳润成，1982. 从南北榜到南北卷：试论明代的科举取士制度 [J]. 天津师院学报 (3).

雷丁，2009. 华人资本主义精神 [M]. 谢婉莹，译. 上海：上海人民出版社.

李成瑞，1998. "大跃进" 引起的人口变动 [J]. 人口研究（1）.

李稻葵，1995. 转型经济中的模糊产权理论 [J]. 经济研究（4）.

李红，韦永贵，2020. 文化多样性与区域经济发展差异：基于民族和方言视角的考察 [J]. 经济学动态（7）.

李江一，秦范，2022. 如何破解农地流转的需求困境：以发展新型农业经营主体为例 [J]. 管理世界（2）.

李军，2011. 中国传统社会的救灾：供给、阻滞与演进 [M]. 北京：中国农业出版社.

李俊高，李俊松，2016. 新一轮的农村土地流转：理论争论、实践困境与机制创新 [J]. 农村经济（1）.

李宁，汪险生，王舒娟，李光泗，2019. 自购还是外包：农地确权如何影响农户的农业机械化选择 [J]. 中国农村经济（6）.

李尚蒲，罗必良，2015. 农地调整的内在机理及其影响因素分析 [J]. 中国农村经济（3）.

李伟民，梁玉成，2002. 特殊信任与普遍信任：中国人信任的结构与特征 [J]. 社会学研究（3）.

廖洪乐，2003. 农村承包地调整 [J]. 中国农村观察（1）.

林文声，王志刚，王美阳，2018. 农地确权、要素配置与农业生产效率：基于中国劳动力动态调查的实证分析 [J]. 中国农村经济（8）.

林毅夫，2008. 制度、技术与中国农业发展 [M]. 第 3 版. 上海：上海三联书店.

刘和旺，2006. 诺斯制度变迁的路径依赖理论新发展 [J]. 经济评论（2）.

刘文文，2021. 明初怀庆府 "粮重" 说考辨 [J]. 史学月刊（3）.

刘笑霞，李明辉，2019. 社会信任水平对审计定价的影响：基于 CGSS 数据的经验证据 [J]. 经济管理（10）.

刘愿，2010. "大跃进" 运动与中国 1958—1961 年饥荒——集权体制下的国家、集体与农民 [J]. 经济学（季刊）（3）.

刘愿，文贯中，2010. 从退堂权的失而复得看 "大跃进" 饥荒的成因和教训 [J]. 经济学（季刊）（3）.

龙登高，1998. 略论宋代社会各阶层的演变趋势 [J]. 中州学刊（3）.

卢晖临，2006. 集体化与农民平均主义心态的形成：关于房屋的故事 [J]. 社会学研究（6）.

卢现祥，王素素，2021. 要素市场化配置程度测度、区域差异分解与动态演进：基于中国省际面板数据的实证研究 [J]. 南方经济（1）.

鲁西奇，2014. 中国历史的空间结构 [M]. 桂林：广西师范大学出版社.

吕之望，辛贤，2018. 中国农村改革 40 年图解 [M]. 北京：中国农业出版社.

罗爱林，2005. 俄国农村公社与平均主义传统："俄国村社与传统"系列研究之一 [J]. 广西师范大学学报（哲学社会科学版）（4）.

罗必良，2005. 新制度经济学 ［M］. 太原：山西经济出版社 .

罗必良，2007. 农民合作组织：偷懒、监督及其保障机制 ［J］. 中国农村观察（2）.

罗必良，2008. 观念如何塑造制度：兼论从公社体制到家庭承包制的制度变革 ［J］. 农村经济（12）.

罗必良，2013. 产权强度与农民的土地权益：一个引论 ［J］. 华中农业大学学报（社会科学版）（5）.

罗必良，2014. 农地流转的市场逻辑："产权强度-禀赋效应-交易装置"的分析线索及案例研究 ［J］. 南方经济（5）.

罗必良，2019. 农地产权：调整、稳定与盘活 ［M］. 北京：中国农业出版社 .

罗必良，2019. 农地确权的制度含义 ［M］. 北京：中国农业出版社 .

罗必良，2020. 制度变迁：路径依赖抑或情境依赖：兼论中国农业经营制度变革及未来趋势 ［J］. 社会科学战线（1）.

罗必良，耿鹏鹏，2022. 乡村治理及其转型：基于人情关系维度的考察 ［J］. 农业经济问题（10）.

罗必良，耿鹏鹏，2022. 乡村治理及其转型的产权逻辑 ［J］. 清华大学学报（哲学社会科学版）（3）.

罗必良，洪炜杰，2019. 农地调整、政治关联与地权分配不公 ［J］. 社会科学战线（1）.

罗必良，洪炜杰，2020. 农地确权与农户要素配置的逻辑 ［J］. 农村经济（1）.

罗必良，刘茜，2013. 农地流转纠纷：基于合约视角的分析：来自广东省的农户问卷 ［J］. 广东社会科学（1）.

罗必良，等，2019. 农地产权及相关要素市场发育研究 ［M］. 北京：科学出版社 .

罗俊，陈叶烽，2015. 人类的亲社会行为及其情境依赖性 ［J］. 学术月刊（6）.

马德斌，2020. 中国经济史的大分流与现代化：一种跨国比较视野 ［M］. 徐毅，袁为鹏，乔士容，译 . 杭州：浙江大学出版社 .

马光荣，杨恩艳，2011. 社会网络、非正规金融与创业 ［J］. 经济研究（3）.

曼瑟尔·奥尔森，2014. 集体行动的逻辑 ［M］. 陈郁，郭宇峰，李崇新，译 . 上海：上海人民出版社 .

梅因，1999. 古代法 ［M］. 高敏，瞿慧虹，译 . 北京：中国社会科学出版社 .

米尔顿·弗里德曼，1982. 资本主义与自由 ［M］. 张瑞玉，译 . 北京：商务印书馆 .

齐亚强，张子馨，2022. 转型社会中的人际信任及其变迁 ［J］. 社会学评论（2）.

钱金保，2020. 后发经济体如何成功开放：从东亚模式到中国道路 ［J］. 南方经济（4）.

钱忠好，2002. 农村土地承包经营权产权残缺与市场流转困境：理论与政策分析 ［J］. 管理世界（6）.

秦中春，2020. 乡村振兴背景下乡村治理的目标与实现途径 ［J］. 管理世界（2）.

青木昌彦，2001. 比较制度分析 ［M］. 上海：上海远东出版社 .

萨莉·斯皮格尔，张明，2012. 怎么规避资本监管以及为什么它们仍能有效 [J]. 国际经济评论（5）.

盛来运，郑鑫，周平，李拓，2018. 我国经济发展南北差距扩大的原因分析 [J]. 管理世界（9）.

史建云，1998. 浅述近代华北平原的农业劳动力市场 [J]. 中国经济史研究（4）.

思拉恩·埃格特森，1996. 新制度经济学 [M]. 吴经邦，李耀，朱寒松，王志宏，译. 北京：商务印书馆.

斯蒂芬·沃依格特，2016. 制度经济学 [M]. 北京：中国社会科学出版社.

斯蒂格利茨，2005. 走向一种新的发展范式 [J]. 王燕燕，译. 经济社会体制比较（1）.

斯科特，2001. 农民的道义经济学 [M]. 南京：译林出版社.

宋丽娜，2012. 人情往来的社会机制：以公共性和私人性为分析框架 [J]. 华中科技大学学报（社会科学版）（3）.

孙涛，2019. 文化真是"种"出来的吗：兼论稻麦文化差异的经济社会意蕴 [J]. 经济学家茶座（2）.

孙文凯，2018. 制度真的如此重要：再顾 Acemoglu et al.（2001）[C]. 中国制度经济学论坛 2018 年年会论文，济南（山东大学）.

孙秀林，2011. 华南的村治与宗族：一个功能主义的分析路径 [J]. 社会学研究（1）.

孙志燕，侯永志，2019. 对我国区域不平衡发展的多视角观察和政策应对 [J]. 管理世界（8）.

托克维尔，1991. 论美国的民主 [M]. 北京：商务印书馆.

万海远，陈基平，王盈斐，2021. 中国南北工资差距的新变化及市场化成因 [J]. 中国人口科学（4）.

汪险生，郭忠兴，2018. 早年饥荒经历对农户土地租出行为的影响 [J]. 南京农业大学学报（社会科学版）（3）.

汪小圈，张红，刘冲，2015. 幼年饥荒经历对个人自雇选择的影响 [J]. 金融研究（5）.

王加华，2010. 1934 年江南大旱灾中的各方矛盾与冲突：以农民内部及其与屠户、地主、政府间的冲突为例 [J]. 中国农史（2）.

王剑锋，邓宏图，2014. 家庭联产承包责任制：绩效、影响与变迁机制辨析 [J]. 探索与争鸣（1）.

王培华，2010. 元明清时期的南北矛盾与国家协调：以南粮北运引发的南北区域对立和解决方案为线索 [J]. 学术月刊（3）.

王沛，刘雨婷，梁雅君，谈晨皓，2020. 关系认知与善意认知对大学生人际信任的影响 [J]. 心理发展与教育（4）.

王文涛，2006. 汉代民间互助保障的主体：宗族互助 [J]. 学术交流（11）.

王小鲁，樊纲，胡李鹏，2019. 中国分省份市场化指数报告（2018）[M]. 北京：社会科学文献出版社.

王小鲁，胡李鹏，樊纲，2021. 中国分省份市场化指数报告（2021）[M]. 北京：社会科学文献出版社.

王星，李放，2011. 制度中的历史：制度变迁再思 [J]. 社会经济体制比较（2）.

王雪绒，2020. 税收与王朝都城 [J]. 中国税务（2）.

韦伯，1987. 新教伦理与资本主义精神 [J]. 于晓，等，译. 北京：生活·读书·新知三联书店.

韦伯，2004. 韦伯作品集Ⅳ：经济行动与社会团体 [M]. 康乐，简惠美，译. 桂林：广西师范大学出版社.

韦伯，2004. 中国的宗教：宗教与世界 [M]. 康乐，简惠美，译. 桂林：广西师范大学出版社.

韦森，2002. 从文化传统反思东西方市场经济的近代形成路径 [J]. 世界经济（10）.

韦森，2003. 文化与制序 [M]. 上海：上海人民出版社.

文贯中，2007. 解决"三农"问题不能回避农地私有化 [J]. 中国与世界观察（3~4）.

文贯中，刘愿，2010. 从退堂权的失而复得看"大跃进"饥荒的成因和教训 [J]. 经济学（季刊）（3）.

吴宾，党晓虹，2008. 历史时期自然灾害对古代粮食安全的影响 [J]. 农业考古（4）.

武拉平，沙敏，2015. 农业高成本的影响及其对策研究 [J]. 农业经济与管理（2）.

西格蒙德·弗洛伊德，1986. 弗洛伊德论创造力与无意识 [M]. 孙恺祥，译. 北京：中国展望出版社.

习近平，2019. 推动形成优势互补高质量发展的区域经济布局 [J]. 求是（24）.

夏明方，2017. 自然灾害与近代中国 [N]. 文汇报，2017 - 01 - 13（第 A08 版）.

萧公权，2014. 中国乡村：论十九世纪的帝国控制 [M]. 张皓，张丹，译. 北京：中国人民大学出版社.

萧公权，2018. 中国乡村：19 世纪的帝国控制 [M]. 章浩，张升，译. 北京：九州出版社.

徐新良，刘洛，蔡红艳，2017. 中国农田生产潜力数据（1970—2010）[EB/OL]. 中国科学院资源环境科学数据中心数据注册与出版系统，http://www.resdc.cn.

徐勇，2013. 中国家户制传统与农村发展道路：以俄国、印度的村社传统为参照 [J]. 中国社会科学（8）.

徐珍源，孔祥智，2010. 转出土地流转期限影响因素实证分析：基于转出农户收益与风险视角 [J]. 农业技术经济（7）.

许道夫，1983. 中国近代农业生产及贸易统计资料 [M]. 上海：上海人民出版社.

许烺光，2002. 宗族、种姓与社团 [M]. 台北：南天书局有限公司.

许庆，田士超，徐志刚，2008. 农地制度、土地细碎化与农民收入不平等 [J]. 经济研究（2）.

亚当·斯密，2016. 国富论［M］. 冉明志，译. 北京：台海出版社.

颜色，刘丛，2011. 18 世纪中国南北方市场整合程度的比较：利用清代粮价数据的研究
　　［J］. 经济研究（12）.

阳义南，唐鸿鸣，2018. 破解"新农保"象征性缴费陷阱：基于"大饥荒"经历的经验证
　　据［J］. 科学决策（7）.

杨进，刘新宇，2021. 中国农业种植结构变化对生产效率的影响：基于专业化分工的视角
　　［J］. 华中科技大学学报（4）.

杨明洪，巨栋，涂开均，2021. '南北差距'：中国区域发展格局演化的事实、成因与政
　　策响应［J］. 经济理论与经济管理（4）.

杨汝岱，陈斌开，朱诗娥，2011. 基于社会网络视角的农户民间借贷需求行为研究［J］.
　　经济研究（11）.

姚洋，1998. 农地制度与农业绩效的实证研究［J］. 中国农村观察（6）.

姚洋，2000. 中国农地制度：一个分析框架［J］. 中国社会科学（2）.

姚洋，2004. 土地、制度和农业发展［M］. 北京：北京大学出版社.

叶剑平，丰雷，蒋妍，罗伊·普罗斯特，朱可亮，2010. 2008 年中国农村土地使用权调
　　查研究：17 省份调查结果及政策建议［J］. 管理世界（1）.

叶剑平，丰雷，蒋妍，等，2010. 2008 年中国农村土地使用权调查研究：17 省份调查结
　　果及政策建议［J］. 管理世界（1）.

叶剑平，蒋妍，丰雷，2006. 中国农村土地流转市场的调查研究：基于 2005 年 17 省调查
　　的分析和建议［J］. 中国农村观察（4）.

叶明，2013. 农村土地国有化——解决农民土地保障的唯一出路［J］. 理论参考（6）.

易行健，张波，杨汝岱，杨碧云，2012. 家庭社会网络与农户储蓄行为：基于中国农村的
　　实证研究［J］. 管理世界（5）.

尤淑君，沈婷，张露月，2024. 历史记忆的形成：大脑记忆与共情神经网络的互动：一项
　　历史学与脑科学的交叉研究［J］. 数字人文研究（1）.

于晓东，张雨吟，周卫中，2022. 地区文化会影响家族企业的治理结构吗：基于耕作文化
　　和家族控制的视角［J］. 管理评论（2）.

喻崇武，张磊，2015. "大跃进"饥荒中粮食的供给、分配与消费［J］. 北京社会科学
　　（9）.

袁益，2020. 文化差异与中国农村人口流动意愿：基于"稻米理论"的视角［J］. 中国农
　　村经济（10）.

约拉姆·巴泽尔，1997. 产权的经济分析［M］. 费方域，段毅才，译. 上海：上海人民
　　出版社.

翟虎渠，2016. 农业概论［M］. 第 3 版. 北京：高等教育出版社.

詹姆斯·斯科特，2016. 逃避统治的艺术——东南亚高地的无政府主义历史［M］. 王晓

毅，译. 北京：生活·读书·新知三联书店.

张博，范辰辰，2021. 稻作与创业：中国企业家精神南北差异的文化起源［J］. 财贸经济
（6）.

张博，孙涛，2023. 稻麦人所食南北竟谁分：金融组织区域发展差异的历史起源［J］. 经
济学（季刊）（1）.

张博文，2007. 小麦与水稻的接力赛［J］. 国学（6）.

张帆，2020. 由李觏《长江赋》论北宋政治中的"重北轻南"［J］. 东岳论丛（5）.

张建新，张妙清，梁觉，2000. 殊化信任与泛化信任在人际信任行为路径模型中的作用
［J］. 心理学报（3）.

张结海，张玲，2003. 现实理性：一个理解经济行为的框架［J］. 心理科学进展（3）.

张曙光，2017. 中国农村［M］. 北京：北京大学出版社.

张曙光，赵农，2000. 市场化及其测度：兼评《中国经济体制市场化进程研究》［J］. 经
济研究（10）.

张相文，2013. 新撰地文学［M］. 长沙：岳麓出版社.

张向葵，刘秀丽，2002. 发展心理学［M］. 长春：东北师范大学出版社.

张樱，2016. 社会资本对企业 R&D 投资的影响：基于 GMM 方法的动态面板数据分析
［J］. 上海经济研究（5）.

章元，陆铭，2009. 社会网络是否有助于提高农民工的工资水平［J］. 管理世界（3）.

赵恢林，2019. 人口流动管制与中国宏观经济波动：基于异质性技能视角分析［J］. 南方
经济（12）.

赵剑治，陆铭，2010. 关系对农村收入差距的贡献及其地区差异：一项基于回归的分解分
析［J］. 经济学（季刊）（1）.

赵民伟，2015. 管理者早年大饥荒经历与公司财务政策［J］. 南方经济（10）.

赵沛，2008. 两汉的宗族土地所有制与宗族的生产组织职能［J］. 学习与探索（6）.

赵涛，张智，梁上坤，2020. 数字经济、创业活跃度与高质量发展：来自中国城市的经验
证据［J］. 管理世界（10）.

郑旭媛，徐志刚，2017. 资源禀赋约束、要素替代与诱致性技术变迁：以中国粮食生产的
机械化为例［J］. 经济学（季刊）（1）.

郑志浩，高杨，2017. 中央"不得调地"政策：农民的态度与村庄的土地调整决策：基于
对黑龙江、安徽、山东、四川、陕西 5 省农户的调查［J］. 中国农村观察（4）.

钟甫宁，纪月清，2009. 土地产权、非农就业机会与农户农业生产投资［J］. 经济研究
（12）.

钟文晶，罗必良，2013. 禀赋效应、产权强度与农地流转抑制：基于广东省的实证分析
［J］. 农业经济问题（3）.

钟文晶，罗必良，2022. 农民走向共同富裕的资产逻辑［J］. 学术月刊（11）.

周广肃，樊纲，马光荣，2018. 收入不平等对中国家庭可见性支出的影响［J］. 财贸经济
（11）.

周国富，陈菡彬，2021. 产业结构升级对城乡收入差距的门槛效应分析［J］. 统计研究
（2）.

周其仁，1995. 中国农村改革：国家和所有权关系的变化：一个经济制度变迁史的回顾
（上）［J］. 管理世界（3）.

朱文珏，罗必良，2018. 农地价格幻觉：由价值评价差异引发的农地流转市场配置"失
灵"：基于全国 9 省（区）农户的微观数据［J］. 中国农村观察（5）.

朱文珏，罗必良，2020. 劳动力转移、性别差异与农地流转及合约选择［J］. 中国人口·
资源与环境（1）.

朱月季，杨琦，刘玲，2022. 抑制或促进？劳动力外流对农村人情消费的影响研究［J］.
华中农业大学学报（社会科学版）（5）.

Acemoglu D.，Simon Johnson，James A. Robinson，2001. The colonial origins of
comparative development：An empirical investigation［J］. The American Economic
Review，9（91）：1369 - 1401.

Acemoglu，D.，and J. A. Robinson，2012. Why nations fail：The origins of power，
prosperity and poverty［M］. New York：Crown Business.

Ahituv，N.，H. N. Riley and S. Neumann，1993. Principles of information systems for
management［M］. McGraw-Hill Professional，New York.

Alchian，A. A.，1965. Some economics of property rights［J］. Politico，30（4）：
816 - 829.

Alchian，A. A.，1991. Swoodward. reflections on the theory of the firm［J］. Institutional
Theoretical Economics，143（1）：110 - 136.

Alchian，A. A.，H. Demsetz，1973. The property right paradigm［J］. Journal of Economic
History，33（1）：16 - 27.

Alchian，A. A.，R. A. Kessel，1962. Competition，monopoly，and the pursuit of money
［J］. Aspects of Labor Economics，14：157 - 183.

Almond，D.，Li，H. and S. Zhang，2019. Land reform and sex selection in China［J］.
Journal of Political Economy，127（2）：560 - 585.

Alston，L. J.，1981. Tenure choice in southern agriculture，1930—1960［J］. Explorations in
Economic History，18（3）：211 - 232.

Alston，L. J.，T. Eggertsson and D. C. North，1996. Empirical studies in institutional
change［M］. Cambridge：Cambridge University Press.

Ang J. B.，2019. Agricultural legacy and individualistic culture［J］. Journal of Economic
Growth，24（4）：397 - 425.

Ang，J. B. and P. G. Fredriksson，2017. Wheat agriculture and family ties [J]. European Economic Review，100：236 - 256.

Arrow，K.，1972. Essays in the theory of risk-bearing [J]. Journal of Political Economy，80 (6)：1328 - 1329.

Arthur W. B.，1994. Increasing returns and path dependence in the economy [M]. Ann Arbor，MI：University of Michigan Press.

Bai，Y. and J. K. Kung，2014. The shaping of an institutional choice：Weather shocks，the great leap famine，and agricultural de-collectivization in China [J]. Explorations in Economic History，54：1 - 26.

Barber，B.，1983. The logic and limits of trust [M]. New Brunswick：Rutgers University Press.

Barzel，Y.，1989. Economic analysis of property rights [M]. Cambridge：Cambridge University Press.

Bavel B.，2015. History as a laboratory to better understand the formation of institutions [J]. Journal of Institutional Economics，11 (1)：69 - 91.

Becker S. O.，L. Woessmann，2009. Was weber wrong? A human capital theory of protestant economic history [J]. Quarterly Journal of Economics，124 (2)：531 - 596.

Becker，G. S.，1974. A theory of social interactions [J]. Journal of Political Economy，82 (6)：1063 - 1093.

Becker，G. S.，1992. Habits，addictions，and traditions [J]. Kyklos，45 (3)：327 - 345.

Bednar J.，Scott E. P.，2018. When order affects performance：Culture，behavioral spillovers，and institutional path dependence [J]. American Political Science Review，112 (1)：82 - 98.

Bernhard E.，2005. Can path dependence explain institutional change? Two approaches applied to welfare state reform [R]. MPIfG Discussion Paper，No. 05/2.

Besley，T.，1993. Property rights and investment incentives：Theory and micro-evidence from Ghana [J]. Journal of Political Economy，103 (5)：903 - 937.

Besley，T.，and M. Ghatak，2010. Property rights and economic development [J]. Handbook of Development Economics，5 (1)：4525 - 4595.

Boerner，L.，and A. Ritschl，2009. The economic history of sovereignty：Communal responsibility，the extended family，and the firm [J]. Journal of Institutional and Theoretical Economics，165 (1)：99 - 112.

Bowles，S.，2009. Microeconomics：Behavior，institutions，and evolution [M].

Princeton University Press.

Brandt, L. , and T. G. Rawski, 2008. China's great economic transformation [M]. Cambridge: Cambridge University Press.

Branstetter, L. , F. Lima, L. J. Taylor, and A. Venancio, 2014. Do entry regulations deter entrepreneurship and job creation? Evidence from recent reforms in portugal [J]. The Economic Journal, 124 (577): 805 – 832.

Buck, J. , 1937. Land utilization in China [M]. Shanghai: The Commercial Press.

Bukowski, A. , and S. Rudnicki, 2018. Not only individualism: The effects of long-term orientation and other cultural variables on national innovation success [J]. Cross-Cultural Research, 53 (2): 119 – 162.

Burchardi, K. B. , and T. A. Hassan, 2013. The economic impact of social ties: Evidence from German reunification [J]. The Quarterly Journal of Economics, 128 (3): 1219 – 1271.

Campante F. , David Yanagizawa-Drott, 2015. Does religion affect economic growth and happiness? Evidence from Ramada [J]. The Quarterly Journal of Economics, 130 (2): 615 – 658.

Carneiro, R. L. , 1970. A theory of the origin of the state [J]. Science, 169 (3947): 733 – 738.

Chen, Q. , 2011. Excessive investment, compulsory saving, and China's great famine of 1959—1961 [J]. Journal of Contemporary China, 20 (72): 849 – 860.

Chen, Y. and L. A. Zhou, 2007. The long-term health and economic consequences of the 1959—1961 famine in China [J]. Journal of Health Economics, 26 (4): 659 – 681.

Cherniwchan, J. and J. Moreno-Cruz, 2019. Maize and precolonial Africa [J]. Journal of Development Economics, 136 (C): 137 – 150.

Chinn, D. L. , 1979. Team cohesion and collective-labor supply in Chinese agriculture [J]. Journal of Comparative Economics, 3 (4): 375 – 394.

Chung-Li, C. , 1953. The gentry in mineteenth C [M]. University of Washington Press.

Clark G. , 2007. A farewell to alms: A brief economic history of the world [M]. Princeton: Princeton University Press.

Cressey, G. , 1934. China's geographical foundations: A survey of the land and its people [M]. New York and London: McGraw-HillBook Co. , Inc.

David P. A. , 1985. Clio and the economics of QWERTY [J]. American Economic Review, Vol. 75, No. 2: 332 – 337.

David P. A. , 2001. Path dependence, its critics and the quest for "historical economics" [M]. In P. Garrouste and S. Ioannides (Eds), Evolution and Path Dependence in

Economic Ideas: Past and Present, Cheltenham: Edward Elgar.

Davis, L. E. , D. C. North and C. Smorodin, 1971. Institutional change and American economic growth [M]. Cambridge: Cambridge University Press.

Deininger, K. , and S. Jin, 2009. Securing property rights in transition: Lessons from implementation of China's rural land contracting law [J]. Journal of Economic Behavior & Organization, 1: 22 - 38.

Delhey, J. , K. Newotn and C. Welzel, 2005. Predicting cross-national levels of social trust: Global pattern or nordic exceptionalism [J]. European Sociological Review (4): 311 - 327.

Delhey, J. , K. Newotn and C. Welzel, 2011. How general is trust in "Most People"? Solving the radius of trust problem [J]. American Sociological Review (5): 786 - 807.

Evans A. , 2018. Politicising inequality: The power of ideas [J]. World Development, 110 (C): 360 - 372.

Feder, G. T. , and T. Onchan, 1987. Land ownership security and farm investment in Thailand [J]. American Journal of Agricultural Economics, 69 (2): 311 - 320.

Feng, S. , N. Heerink and R. Ruben, et al. , 2010. Land rental market, off-farm employment and agricultural production in southeast China: A plot-level case study [J]. China Economic Review, 4: 598 - 606.

Fiske, S. T. , and S. E. Taylor, 1991. Social cognition [M]. New York: McGraw Hill Book Company.

Francesca, B. , 1986. The rice economies: Technology and development in Asian societies [M]. Oakland: University of California Press.

Furubotn, E. G. , and S. Pejovich, 1972. La structure institutionnelle et les stimulants economiques de la firme Yougoslave [J]. Revue d'études Comparatives Est-Ouest, 3 (2): 169 - 200.

Galor O. , Ömer Özak, 2016. The agricultural origins of time preference [J]. American Economic Review, 106 (10): 3064 - 3103.

Giuliano P. , Spilimbergo A. , 2024. Aggregate shocks and the formation of preferences and beliefs, national bureau of economic research [EB/OL]. https: //www. nber. org/ papers/w32669.

Glaeser, E. L. , D. Laibson and B. Sacerdote, 2002. An economic approach to social capital [J]. The Economic Journal, 483: 437 - 458.

Goldstone J. A. , 2005. The happy chance: The rise of the west in global context, 1500—1800 [M]. Cambridge, Mass. : Harvard University Press.

Greif A. , 1994. Cultrual beliefs and organizations of society: A historical and theoretical reflection on collectivist and individual societies [J]. Journal of Political Economy, 102 (5): 912 – 950.

Guiso, L. , P. Sapienza, and L. Zingales, 2003. People's opium? Religion and economic attitudes [J]. Journal of Monetary Economics, 50 (1): 225 – 282.

Guiso, L. , P. Sapienza, and L. Zingales, 2016. Long term persistence [J]. Journal of the European Ecnomic Association, 14 (6): 1401 – 1436.

Guo, S. , Gao, N. and P. Liang, 2024. Winter is coming: Early-life experiences and politicians' decisions [J]. The Economic Journal, 134 (657): 295 – 321.

Han, Y. , and Y. Altman, 2009. Supervisor and subordinate guanxi: A grounded investigation in the People's Republic of China [J]. Journal of Business Ethics, 88 (1): 91 – 104.

Hart, O. , 1995. Firms, contracts, and financial structure [M]. Oxford: Clarendon Press.

Heider, F. , 1982. The psychology of interpersonal relations [M]. London: Psychology Press.

Heikkila E. , 2011. An information perspective on path dependence [J]. Journal of Institutional Economics, 7 (1): 23 – 45.

Hirschhausen, C. and A. Neumann, 2008. Long-term contracts and asset specificity revisited: An empirical analysis of producer, importer relations in the natural gas industry [J]. Review of Industrial Organization, 2: 131 – 143.

Hombrados, J. G. , M. Devisscher and M. H. Martinez, 2015. The impact of land titling on agricultural production and agricultural investments in Tanzania: A theory-based approach [J]. Journal of Development Effectiveness, 7 (4): 530 – 544.

Horowitz, J. K. and K. E. McConnell, 2002. A review of WTA/WTP studies [J]. Journal of Environmental Economics and Management, 44 (3): 426 – 447.

Jacoby, H. G. , and B. Minten, 2007. Is land titling in Sub-Saharan Africa cost-effective? Evidence from Madagascar [J]. The World Bank Economic Review, 21 (3): 461 – 485.

Jacques, P. , 1964. Dictionnaire archéologique des techniques [J]. Journal of the Economic & Social History of the Orient, 7 (2): 208 – 211.

James, C. , 1976. The moral economy of the peasant: Rebellion and subsistence in Southeast Asia [M]. New Haven: Yale University Press.

James, C. , 2017. Against the grain: A deep history of the earliest states [M]. New Haven: Yale University Press.

James, K, and M. Chicheng, 2014. Can cultural norms reduce conflicts? Confucianism and peasant rebellions in Qing China [J]. Journal of Development Economics, 111:

132 – 149.

Janoff-Bulman, R., 1989. Assumptive worlds and the stress of traumatic events: Applications of the schema construct [J]. Social Cognition, 7 (2): 113 – 136.

Jeong, S. H. and H. Kim, 2022. Strategic nepotism in family director appointments: Evidence from family business groups in South Korea [J]. The Academy of Management Journal, 65 (2): 656 – 682.

Jin, S. and K. Deininger, 2009. Land rental markets in the process of rural structural transformation: Productivity and equity impact from China [J]. Journal of Comparative Economics, 37 (4): 629 – 646.

Johnson, D. G., 1995. Property rights in rural China [R]. Department of Economics, University of Chicago.

Johnson, E. J., G. Häubl and A. Keinan, 2007. Aspects of endowment: A query theory of value construction [J]. Journal of Experimental Psychology: Learning, Memory, and Cognition, 33 (3): 461.

Jowett, A. J., 1991. The demographic responses to famine: The case of China 1958—61 [J]. GeoJournal, 23: 135 – 146.

Knetsch, J. L, 2010. Values of gains and losses: Reference states and choice of measure [J]. Environmental and Resource Economics, 46 (2): 179 – 188.

Kreps, D. M., 2013. Microeconomic foundation I: Choice and competitive markets [M]. Princeton: Princeton University Press.

Kulp, D. H., 1925. Country life in south China: The sociology of familism [M]. New York: Columbia University Press.

Kung, J. K., 1995. Equal entitlement versus tenure security under a regime of collective property rights: Peasants' preference for institutions in post-reform Chinese agriculture [J]. Journal of Comparative Economics, 21 (1): 82 – 111.

Kung, K. S., 2002. Off-farm labor markets and the emergence of land rental markets in rural China [J]. Journal of Comparative Economics, 30 (2): 395 – 414.

Lavine, H., J. W. Huff, S. H. Wagner, et al., 1998. The moderating influence of attitude strength on the susceptibility to context effects in attitude survey [J]. Journal of Personality and Social Psychology, 75 (2): 359 – 373.

Lee, B., J. Peng, G. Li, and J. He, 2012. Regional economic disparity, financial disparity and national economic growth: Evidence from China [J]. Review of Development Economics, 16 (2): 342 – 358.

Lee, W., 1971. Decision theory and human behavior [M]. John Wiley & Sons, Inc., New York.

Li, H., Meng L., and Zhang J., 2006. Why do entrepreneurs enter politics? Evidence from China [J]. Economic Inquiry, 44 (3): 559 - 578.

Liang, P. H., 2018. Winter is coming: Early-life experiences and politicians' decisions [R].

Lin, J. Y., 1989. An economic theory of institutional change: Induced and imposed change [J]. Cato Journal, 9 (1): 1 - 33.

Lin, J. Y., 1992. Rural reforms and agricultural growth in China [J]. The American Economic Review, 82 (1): 34 - 51.

Lin, N., 2001. A theory of social structure and action [M]. Cambridge: Cambridge University Press.

Lin, N., 2001. Social capital: A theory of social structure and action [M]. Cambridge: Cambridge University Press.

Li. W., and D. Yang, 2005. The great leap forward: Anatomy of a central planning disaster [J]. Journal of Political Economy, 113 (4): 840 - 877.

Loren Brandt, 李果, 黄季焜, Scott Rozelle, 2004. 中国的土地使用权和转移权: 现状评价 [J]. 经济学 (季刊) (3): 94 - 101.

Luenberger, D., 1995. Microeconomic theory [M]. Boston: Mc Graw-Hill.

Luo, B., 2018. 40-year reform of farmland institution in China: Target, effort and the future [J]. China Agricultural Economic Review, 10 (1): 16 - 35.

Ma, X., N. Heerink and E. V. Ierland, et al., 2013. Land tenure security and land investments in Northwest China [J]. China Agricultural Economic Review, 5 (2): 281 - 307.

Mahoney J., Schensul D., 2006. Historical context and path dependence [M]. In Robert E. Goodin, Charles Tilly, The Oxford Handbook of Contextual Political Analysis, Oxford: Oxford University Press.

Malmendier, U. and S. Nagel, 2011. Depression babies: Do macroeconomic experiences affect risk taking [J]. The Quarterly Journal of Economics, 126 (1): 373 - 416.

Mann, M., 1986. The sources of social power [M]. Cambridge: Cambridge University Press.

Markussen, T., 2008. Property rights, productivity, and common property resources: Insights from rural Cambodia [J]. World Development, 36 (11): 2277 - 2296.

Masten, S. E and K. J., 1982. Cocker efficient adaptation in long-term contracts: Take-or-pay provisions for natural gas [J]. American Economic Review, 5: 1083 - 1093.

Mayshar, J., O. Moav and L. Pascali, 2022. The origin of the state: Land productivity or appropriability [J]. Journal of Political Economy, 130 (4): 1091 - 1144.

McGuire, W. J. , 1964. Inducing resistance to persuasion: Some contemporary approaches [J]. Experimental Social Psychology, 24 (1): 192 - 229.

Melesse, M. B. , and E. Bulte, 2015. Does land registration and certification boost farm productivity? Evidence from Ethiopia [J]. Agricultural Economics, 46 (6): 757 - 768.

Michalopoulo S. , Elias Papaioannou, 2014. National institutions and subnational developmentin Africa [J]. The Quarterly Journal of Economics, 129 (1): 151 - 213.

Miller, J. G. , and D. M. Bersoff, 1994. Cultural influences on the moral status of reciprocity and the discounting of endogenous motivation [J]. Personality and Social Psychology Bulletin, 20 (5): 592 - 602.

Nan, L. and M. Dumin, 1986. Dumin access to occupations through social ties [J]. Social Networks, 4: 365 - 385.

Nannestad, P. , 2008. What have we learned about generalized trust, if anything [J]. Annual Review of Political Science (11): 413 - 436.

Newman, C. , F. Tarp, and K. V. D. Broeck, 2015. Property rights and productivity: The case of joint land titling in Vietnam [J]. Land Economics, 91 (1): 91 - 105.

Niu, J. , and Z. Xin, 2012. Trust discrimination tendency of trust circles in economic risk domain and cultural difference between Canada and China [J]. Journal of Social, Evolutionary, and Cultural Psychology (2): 233 - 252.

North D. C. , 1973. Robert paul thomas, the rise of western world: A new economic history [M]. Cambridge University Press.

North D. C. , 1981. Structure and change in economic history [M]. W. W. Norton & Company Inc.

North D. C. , 1990. Institutions, institutional change and economic performance [M]. New York: Cambridge University Press.

North, D. C. , 1990. Institutions, institutional change and economic performance [M]. Cambridge: Cambridge University Press.

North D. C. , 2005. Understanding the process of economic change [M]. Princeton: Princeton University Press.

North, D. C. , 2005. Understanding the process of economic change [M]. Princeton: Princeton University Press.

Nunn, N. , and D. Puga, 2012. Ruggedness: The blessing of bad geography in Africa [J]. Review of Economics and Statistics, 94 (1): 20 - 36.

Olson M. , 1996. Big bills left on the sidewalk [J]. Journal of Economic Perspectives, 10 (2): 3 - 24.

Pearson, C. and K. Helms, 2013. Indigenous social entrepreneurship: The gumatj clan enterprise in east arnhem land [J]. Journal of Entrepreneurship, 1: 43 – 70.

Peng, Y., 2004. Kinship networks and entrepreneurs in China's transitional economy [J]. American Journal of Sociology, 109 (5): 1045 – 1074.

Peng, Y., 2010. When formal laws and informal norms collide: Lineage networks versus birth control policy in China [J]. American Journal of Sociology, 116 (3): 770 – 805.

Pierce, J. L., T. Kostova, and K. T. Dirks, 2003. The state of psychological ownership: Integrating and extending a century of research [J]. Review of General Psychology, 7 (1): 84 – 107.

Pratt, J., 1964. Risk aversion in the small and in the large [J]. Econometrica, 32: 122 – 136.

Qian, N., 2008. Missing women and the price of tea in China: The effect of sex-specific earnings on sex imbalance [J]. Quarterly Journal of Economics, 123 (3): 1251 – 1285.

Rakow, T., Newell, B. R. and K. Zougkou, 2010. The role of working memory in information acquisition and decision making: Lessons from the binary prediction task [J]. Quarterly Journal of Experimental Psychology, 63 (7): 1335 – 1360.

Ritchie, L. A. and D. A. Gill, 2007. Social capital theory as an integrating theoretical framework in technological disaster research [J]. Sociological Spectrum, 1: 103 – 129.

Ruan, J., Z. Xie and X. Zhang, 2015. Does rice farming shape individualism and innovation [J]. Food Policy, 56: 51 – 58.

Scott, J. C., 1976. The moral economy of the peasant: Rebellion and subsistence in southeast Asia [M]. New Haven: Yale University Press.

Scott, J. C., 2009. The art of not being governed: An anarchist history of upland Southeast Asia [M]. New Haven: Yale University Press.

Scott, J. C., 2017. Against the grain: A deep history of the earliest states [M]. New Haven: Yale University Press.

Shi, X., 2011. Famine, fertility, and fortune in China [J]. China Economic Review, 22 (2): 244 – 259.

Spence, K. W., 2008. The psychology of learning and motivation: Advances in research and theory [M]. Academic Press.

Talhelm, T., X. Zhang, S. Oishi, C. Shimin, D. Duan, X. Lan and S. Kitayama, 2014. Large-scale psychological differences within China explained by rice versus wheat agriculture [J]. Science, 344 (6184): 603 – 608.

Talhelm, T. and A. S. English, 2020. Historically rice-farming societies have tighter social norms in China and worldwide [J]. Proceedings of the National Academy of Sciences, 117 (33): 19816 – 19824.

Thaler, R. , 1980. Toward a positive theory of consumer choice [J]. Journal of Economic Behavior & Organization, 1 (1): 39 – 60.

Thomas, T. , et al. , 2014. Large-scale psychological differences within China explained by rice versus wheat agriculture [J]. Science, 344 (6 184): 603 – 608.

Tsai, K. S. , 2007. Capitalism without democracy: The private sector in contemporary China [M]. Cornell University Press.

Tunçel, T. and J. K. Hammitt, 2014. A new meta-analysis on the WTP/WTA disparity [J]. Journal of Environmental Economics and Management, 68 (1): 175 – 187.

Wang, H. , J. Riedinger and S. Jin, 2015. Land documents, tenure security and land rental development: Panel evidence from China [J]. China Economic Review, 36: 220 – 235.

Wang, H. J. , Tong, F. , Su, G. Wei and R. Ran, 2011. To reallocate or not: Reconsidering the dilemma in China's agricultural land tenure policy [J]. Land Use Policy, 28 (4): 805 – 814.

Waylen, G. , 2014. Informal institutions, institutional change, and gender equality [J]. Political Research Quarterly, 67 (1): 212 – 223.

Weber, E. U. and E. J. Johnson, 2006. Constructing preferences from memory [M]. in The Construction of Preference, edited by S. Lichtenstein and P. Slovic, Cambridge: Cambridge University Press: 397 – 410.

Weigelin-Schwiedrzik, S. , 2003. Trauma and memory: The case of the great famine in the People's Republic of China (1959—1961) [J]. Historiography East and West, 1 (1): 39 – 67.

Weinstein, N. D. , 1980. Unrealistic optimism about future life events [J]. Journal of Personality and Social Psychology, 39 (5): 806 – 820.

Whyte, M. K. , 1996. The Chinese family and economic development: Obstacle or engine [J]. Economic Development and Cultural Change, 1: 1 – 30.

Williamson, O. E. , 1985. The economic institution of capitalism: Firms, markets, relational contracting [M]. Cambridge: The Free Press.

后　记

本书根据我们的前期研究成果整理而成。

在信念塑造制度、制度诱导行为的主流文献中，"社会信念—制度目标—制度选择"成为基本的逻辑分析框架。其中，制度引导行为已经得到了广泛重视，信念塑造制度也受到了一定程度的关注，但关于人们的经历尤其是历史记忆如何影响信念形成，则留下了大片空白。三个基本事实引发了我们对"信念、制度与行为选择"议题的研究兴趣。

第一个事实是理论层面的。众所周知，新制度经济学用制度及其变迁来解释经济发展，因而"制度是重要的"。问题是，制度是如何形成的，或者说它是如何被选择的，受到了学界的广泛关注。对此，"信念塑造制度"已经成为基本共识。进一步地，信念又是如何被决定的，则是需要进一步深化研究的议题。为此，我们的见解是，"记忆是重要的"。由社会大众的历史记忆以及由经历所积累的分散知识，对信念的形成与制度的选择，具有格外重要的行为发生学与诠释学意蕴。

第二个和第三个事实则是实践层面的。一方面，中国是一个自然灾害频发的国度，古老中国甚至一度被西方学者称之为"饥荒国度"。对饥荒经历与饥饿记忆及其所形成的长期影响，理应受到关注。另一方面，中国历史上已形成的"南稻北麦"的种植格局，以及因此而形塑的南北文化差异，无疑会构成农业制度选择的基因性功能。

正因为如此，本书的核心意图是拓展已有的框架，从而将"社会信念—制度目标—制度选择"进一步修正为"历史记忆—社会信念—制度安排—行为选择"的具有广延性与自洽性的分析线索，重点关注记忆、信念及其制度性含义。

本书编撰的文章来源主要包括（按发表时间的先后顺序）：

洪炜杰、罗必良，2020：《饥荒经历、地权偏好与农地调整》，《中国农村观察》第 2 期；

罗必良、洪炜杰，2021：《记忆、信念与制度选择——以家庭承包制为例》，《社会科学战线》第 1 期；

罗必良、杨雪娇、洪炜杰，2021：《饥荒经历、禀赋效应与农地流转——关于农地流转不畅的机理性解释》，《学术研究》第 4 期；

耿鹏鹏、罗必良，2021：《"约束"与"补偿"的平衡：农地调整如何影响确权的效率决定》，《中国农村观察》第 2 期；

罗必良、耿鹏鹏，2022：《"稻米理论"、集体主义及其经济解理》，《华南农业大学学报（社会科学版）》第 4 期；

罗必良、耿鹏鹏，2022：《农民生存策略的选择逻辑——基于稻麦村庄农户样本的政治经济学考察》，《社会科学战线》第 1 期；

耿鹏鹏、罗必良，2022：《租金要价决定的逻辑：农地确权政策效果的微观证据》，《财经问题研究》第 8 期；

丛胜美、耿鹏鹏、罗必良，2022：《市场化、南北差距及其根源——基于作物性质的政治经济学考察》，《南方经济》第 1 期；

罗必良、孟晓志、耿鹏鹏，2023：《种植类型、市场化与村庄信任格局转型》，《中国农业大学学报（社会科学版）》第 3 期；

耿鹏鹏、罗必良，2023：《产权制度的社会关系效应——来自农民村社交往格局的微观考察》，《财经问题研究》第 6 期；

洪炜杰、罗必良，2023：《种出来的制度：水稻种植、集体行动与地权稳定性》，《南方经济》第 7 期；

罗必良、程国强、耿鹏鹏，2024：《乡村振兴中的市场、企业与政府——基于种植文化的理论假说及其检验》，《改革》第 12 期。

此外，本书文稿最后的通读与校对，得益于我的研究助理孙志岩老师的组织协调以及在校博士生柯杰升、庄健、苏柯雨、刘诗羽、翁艺青、邓禧嘉等人付出的辛勤劳动。

最后，我还要再次对长期以来支持出版 NSAID 系列丛书的中国农业出版社和闫保荣编审等编辑人员高效细致的工作表达真诚谢意。

罗必良

2025 年 3 月 16 日

图书在版编目（CIP）数据

信念、制度与行为逻辑 / 罗必良等著. -- 北京：
中国农业出版社，2025. 5. --（华南农业大学国家农业
制度与发展研究院（NSAID）系列丛书）. -- ISBN 978-7-
109-33311-6

Ⅰ. D03

中国国家版本馆 CIP 数据核字第 20255LZ468 号

中国农业出版社出版

地址：北京市朝阳区麦子店街 18 号楼
邮编：100125
责任编辑：闫保荣
版式设计：小荷博睿　　责任校对：张雯婷
印刷：北京中兴印刷有限公司
版次：2025 年 5 月第 1 版
印次：2025 年 5 月北京第 1 次印刷
发行：新华书店北京发行所
开本：700mm×1000mm　1/16
印张：20.75　　插页：1
字数：330 千字
定价：88.00 元